# BASHO, DICHTER ZONDER DAK

HAIKU EN POËTISCHE REISVERHALEN

*W. Vande Walle*

# BASHO, DICHTER ZONDER DAK

*Haiku en poëtische reisverhalen*

PEETERS
LEUVEN
1985

**Inforiënt-reeks**

*Hoofdredacteur*: Dr. W.M. Callewaert

*Redactieleden*: Prof. U. Libbrecht
Prof. W. Vande Walle
Prof. U. Vermeulen
*Adres*: Blijde Inkomststraat 21, 3000 Leuven

1. **W.M. Callewaert** en **L. De Brabandere**, *India. Van de laat-mogols (1700) tot heden.*
2. **L. Meyvis**, *De Gordel van Smaragd. Indonesië van 1799 tot heden.*
3. **W.M. Callewaert**, *De Zuid-Indische tempels.*
4. **W. Vande Walle**, *Basho, dichter zonder dak. Haiku en poëtische verhalen.*
5. **C. Vertente**, *Tibet. Het stille drama.*

Afbeelding op omslag:
Portret van Bashō.
Geschilderd door Ogawa Haryū (1663-1747).
Signatuur: geschilderd door Bōkanshi, Ryū-ō, in zijn negenenzeventigste levensjaar, in de Muchū-an.
Bezit: Idemitsu Art Museum, Tokio.
Foto: Uitgeverij Shōgakkan, Tokio.

ISBN 90-6831-044-5

D. 1985/0602/30

*Voor Yoshiko en Masaomi Ohta*

'Ik heb geen voorgangers in deze Weg'.
*Bashō.*

# INHOUD

Kaarten met reisroutes:

# INLEIDING

Haiku heeft definitief burgerrecht verworven in het Westen. Hij is opgenomen in alle woordenboeken waar hij een geslacht heeft gekregen, duizenden beoefenen het genre, tijdschriften in hoofdzaak of uitsluitend gewijd aan haiku groeien gestaag in aantal, oplage en kwaliteit. Ook het onderwijs heeft hem ontdekt en prijst hem om zijn pregnante verwoording. Oorspronkelijke haiku in een Europese taal werden reeds in het begin van deze eeuw geschreven. De Franse arts en filosoof P.L. Couchoud moet in dit verband genoemd worden als één der eerste uitgevers van een bundel. Ook de Amerikaanse dichters die bekend staan als de Imagisten, zoals Pound en Fletcher, kwamen al heel vroeg onder de bekoring van het beknopte, 'beeldrijke' vers, en experimenteerden ermee in hun eigen taal. In de Nederlandse literatuur is Jan Greshoff wellicht de eerste die haiku geschreven en gepubliceerd heeft. In *Vonken van het vuur* (1925) vinden we een kleine suite *Simili-haikai*. In België verschenen eerst Franstalige haiku, zoals bijvoorbeeld het in 1937 te Leuven gepubliceerde *Haï-Kaïs* van Max Rose. Ieder taalgebied en ieder land heeft zo zijn vóóroorlogse antecedenten, ook al zijn ze thans alleen nog boeiend als curiosa.

Meer dan een bescheiden begin is dit niet te noemen, als we het vergelijken met de naoorlogse oogst. Een eresaluut behoort hier zeker gebracht te worden aan R.H. Blyth, die met zijn Zen-getinte studies over Japanse haiku, in het Westen een enorm enthousiasme heeft weten te wekken. Geestdrift alleen was uiteraard niet voldoende. De immer toenemende stroom wetenschappelijke vertalingen en studies van Japanologen zorgde echter voor een beter begrip van de specifieke kwaliteiten en eisen van Japanse dichterlijke genres en dit werkte heilzaam op de creatieve haikudichters, die van langsom professioneler werden. J.W. Hacketts *The Way of Haiku* (1969) is één van de eerste rijpe vruchten van deze evolutie.

In 1963 kreeg Amerika zijn eerste haikutijdschrift, *American Haiku*, en in 1968 werd de 'Haiku Society of America' boven de doopvont gehouden. Inmiddels is de Angelsaksische wereld een 30-tal haikutijdschriften rijk en is het aantal haikubundels dat verschijnt niet meer bij te houden.

Zowel op creatief als op wetenschappelijk gebied heeft Amerika de fakkel van Europa overgenomen, wat niet belet dat er het laatste decennium ook veel veranderd is op het oude continent met name in het Nederlands taalgebied. Sedert Paula Gomes in 1964 *Bamboe ruist in het Westen,* de eerste volledige bundel Nederlandstalige haiku, liet verschijnen, is al heel wat weg afgelegd, en zijn uitstekende bundels gepubliceerd.

Zoals echter blijkt uit het feit dat nog steeds veel dichters en would-be dichters hun zwaar-op-de-handse drieregelige aforismen haiku noemen, is geregelde herbronning in de Japanse traditie geen overbodige luxe. Zeker in ons taalgebied is de Japanse literatuur nog onvoldoende geïntroduceerd door middel van betrouwbare (wetenschappelijke) vertalingen en studies. We kunnen weliswaar terugvallen op Engelstalige publicaties terzake, maar ideaal is dat niet. Als de toegankelijkheid tot die Engelse geschriften inderdaad zo groot is, dan zouden toch een aantal misvertanden allang niet meer mogen bestaan, en zou de kennis en de waardering van Japanse poëzie onder de Nederlandstalige haikubelangstellenden preciezer moeten zijn. Als Robert Frost gelijk heeft dat 'Poetry is what gets lost in translation', dan hebben we er alle belang bij geen twee keer verlies te lijden door uit een ongekende taal via een niet volmaakt beheerste vreemde taal naar de moedertaal te werken. Zolang mensen in het Nederlands denken en voelen en deze gedachten en gevoelens uiten in Nederlandse haiku, zal er behoefte zijn aan een Nederlandstalige secundaire literatuur over haiku in het Japans, temeer daar deze een gedeelte van het woord- en termenmateriaal levert aan de haikudichter. Dit blijkt ook uit de vaststelling dat vele, goede Nederlandse vertalingen van Japanse haiku vaak het resultaat zijn van meerdere herschrijvingen op basis van een eerste vertaling uit het Engels.

Het meest sprekende voorbeeld van het grote tekort aan oorspronkelijke Nederlandstalige vertalingen van en studies over de Japanse haikupoëzie is, dat zelfs Bashō, dé grootmeester terzake, nog zijn vertaling niet heeft gekregen. Er zijn uiteraard al heel wat haiku van hem vertaald, maar zijn reisdagboeken, die als zijn meesterwerken worden beschouwd, en waarin vele van zijn haiku zijn verweven, bestaan alleen in een gebrekkige 'via-via' vertaling van Robert Hartzema, die inderdaad heel ver afstaat van het origineel, te meer daar hij zich baseert op de Engelse vertaling van Yuasa Nobuyuki die bijvoorbeeld haiku vertaalt in kwatrijnen. Hier ligt dus nog een ruime taak weggelegd voor de academicus of literator, steeds op de loer om leemten te ontdekken en, door ze op te vullen, zijn bestaansreden te bewijzen. Het ligt dan ook voor de hand dat tussen de talloze leemten, wij voor Bashō gekozen hebben, omdat hij toch de beste blijft.

In de voorliggende vertaling hebben wij vijf reisverhalen en één dagboek samengebracht, die gerekend worden tot het meest representatieve dat Bashō ons heeft nagelaten. Daarvan hebben wij geprobeerd een zo getrouw mogelijke, zoniet naar de letter dan toch naar de geest, vertaling te geven. Het probleem is echter dat er zelden staat wat er staat, er staat veel meer. Dat 'meer' is alleen te begrijpen voor wie ongeveer dezelfde culturele achtergrond heeft als de dichter, dus uitmuntend voor Bashō's tijdgenoten, maar veel minder voor twintigste eeuwse Japanners en nog minder voor westerlingen. Wie iets meer dan 'de gouden opperhuid' (Schierbeek) van Bashō's haiku en proza wil begrijpen, moet weten welke uitdrukkelijke of verholen allusie hij, monkelend of bewonderend, maakt. Zonder zijn literaire en culturele antecedenten is Bashō niet te begrijpen. Daardoor wordt men voor een keuze gesteld: ofwel vertaalt men getrouw en licht men de literaire en culturele achtergrond toe in begeleidende noten, ofwel kiest men voor de parafrase, en vertaalt men niet maar vertelt men wat er staat, zoals Yuasa dat heeft gedaan. Vertalen leek ons verkieslijker dan vertellen, en dus drong het eerste alternatief zich op. Als compensatie voor de minder aangename aanwezigheid van de noten, bieden we de lezer tientallen *tanka* aan, die meteen duidelijk illustreren hoe schatplichtig Bashō is aan de traditie, bewust overigens.

Nu we toch in de mallemolen der vertalingen beland zijn, volharden we even in de boosheid. Moet men de haiku in vrije versvorm vertalen, of moet men strikt vasthouden aan het Japanse voorbeeld, en dus het schema van 3 regels van resp. 5-7-5 lettergrepen, aanhouden? Van de lengte van 17 syllaben van de haiku wordt vaak gezegd dat zij overeenstemt met één ademtocht. Deze fysieke band met het lichaam is niet onbelangrijk. Men is zelfs verder gegaan en men heeft de 17 lettergrepen in verband gebracht met de duur van het langste bewustzijnsproces, dat in de boeddhistische scholastiek wordt uiteengezet. Als dit geen dwingende argumenten zijn?! De neiging om versmaten te relateren aan de ademhaling lijkt evenwel niet tot Japan beperkt te zijn. Van de 'Ballad Measure' (alternerende regels van resp. 8 en 6 lettergrepen in jambische voeten) wordt gezegd dat hij waarschijnlijk het best overeenkwam met de ademhaling van de Engelsen.

Sommigen poneren ras dat het 5-7-5 schema uitstekend aangepast is aan de Japanse taal, maar het best overboord gegooid wordt in Westerse haiku. Sommigen gaan daarin zeer ver en opteren voor de 'éénlijnpoëzietjes' (het woord is van Bart Mesotten), zoals de Engelse dichter James Kirkup. Het voornaamste argument voor het overboord gooien van het Japanse schema is negatief: nl. dat in het Japans alle lettergrepen fonetisch evenwaardig zijn, zodat iedere Japanse haiku even lang is qua aantal morae, klankduur dus, hetgeen niet het geval is in de Westerse talen. In het Nederlands kan je theoretisch haiku maken met 17 lange, heldere lettergrepen zoals 'staart', en aan de andere kant met 17 doffe, zoals de 'e' in sudderen. Inderdaad een ontzettend verschil in klankkleur.

Door de fonetische gelijkwaardigheid van alle Japanse haiku is er ook een visuele gelijkwaardigheid, vooral daar (klassieke) haiku bij voorkeur in het syllabisch alfabet (*hiragana*) geschreven werden. De fonetische ongelijkwaardigheid van Nederlandse haiku, heeft ook zijn effect op het typografische beeld (naar analogie van het 'woordbeeld' zou men van 'versbeeld' kunnen spreken). Eén en ander heeft voor gevolg dat de Japanse haiku een soort sacrale éénvormigheid vertoont, en dit kan men ten enen male niet verwachten van een Westerse haiku. Ook staat de regelmatige afwisseling van medeklinker en klinker in het Japans borg voor een kadans die in het Nederlands niet gegarandeerd kan worden. Dit zijn inderdaad argumenten die het verbeten vasthouden aan het 5-7-5 schema op losse schroeven zetten. Er wel halsstarrig aan vasthouden kan ook de poëtische eenheid van de inval, de momentopname, breken. Daarom moet de vertaler streven, niet naar formele gelijkvormigheid met zijn origineel, maar naar psychologische of subjectief poëtische.

Bovendien houden de Japanse dichters zich vaak ook niet aan het schema. Als het origineel bijvoorbeeld uit 5-8-6 lettergrepen bestaat, moet men de trouw dan zover drijven dat men evenveel lettergrepen in het Nederlands behoudt?! De gelijkwaardigheid van de lettergrepen in het Japans is overigens ook maar betrekkelijk, want bijvoorbeeld 'cho' kan er naast 'o' voorkomen en de 'mu' tot 'n' gereduceerd worden.

Oorspronkelijk hebben wij op basis van de voorgaande argumenten geopteerd voor de vrije versvorm in de vertaling. Dit bleek echter al vlug te leiden tot een totaal gebrek aan houvast. Als je vrij bent, hoe vrij ben je dan eigenlijk? Kun je dan een Nederlands vers van 10-3-7 lettergrepen ook accepteren? Dan kun je zo lang gaan en zo kort als je wil: je kunt het geheel reduceren tot één woord, zoals Boeddha's leer, of uitspinnen tot een kwatrijn met rijm. In vrije versvorm wordt het zgn. haiku-achtige te subjectief en arbitrair. Het wordt te licht een eenvoudige uitspraak, geen haiku meer. Bovendien moet de vertaler ook rekening houden met het taalgebied waartoe hij behoort. In het Nederlands bestaat er reeds een haiku-traditie, hoe jong ook, en de vertaler doet er beter aan met de verworvenheden ervan rekening te houden. Hij vindt er trouwens een idioom dat hem dienstig kan zijn. Omdat het 5-7-5 schema overwegend is in de Nederlandse haiku-literatuur, hebben wij dan alles herschreven in deze vorm, maar dit bleek inderdaad ook zijn beperkingen, in alle betekenissen van het woord, te hebben. Geloaterd door deze ervaring, zijn wij tot het standpunt gekomen dat je de vrijheid van versvorm niet zomaar kunt nemen, maar moet verdienen. Je kunt ze verdienen door de mogelijkheden die schuilen in het 5-7-5 schema eerst uit te putten en ervan af te wijken als het moet, maar dan enkel met eerbied voor het evenwicht tussen de 3 versregels. Men moet niet noodzakelijkerwijze 5-7-5 lettergrepen hebben, maar een 5-7-5 verhouding in klankwaarde. Dit lijkt misschien wat wiskundig, maar er is zoiets als de gulden snede van de haiku. We zouden misschien kunnen spreken van de voorwaardelijke vrijheid van de versvorm. Men kan de scrupules nog verder drijven. Moet men de regels in dezelfde volgorde van het origineel vertalen? Hier moet men ons inziens de spraakkundige opbouw van de haiku laten spelen, en kan men zich bijgevolg niet houden aan de orde van de regels.

Een ander probleem is de grammatica van de vertaalde haiku. Japanse haiku voeren de reeds inherent in het Japans aanwezige neiging tot ellips ten top, maar daar vindt men in de meeste Nederlandse haiku te weinig van terug, hoewel het consequent toepassen ervan ook zijn gevaren inhoudt. Noodgedwongen moeten wij in het Nederlands vaak een reeds vermeld woord in een volgende regel hernemen met een lidwoord of aanwijzend voornaamwoord, dat meestal een prozaïsch, te logisch aandoend spoortje nalaat in het vers. Voorts is er nog het probleem van de stijl en de toon, zowel in de haiku als in het proza. Bashō leefde in een tijd toen men het nog niet had over de eenheid van spreek- en schrijftaal. Ook voor zijn tijdgenoten schreef hij geen onversneden spreektaal, maar een literaire, 'elegante' taal. Die afstand, die stilistische aliënatie is inmiddels nog groter geworden t.o.v. het hedendaagse Japans. Voor een moderne Japanner die Bashō nu leest is die vervreemding, die 'elegantie' een deel van de bekoring. Japanners zijn trouwens veel toleranter tegenover oudere vormen van taal en stijl. Nergens lijkt er een grotere antipathie daartegen te bestaan dan in het Nederlandse taalgebied. Engelsen verheerlijken nog hun Renaissance-schrijvers, het enige wat wij over zelfs onze negentiende eeuwse auteurs nog weten te zeggen is dat ze verouderd zijn. Zijn we dan sneller geëvolueerd dan de Engelsen? Onwaarschijnlijk. We staan echter zo open voor buitenlandse cultuur, dat op de bodem van de Lage Landen nooit een autochtone klassieke cultuur heeft kunnen wortel schieten.

Ideaal zou zijn Bashō te vertalen in een Nederlands dat in dezelfde verhouding staat tot het hedendaagse, als Bashō's taal staat t.o.v. het moderne Japans. Zulk equivalent is evenwel niet voorhanden. Men hoeft daarom echter nog niet in het andere uiterste te vervallen en zich te bedienen van de gemeenzame omgangstaal die je in kroegen hoort. Wij hebben daarom geopteerd voor een stijl die modern is, maar in zijn neiging naar parallellisme en evenwicht, bewust, niet helemaal vrij te pleiten is van een zeker gebrek aan 'wereldsheid'. Bashō was nu eenmaal geen Dharma Bum. Hij schreef in een erg gecondenseerde en erudiete stijl, en zijn proza is sterk beïnvloed door het klassiek Chinees, zoals tot voor kort bij ons de intellectuelen ook in mindere of meerdere mate een zekere invloed van het Latijn ondervonden.

Het gebrek aan culturele of literaire equivalenten in ons taalgebied laat zich ook nog voelen op andere domeinen. In de Japanse haiku komen seizoenwoorden, plaatsnamen, namen van bomen, vogels, planten en bloemen voor die alle een geconsacreerde associatie hebben. Beroemde landschappen zijn a.h.w. officieel, d.w.z. in de dichterlijke traditie, verbonden met een bepaald seizoen, een bepaald natuur- of atmosferisch verschijnsel zoals regen, nevel, wind etc. en soms zelfs met een bepaald tijdstip van de dag. Nemen we als voorbeeld de volgende haiku van Sōin:

De wereld van dauw,
alle problemen opgelost –
de Oku-no-in.

De Japanner met cultuur die dit leest maakt een heleboel associaties hierbij. In de Oku-no-in, boeddhistische tempel en mausoleum op de Kōya-berg, ligt Kōbō Daishi begraven. Daarrond ligt een immens kerkhof waar de zerken van de groten van Japan elkaar in eindeloze rijen opvolgen. Aan Kōbō Daishi is ook het auteurschap toegeschreven van het *Iroha*-lied (het syllabische alfabet) waarvan de tweede regel luidt: 'onze wereld is onbestendig'. De tweede regel van Sōins vers persifleert een geleerde, scholastieke, uitdrukking uit de boeddhistische geschriften. Al deze associaties vormen een keten en in haiku volstaat het één schakel uit die keten te noemen of te suggereren en de lezer moet er de rest bij denken.

De taal is gemeenschappelijk aan een groep mensen. Het is een conventie waarover een aantal mensen het a priori eens zijn. Binnen het kader van deze conventie wordt aan literatuur gedaan. Nu zijn de associatie-ketens a.h.w. een tweede taal die boven de eerste gelegd wordt. Opdat een cultuur rijk zou zijn aan dergelijke vaste associatie-ketens is het nodig dat ze statisch is, d.w.z. niet snel verandert, en sterk geïntegreerd is. In onze moderne, snel evoluerende en erg open wereld is dat onmogelijk, want de keten wordt voortdurend uit elkaar gerukt en de cultuur is te versnipperd. De gemeenschappelijke algemene vorming die de mensen bindt is zo verschraald dat de band erg dun is geworden. Je kunt er zelfs allang niet meer van uitgaan dat ieder geciviliseerd mens de Bijbel kent en Latijn leest. Als er nog een gemeenschappelijk cultuurgoed is dan heet het nu Dallas, Dynasty etc.

Associëren wij de Schelde, de donk van Overmere, het Ijsselmeer of de Veluwe met een bepaald seizoen en dus een bepaald soort ontroering of melancholie? De Frans schrijvende Vlaamse dichter Emile Verhaeren is daar misschien nog het dichtst bij gekomen met de Schelde. Overigens is het nu reeds te laat om aan zo'n dichterlijke inventarisering te gaan werken. De natuur wordt te vaak gestoord, de mens, de moderne technologie grijpt te vaak in in het milieu, waardoor vele van de natuurplekken onherkenbaar gewijzigd worden. Overigens worden ook in Japan geen nieuwe plaatsen meer toegevoegd aan het dichterlijk natuurpatrimonium, eerder het tegendeel is waar. Vaak is alleen de toponymie dezelfde gebleven.

Hetzelfde geldt voor gewoonten en gebruiken. Een term als 'paasbest' bijvoorbeeld, wijst op het gebruik om zich met Pasen in nieuwe kleren te steken. De hoogmis van Pasen was een seizoengebonden mode-show. Men leefde op het ritme van de seizoenen en de liturgische kalender. De gelijkenis of tenminste analogie met Japan was groter dan men denkt. Het is niet zonder ironie te moeten vaststellen dat er zo'n fervente belangstelling bestaat voor het traditionele Japan, terwijl men tegenover de eigen analoge tradities slechts een schouderophalende onverschilligheid kan voelen. Misschien is het omdat we te weinig 'geletterd' waren om die 'oude tijd' boven de grijze alledaagsheid uit te tillen. Misschien is de schoonheid van die oude verstikkende werkelijkheid verschroeid door het vuur van onze drang de wereld te verbeteren. Hoe dan ook, het maakt allemaal niet veel meer uit. De wereld heeft zijn 'tover' verloren, de moleculen zijn geseculariseerd. De Japanners mogen dan nog zo hun best gedaan hebben om aan hun strijd om het bestaan anders zin te geven, om schoonheid te zien in de natuurlijke, maatschappelijke zowel als prosodische dwang en inperking, de twintigste eeuw heeft de spons geveegd over al die tere schakeringen, en de aardbol gekleurd in de helle, schreeuwerige uniformiteit van de internationale, technologische maatschappij.

Vertalen noopt steeds tot een aantal practische afspraken die aan de lezer moeten meegegeven worden.
De transliteratie van de Japanse woorden en eigennamen dwingt steeds weer tot een keuze. Moet men de ironisch genoeg ook voor Nederlandstaligen meer vertrouwde Engelse transcriptie, in vakkringen bekend als het Hepburn-systeem, (bv. haiku, Matsuo Bashō etc.) bezigen of eerder streven naar een typisch Nederlandse (haikoe, Matsoeo Basjo etc.)? Onze instinctieve, en meest rechtgeaarde, reactie is te opteren voor de

laatste. Anderzijds dienen we echter ook te erkennen dat we leven in een cultuurgebied dat zo doordrongen is van vreemde culturen dat de kans zeer groot is dat de meeste lezers van dit boekje meer Engelstalige dan Nederlandstalige literatuur over het onderwerp doorgenomen hebben. Dit is misschien niet direct toe te juichen, maar we moeten het feit erkennen. Dit heeft ons doen overhellen naar de keuze voor de Angelsaksische transliteratie.

Een bijkomende reden voor onze keuze is het feit dat het hier gaat om de vertaling van een Japanse haiku-dichter. Er worden een behoorlijk aantal Japanse woorden in de tekst genoemd, en een consequente vernederlandsing ervan zou er vele van onherkenbaar gemaakt hebben, ook voor Japanologen.

Van alle gedichten die wij vertalen, hebben wij ook steeds de transcriptie van de oorspronkelijke tekst gegeven. De historische 'spelling' werd echter in het licht van de moderne uitspraak vereenvoudigd. Voor de vele Chinese termen werd de Wade-Giles-transcriptie gekozen.

De vertaling van de namen van typisch Japanse dieren of planten stelt soms onoverkomelijke problemen. Zo wordt de Japanse *uguisu* als nachtegaal vertaald, de *hototogisu* als koekoek en de *kankodori...* ook als koekoek. Dit zijn de poetsen die machteloze samenstellers van woordenboeken ons gebakken hebben. Voor de planten is de toestand al even beroerd. Je kunt echter in literaire teksten niet met de wetenschappelijke naam uitpakken en dus neem je maar vrede met een benaderende term, die tenminste vertrouwd klinkt en bepaalde associaties oproept.

Plaatsnamen werden uiteraard getranscribeerd, en niet vertaald, behalve waar er een woordspeling werd gemaakt op de betekenis van de plaatsnaam, of waar het op een andere manier belang had voor de betekenis of de sfeer van de context.

Afstanden drukt Bashō uit in Japanse mijlen (*ri* = 3,93 kilometer) en *chō* (109 meter).

In namen van tempels hebbben wij het achtervoegsel *-ji* of *-tera/dera* (tempel) beschouwd als integraal deel uitmakend van de tempelnaam. De termen *-kawa/-gawa* (rivier) en *-yama/san* (berg) hebbben wij in de regel wel vertaald hoewel zij in de verzen om metrische redenen een enkele keer achterwege zijn gebleven.

Bashō's geheugen laat hem soms in de steek. Zo spreekt hij bijvoorbeeld van de *Tenryūji-tempel te Maruoka,* waar het eigenlijk *te Matsuoka* hoort te zijn. De vertaler heeft de oude dichter in de waan gelaten.

Bovengenoemde afspraken gelden ook voor de inleidende essays, die de eigenlijke vertaling voorafgaan, en die bedoeld zijn om de lezer te oriënteren in het leven, de tijd, en de poëtica van Bashō, en zijn betekenis voor de Japanse literatuur aan te tonen. In dit verband hebben wij ons soms gewaagd aan neologismen zoals *kettingvers* of *kettinggedicht* voor *renga* en *schakel* of *schakelvers* voor *tsukeku.*
Van noten en verwijzingen wordt wel eens gevreesd dat ze de niet-gespecialiseerde lezer afschrikken en de bladspiegel ontsieren. Dit indachtig hebben wij ernaar gestreefd ze tot een minimum te beperken. Alleen in het opstel *Het schrijven en interpreteren van haiku in de kring van Bashō* hebben wij consequent bibliografische verwijzingen gemaakt naar de Japanse bronnen omdat de behandelde materie eerder technisch is.
De namen van Japanse personen worden in Japanse orde gegeven, d.w.z. de familienaam eerst.

Hoe bescheiden dit boekje ook is, het dankt zijn verschijnen aan een heleboel mensen, in de eerste plaats mevrouw Keiko Hino en Prof. Tatsuo Hino, die mij destijds Bashō leerden lezen. Dank ben ik ook verschuldigd aan collega Dr. W.M. Callewaert, die de practische problemen van het uitgeven deskundig oploste, mijn medewerker Kuraoka Kazuhito die zich belastte met de correspondentie i.v.m. het verkrijgen van de toelating tot het publiceren van het opgenomen illustratiemateriaal, en juffrouw Katleen Christiaens, die instond voor het typwerk. Aan haar draag ik een enigszins oneerbiedige *senryū* op:

Hoeveel aanslagen
moet de tikjuffrouw vóór ze
't nirvāṇa bereikt?!

Ik dank ook de medewerkers van Inforiënt, in het bijzonder Patrick Willems voor de kaarten, en de redactieleden van het tijdschrift *Vuur-*

*steen* voor de toelating tot overname van de essays. Hun draag ik de volgende senryū op:

*Vuursteen* lezend in de zon:

Verdiept in boeken
over haiku blijf ik doof
voor de koekoeksroep.

Een seizoen later hangen de late zomernevels over dit gebochelde land, dat gebukt gaat onder zijn weidse snelwegen, logge villa's en alomtegenwoordige industrieterreinen, allemaal gebouwd in de hoop op wat? Overal waar je kijkt, daken, maar zijn er nog mensen die een dakloze dichter onderdak willen geven?

Boeddha, hoeveel keer
slapen nog vóór alle wezens
gered zullen zijn?!

We wish to thank the following persons and institutions for their generosity in providing us with the photographs reproduced here, for giving their permission to do so, or their cooperation and goodwill in any other way:

Bashō-ō kinenkan, Ueno (Mie).
Daitōkyū Memorial Library, Tokyo.
Idemitsu Art Museum, Tokyo.
Kakimori Bunko, Itami (Hyōgo).
Mr. K.T., Iwaki (Fukushima).
Kōdansha Publishers Ltd., Tokyo (Shiseki Sekiguchi Bashō-an Hozon-kai).
Mr. Matsuo Yasuaki, Tokyo.
Mr. Nishimura Hiroaki, Tsuruga (Fukui).
Shōgakkan Publishing Company, Tokyo.
Tenri Central Library, Tenri (Nara).
Yamagata Art Museum, Yamagata.

All photographs reproduced by courtesy of Shōgakkan and/or the owners of the original works of art.

## HOOFDSTUK I

## BASHO'S ZOEKTOCHT NAAR POETISCHE ECHTHEID

Men kan zich afvragen of haiku het ooit tot een literair genre in de Westerse literatuur had gebracht, ware niet in 1644 in het dorp Ueno (provincie Iga), Matsuo Kinsaku (hierna gemakshalve steeds Bashō genoemd) geboren als tweede zoon van een landloze samoerai, een weinig benijdenswaardige status tussen samoerai en boer in. In weerwil van die lage status en de daarmee gepaard gaande armoede waren de Matsuo's wel geletterd, wat overigens helemaal geen uitzondering was in die tijd. In de meeste biografieën kan men lezen dat zijn vader kalligrafie onderwees aan de kinderen uit de buurt om het krappe familiebudget wat te spijzen. Op negenjarige leeftijd (volgens sommige biografen negentienjarige leeftijd) trad Bashō in dienst bij de erfgenaam van de landheer van Tōdō, leenheer van Ueno.

Dit was uiteraard een zeer bescheiden, bijna onooglijke betrekking, maar het betekende voor Bashō toch een stap omhoog op de sociale ladder. Al was hij dan slechts de schildknaap van de wettige opvolger, toch kon hij zich door zijn betrekking formeel tot de samoeraiklasse rekenen. Deze erfgenaam, Yoshitada, die slechts twee jaar ouder was dan Bashō zelf, was een fervent beoefenaar van de *haikai no renga*, het speelse kettingvers dat een tegenhanger vormde voor het ernstige *renga*-genre. De haikai no renga was een vrij jong literair genre dat slechts sinds enige decennia de literaire salons in zijn greep hield. Ofschoon de officiële verhouding tussen Yoshitada en Bashō er een was van meester-dienaar, in de praktijk waren ze eerder studiegenoten of zelfs vrienden. Allicht deelden ze een zelfde passie, die van de haikai no renga. Zo kon Bashō mee genieten van het poëtische onderricht dat zijn jonge meester kreeg van Kitamura Kigin (1624-1705), een dichter uit Kyōto, volgeling van de haikai-school van Teitoku.

Het oudste vers dat we van Bashō kennen, luidt:

| Haru ya koshi | Begin der lente? |
|---|---|
| toshi wa yukikenu | of einde van 't oude jaar? |
| kotsugomori | Nacht vóór oudejaar. |

Deze haiku schreef hij op 19-jarige leeftijd (1662), dus in het jaar dat hij, volgens sommigen, in dienst trad bij Yoshitada. Zowel de verwoording als de poëtische pointe van zijn vers zijn gebaseerd op twee *waka* :

| Toshi no uchi ni | Voor het eindejaar |
|---|---|
| haru wa kinikeri | is de lente gekomen. |
| hitotose wo | Moet ik dan dit jaar |
| kozo to ya iwamu | al 'verleden jaar' noemen |
| kotoshi to ya iwamu | of toch nog 'dit jaar' noemen? |

(Kokinshū)

en:

| Kimi ya koshi | Ben jij gekomen, |
|---|---|
| ware ya yukikenu | of ben ik er heengegaan? |
| omohoezu | Ik weet het niet goed. |
| yume ka utsutsu ka | Is 't droom of werkelijkheid, |
| nete ka samete ka | slaap ik of ben ik wakker? |

(Ise Monogatari)

In de tijdrekening van de maankalender kon het gebeuren (in een schrikkeljaar) dat de nieuwe maan die het nieuwe jaar inzette, opkwam vóór het einde van de laatste maand van het oude jaar. Zo begon het nieuwe jaar reeds tijdens het oude, wat de dichter uit de *Kokinshū* zijn woordenspel ingaf. In de twee jaar later (1664) door Matsue Shigeyori uitgegeven bloemlezing *Sayo no nakayama shū* staan ook twee van Bashō's *hokku* (openingsvers van een kettinggedicht):

| Ubazakura | Oudewijvekers |
|---|---|
| saku ya. Rōgo no | staat in bloei. – Heimwee naar |
| omoiide | zijn jeugd van weleer. |

| Tsuki zo shirube | Met de maan als gids |
|---|---|
| konata e irase | kom binnen, kom reiziger |
| tabi no yado | in deze herberg. |

Portret van Bashō.
Geschilderd door Ogawa Haryū (1663-1747).
Signatuur: geschilderd door Bashō's discipel, Bōkanshi, Haryū, in zijn tweeëntachtigste levensjaar.
Bezit: Bashō-ō kinenkan, Ueno-shi, Japan.

Het vers over de oudewijvekers alludeert op een passage in het Nō-stuk *Sanemori*, waar sprake is van het soort kerseboom waarvan de bladeren pas uitlopen nadat de bloesem geheel uitgebloeid is. Blad en tand zijn homoniemen in het Japans (*ha*), wat aanleiding geeft tot de woordspeling *zonder bladeren = zonder tanden*. Vandaar de uitdrukking oudewijvekers, omdat een tandeloze mond het beeld van een oude vrouw oproept.

De eerste twee verzen kunnen niet begrepen worden zonder voorkennis van de geciteerde klassieke bronnen, of althans niet in hun poëtische pointe, die staat of valt met de klassieke allusie, de vernuftige woordspeling en het geestige effect. Dit zijn nu juist de kenmerken van de Teitoku-school. De geciteerde voorbeelden tonen aan hoe schatplichtig Bashō was aan de stijl van deze school. Had hij het vak niet geleerd bij Kigin en bij diens discipel Yoshitada (dichtersnaam Sengin)!? Wie vertrouwd is met de meesterlijke haiku die Bashō later schreef, zal misschien een onvoldaan gevoel hebben bij het lezen van deze jeugdverzen: er is nog niets te merken van die treffende echtheid en levensverbondenheid. Men moet echter bedenken dat vóór Bashō een nieuwe inhoud gaf aan het haikai no renga-genre, die geestigheid en vrijblijvende speelsheid precies de quintessens waren van haikai. Niet voor niets werd het genre 'speels kettingvers' genoemd. Het met zorg gekozen woord en het strikte naleven van de vormvoorschriften zullen Bashō bijblijven en dus ook een rol spelen in de vorming van zijn eigen stijl.

In 1666 stierf Yoshitada op slechts 25-jarige leeftijd. Zijn broer Yoshishige werd aangeduid als wettige opvolger van de Tōdō-clan. Het toneel was klein, maar nu de hoofdrol door een ander gespeeld werd, had dit zijn invloed op de nevenrollen. Het ontvallen van Yoshitada betekende niet alleen emotioneel een zware slag voor Bashō, maar ook sociaal-economisch. Hij verloor niet alleen zijn vriend, maar ook zijn beschermheer. Nadat hij het dodentablet en de haarresten van zijn overleden meester was gaan bijzetten in het boeddhistische heiligdom van Kōya-san, trad Bashō uit dienst. Kreeg hij ontslag, of verzocht hij zelf om zijn ontslag? Daarover zijn geen details bekend. De theorie dat hij weggelopen zou zijn, kent tegenwoordig nog maar weinig aanhang. Het hoe en waarom van zijn ontslag doen hier overigens weinig ter zake. Zoveel is zeker dat hij na 14 (of 4) jaar dienst als page weer op straat stond, met have noch goed. Dit toont duidelijk aan hoe onzeker de positie was van diegenen die onderaan de ladder van de samoerai-kaste stonden. Stond je op de laagste sport, dan werd je er ook gemakkelijk weer afgeschopt. Voor de 23-jarige Bashō betekende dit alleszins geen geringe schok. Waarop kon hij terugvallen? Te lang had hij aangezeten aan de dis van de samoerai, en hij was ook aangestoken door de genoegens van de cultuur.

De levensweg die hij uiteindelijk koos, bewijst dat hij er niets voor voelde om in de voetsporen van zijn vader te treden. Maar welk alternatief had hij? Hij had geen stamboom waarop hij kon bogen, kende geen invloedrijke voorsprekers, bezat geen bepaalde kunst of kennis die hij kon laten gelden. Of misschien toch? Hij had een grote passie voor haikai, maar ook op dit domein behoorde hij slechts tot de grote kudde. Niettemin betekende zijn kennis van haikai het enige straaltje licht dat binnenviel in de sombere toekomst die de jongeman voor zich zag. Toen deed hij wat alle jongelui, van alle tijden en culturen, schijnen gedaan te hebben, en nog doen, als ze echt niet meer weten van welk hout pijlen te maken: hij trok naar de stad. De stad was de wereld waarin de haikai bloeide. Ook de stad was nog altijd maar een klein wereldje, maar ze bood toch honderdmaal meer vrijheid dan de kleine landelijke maatschappij waar hij vandaan kwam. Men neemt aan dat het omwille van de haikai was dat hij de stad verkoos. De handelswijze van Bashō was evenwel niet de normale weg om zijn intrede te doen in dit wereldje. Normaal bleef de amateur haikai-dichter bij zijn leest: als samoerai, boer, ambachtsman of handelaar (de 4 feodale standen) wijdde hij zich slechts tijdens zijn vrije tijd aan de haikai-kunst. Na enige tijd kon men trachten om het statuut van meester te verwerven, waardoor men gerechtigd was om een ereloon te ontvangen van amateurs voor onderricht en beoordeling van hun pennevruchten. Ook al was de toenmalige Japanse maatschappij een van de meest sociaal gestratifieerde van de moderne tijden, toch kon Bashō in de stad vrijer ademen. Daar was toch wat meer plaats voor marginalen als hij. De normale weg ware dus geweest: eerst amateur (dichterschap als tijdverdrijf naast een beroepstaak); naderhand meester, met of zonder beroepsbezigheid, levend van een ereloon. Bashō sloeg alvast de eerste trede over.

Wanneer zou hij de tweede trede bereiken? Bashō ging naar Kyōto, de oude keizersstad, waar zijn leermeester Kigin woonde. Hij ontmoette er de leerlingen van Kigin en diens oudste zoon Koshun. In een bloemlezing van deze laatste, *Zoku yamai* (1667), werden er 28 *hokku* en 3 *tsukeku* (2-regelig vers dat als antwoord op een hokku werd vervaardigd) van Bashō's hand opgenomen. Waarvan Bashō leefde tijdens deze jaren te Kyōto is een raadsel. Volgens een 18de-eeuwse bron met roddelpraatjes uit de oude tijd, zou hij in die jaren een liaison hebben met een boeddhistische non, Jutei-ni. Hoewel de dichter daar zelf met geen woord over rept, is dit niet helemaal onaanvaardbaar. Dit zou zeker mede verklaren hoe de berooide Bashō erin slaagde om vijf jaar in de stad te verblijven en zich uitsluitend bezig te houden met studie en poëzie.

Bashō was geen inwijkeling die in de eerste plaats streefde naar een beter en comfortabeler leven in de stad. Hij kwam ernaartoe om te ontkomen aan het keurslijf van de landelijke maatschappij. De haikai-wereld genoot immers in de stad een opmerkelijke graad van vrijheid. De haikai-dichters werden uit alle standen gerecruteerd en waren ook in alle standen welkom, in de naam van de poëzie. Het is een algemene tendens in vele culturen dat de kunstenaar zich aan de rand van de sociale ordening opstelt. Maar omdat hij buiten de gevestigde orde staat, kan hij ook vrijer in alle geledingen van die orde doordringen, zij het vrijblijvend, als gast of toeschouwer, zonder ooit werkelijk een van de gelijken van een bepaalde stand te worden. De prijs die men voor deze vrijheid moet betalen, is de economische onzekerheid. Bashō was blijkbaar bereid hiervoor te opteren. Zijn langdurig verblijf in de stad betekende een vrij radicale breuk met zijn geboortedorp. Dit illustreert de ernst waarmee hij naar een ander bestaan streefde. Hij moest wel trachten het meesterschap te bereiken om als professioneel haikai-leraar te kunnen leven van zijn ereloon.

In het werkje *Kai ōi (schelpen paren)*, dat Bashō publiceerde in 1672, ben ik geneigd de voorafbeelding en de uitdrukking te zien van die droom om professioneel meester te worden. De taak van een haikai-leraar bestond in de eerste plaats in het beoordelen en vergelijken van verzen van amateurdichters. Dat gebeurde bij middel van puntenkwoteringen. In zekere zin was een haikai-leraar een reizende eenmansjury.

*Kai ōi* is een anticipatie van die rol en van die positie. Het is nl. een verzameling van 30 paar humoristische verzen van lokale dichters uit de streek van Ueno. Van ieder paar duidt Bashō het beste vers aan terwijl hij zijn keuze verantwoordt in een begeleidend commentaar. In het feit dat 30 dichters uit zijn streek zich onderwerpen aan zijn oordeel kan men het feitelijk bewijs zien van het aanzien dat hij reeds genoot als haikai-beoordelaar. Een modern specialist, Imoto Nōichi, opperde de gedachte dat de meeste van de dichters vermommingen zouden zijn van Bashō zelf. Daarna is er immers nooit sprake meer van deze dichters, zelfs niet als Bashō later als gevierd meester een bezoek brengt aan zijn geboortestreek. Als dit waar is, dan wordt het vermoeden dat hij in deze bundel slechts meester speelt, in afwachting van zijn eigenlijke bevordering, nog versterkt. Anderzijds zou men er ook een soort parodie in kunnen zien op de mode van de bundels met vergelijkingen van verzen, die vooral opgeld maakte in de kringen van de Kigin-school.

In elk geval spreekt uit deze bundel een toegenomen zelfvertrouwen tegenover zijn eigen kunnen. Het was hem bittere ernst, en dit blijkt ook uit het feit dat hij zijn bundel ging opdragen aan de god Tenjin, in het heiligdom Tenmangu te Ueno. *Kai ōi* is bovendien een mijlpaal op zijn manier. Het is in feite een afscheid van Kyōto en een afscheid van de Kigin-school. In het jaar dat deze bundel gepubliceerd werd, vertrok Bashō naar de nieuwe oostelijke hoofdstad Edo, het huidige Tōkyō, om er zijn dichterlijk fortuin te zoeken. Wou hij zich losmaken uit de vele geschreven en ongeschreven conventies van de Kigin-school en de haikai-wereld in het oude Kyōto? Wou hij vrijer ademen in de bruisende atmosfeer van de nieuwe hoofdstad, die veel positiever stond tegenover pioniers, fortuinzoekers en nieuwlichters? Waarschijnlijk wel. Hij neemt alvast een nieuwe dichtersnaam aan: Tōsei (perzikgroen). Een gelijkluidende combinatie, maar anders geschreven, zou men kunnen lezen als: hij die in het Oosten is neergestreken, waarmee niet gesuggereerd wil worden dat Bashō ooit aan die woordspeling gedacht heeft.

Op dat ogenblik waren er in de nieuwe hoofdstad drie stromingen onder de haikai-dichters: 1. De professionele leraars van de Teitoku-school. 2. De groep van de Edo-Danrin, minder respectabel, wat plebejischer, maar bruisender, creatiever en vaak ikonoklastisch. 3. De ingewekenen uit de streek van Kyōto en Ōsaka, die voor het grootste deel ook gevormd waren in de matrijs van de Teitoku-school. Het zal wel niemand verwonderen dat Bashō zich bij deze laatste groep schaarde. We mogen ons deze richtingen niet voorstellen als elkaar fel bekampende, rivaliserende groepen. Het was vooral persoonlijk contact dat de groepen samenhield, maar ook tussen de verschillende groepen hadden vaak contacten plaats. De nieuwe Danrin-stijl was trouwens bezig de hele haikai-wereld stormenderhand te veroveren en geen enkele haikai-dichter bleef er uiteindelijk onberoerd door. In 1675 nodigde de patroon van de derde groep, Naitō Fūko (1619-1685) zelfs Nishiyama Sōin, de voorman van de Danrin-school, uit naar Edo voor een haikai-sessie te zijner ere. Onder de deelnemers aan deze haikai-dag was ook Bashō. Het bezoek van Sōin betekende een sterke promotie voor zijn visie. In feite was het a.h.w. de officiële inhuldiging van de Danrin-stijl in Edo. Deze gebeurtenis had een sterke invloed op de stijlontwikkeling van vele haikai-dichters in de nieuwe hoofdstad.

Hoe kunnen we het eigene van deze Danrin-school best vatten? Dat de inspiratie van haikai volks moet zijn, werd reeds gepropageerd door Teitoku, die meende dat de haikai het geëigende genre was voor het plebejische tijdperk dat nu was aangebroken. Toch had Teitoku nog vrij strikte regels voorgeschreven om te trachten het genre een hoger prestige te verlenen, zodat het naast de waka zou kunnen staan. Van hem kwam het bekende concept van de *haigon* (volks, vulgair, niet elegant, niet 'dichterlijk' woord) dat bepaalde of een vers haikai was of niet. Hierbij hanteerde hij dus duidelijk een formele maatstaf. De haikai was voor hem niet de uitdrukking van een persoonlijk gevoelen van de dichter.

Sōins bijdrage bestond erin het formalisme van Teitoku te doorbreken. Zijn verzen getuigden van een bijzonder aardse, soms ongezouten humor. Snelle, improviserende composities waren zijn sterke zijde en hij opteerde daarnaast resoluut voor de spreektaal. In zijn onstuimigheid deinsde hij er niet voor terug om de grenzen van de 5-7-5-metriek te doorbreken. Voor hem primeerde de vondst boven de vorm. Ook Bashō nam de Danrin-stijl over. Samen met Sodō gaf hij in 1676 een bundel uit, *Edo ryōgin shū*, die hiervan duidelijk het stempel draagt. We vinden er zelfs een uitdrukkelijke hommage aan Sōin in:

Kono ume ni                    Onder die prunus

| ushi mo hatsune to | zal zelfs de donkere os |
| nakitsubeshi | beginnen zingen. |

Het woord *hatsune* betekent normaal het eerste lied van de nachtegaal (*uguisu*), dat traditioneel geassocieerd werd met de bloesems van de prunus (pruimeboom). De donkere os verwijst naar het beeld van een liggende os, dat vaak te zien is in de heiligdommen die aan de godheid Tenjin gewijd zijn. De bundel was opgedragen aan deze godheid. De prunus is een toespeling op Sōin, wiens dichtersnaam Baiō, Ouderling van de Pruimebloesems, betekent.

Circa 1678 begint Bashō met het vormen van een eigen school. Hij vestigt zich als zelfstandig haikai-meester. Voor vele haikai-leraars betekende het leraarschap niet de enige bron van inkomsten. Vaak hadden ze een andere winstgevende bezigheid, zodat ze zich geen financiële kopzorgen dienden te maken. Bashō echter was willens nillens een echte professioneel, die geen andere middelen van bestaan had. Wat men ook moge beweren over de vrijheid van de kunstenaar, het is een feit dat deze levenswijze hem meer dan wie ook blootstelde aan de grillen van diegenen die hem patroneerden. Door zich buiten de maatschappelijke orde te stellen in het zuivere kunstenaarschap, beoogde de kunstenaar uiteraard de maximale vrijheid van uitdrukking en ontwikkeling van zijn kunst, maar ook vaak leek dit wel op het paard van Troje. Het gevaar was helemaal niet zo denkbeeldig dat de dichter de waarheid van de spreuk moest erkennen: wiens brood men eet, diens woord men spreekt. Dit belette evenwel niet dat de positie van haikai-meester in die tijden een reële aantrekkingskracht uitoefende op de intelligentsia uit de lagere standen. De dichter Jōha (1524-1602) heeft ooit volgende uitspraak gedaan over het dichterschap: 'Als men voor zijn dertigste geen naam gemaakt heeft, zal men het nooit ver brengen. Na diepgaand over de wereld nagedacht te hebben, vond ik de weg van renga-meester de gemakkelijkste: zowel ambachtslieden als stedelingen zitten aan dezelfde dis aan als edelen.' Het dichterschap leek een van de enige wegen om het klasseonderscheid te overbruggen en die inherente belofte zal zeker meermaals als een stimulans gewerkt hebben.

Voor Bashō was het meesterschap zeker niet onmiddellijk de dis der edelen. In deze tijd schrijft hij:

Rijken verorberen vlees, sterken vreten rapen; ik ben arm.

Yuki no asa            Ochtend in de sneeuw,
hitori karazake wo     alleen, met gedroogde zalm
kami etari             mijn honger gestild.

Rond dezelfde tijd schijnt hij betrokken te zijn geweest bij werken aan de waterleiding in Edo; noodgedwongen allicht. Hij kon niet leven van het beoordelen van poëzie alleen. Het ereloon hiervoor kon uiteindelijk niet zo veel voorgesteld hebben, tenzij men grote aantallen leerlingen had, wat voor hem nog lang niet het geval was. Hoewel hij wel enkele zeer toegewijde discipelen had, bleef zijn kring veel te klein en moest hij genoegen nemen met een erg armoedig bestaan. Misschien was hij niet handig genoeg als poëtische showman, of miste hij een zeker charisma. Hoe dan ook, in de winter van 1680 zei Bashō vaarwel aan de stad en ging een kluis betrekken in Fukagawa, nabij de Sumida-rivier:

Na negen lentes in de stad gekwijnd te hebben, verhuisde ik naar de oevers van Fukagawa.
Ch'ang-an is van oudsher een oord van faam en geld, voor armen en berooiden is er geen plaats[1]:

Dat ik deze woorden van Po Chü-i zo wijs vond, lag er wellicht aan dat ikzelf zo arm was.

Shiba no to ni         Aan mijn tenen deur
cha wo konoha kaku     waait de storm boombladeren
arashi kana            bijeen voor mijn thee.

(Zoku Fukagawa shū)

Als meester van de stad was Bashō mislukt. Hij gaat zijn kluis bij de rivier betrekken in een geest van frustratie en moedeloosheid, wat uiteraard niet als een verdienste kan gerekend worden, maar veeleer doet denken aan een vlucht. Toch is het ook meer. Het verwijt dat onderhuids doorklinkt in de woorden: 'Ch'ang-an is van oudsher een oord van faam en geld, voor armen en berooiden is er geen plaats' suggereert

---

[1] Ch'ang-an: hoofdstad van de Chinese T'ang-dynastie (618-907), grootste en meest kosmopolitische stad van de toenmalige wereld.

ook dat hij eigenlijk op zoek is naar iets meer authentieks. Bashō was geen heilige, en we moeten ook niet trachten er een heilige van te maken, zoals in latere eeuwen in Japan vaak is geprobeerd Indien hij als stedelijke haikai-dichter succes zou gehad hebben, dan had hij wellicht nooit de stad de rug toegekeerd. Was zijn keuze voor het kluizenaarsbestaan grotendeels geïnspireerd door zijn wanhoop, dan wist hij zijn falen toch te sublimeren door er een hogere betekenis aan te geven en er de springplank van te maken naar een meer authentieke levenswijze. Het is overigens ook niet toevallig dat Bashō hier de woorden aanhaalt van de grote Chinese dichter Po Chü-i. Om het in existentialistische termen te formuleren: Bashō moest de absurditeit van zijn armoede een zin geven. Zijn haikai over de gedroogde zalm illustreert genoegzaam dat dit hem niet licht viel. Dat zingevingsprobleem poogde hij op te lossen door zijn armoede te herscheppen in de termen van het gedicht van Po Chü-i. Zo kreeg zijn armoede als het ware een universeel literaire waarde. Hier zien we de eerste tekenen van een neiging die zich meer en meer zal manifesteren. In de Chinese literaire traditie gold de armoede trouwens als iets eerbaars, als de uitdrukking van de hoogste geestelijke adel. Het hield namelijk in dat men aan zijn wereldse ambities verzaakt had. Bashō vond hier in zijn kluis de gelegenheid om zich te verdiepen in de Chinese literatuur. De hoger geciteerde haiku: 'Aan mijn tenen deur waait de storm boombladeren bijeen voor mijn thee' kristalliseert gevat het levensgevoel waarmee hij zijn kluis betrad. Voor mij is het zijn eerste meesterwerkje in de echte Bashō-stijl (*Shōfū*). Hoewel de haiku grammaticaal kunstig in elkaar zit, ontleent hij zijn zeggingskracht niet aan woordkunst of verbale acrobatie. Zijn blijvende bekoring gaat uit van het authentieke levensgevoel dat eruit spreekt. Het speelse Danrin-element heeft hier plaatsgemaakt voor iets met meer diepgang, dat nog niet geheel klaar en duidelijk is, maar toch reeds onweerlegbaar aanwezig, en misschien nog het best te omschrijven als *wabi* (de schoonheid van het schamele, onvolkomene, trieste en vergankelijke). Met het verlaten van de stad, liet Bashō ook de dartele, steedse en oppervlakkige Danrin-stijl achter zich. Hij bekrachtigt in zijn nieuwe poëzie zijn nieuwe levensvisie en levenskeuze: van beroepskunstenaar wordt hij zuiver kunstenaar. De band die toch bestond tussen zijn dichterschap en zijn broodwinning, die tevens zijn sociaal-economische status bepaalde, snijdt hij door. In zijn nieuwe visie op het dichterschap zijn haikai en leraarschap niet meer met elkaar te verzoenen. De opgedrongen rol van meester en beoordelaar

11

van andermans poëzie is niet langer te rijmen met de roeping van de ware haikai-dichter. Dit is in feite de onsterfelijke bijdrage van Bashō tot de Japanse haikai- (later haiku genoemde) poëzie: dat hij het dichterschap gedefinieerd heeft in een nieuw licht en dat hij zijn nieuw ideaal zo perfect beleefd en geïllustreerd heeft. Hijzelf beschrijft het zo:

In de levensweg der verfijning *(lees:* haikai) zie ik drie categorieën. Er zijn diegenen die zich dag en nacht aftobben in het halen van punten en het winnen van poëzietornooien, en blind voor de Weg van het ene tornooi naar het andere hollen. Zij lijken wel hun zinnen verloren te hebben in de verfijning, maar ze vullen de magen van 's meesters gezin en de geldbeugel van de huisbaas, hetgeen toch beter is dan dat ze kwaad zouden doen. Dan zijn er de rijken, die van hun liefhebberij geen al te opvallend vertoon willen maken. In de overtuiging dat het beter is dan te roddelen over anderen, laten ze dag en nacht rollen verzen kwoteren. Winnen ze, dan zijn ze niet overmoedig; verliezen ze, dan zijn ze niet boos. Zonder verpinken nemen ze dadelijk een nieuwe rol en bedenken hun verzen tegen de klok. Zohaast ze klaar zijn, verzoeken ze om een kwotering. Dit is net als het kaartspel dat knapen plegen te spelen. Maar ze bereiden maaltijden en schenken rijstwijn zoveel men wil. Zo helpen ze de armen en voeden ze de leraar. Misschien is dat ook een manier om de Weg te beleven. Tenslotte zijn er diegenen die zich met hart en ziel aan haikai wijden, er hun zieletroost in vinden, over anderen geen oordeel uitspreken: het uitverkoren ras dat de weg der echtheid kan betreden. Ver in het verleden zoeken ze het wezen van Sadaie, volgen ze het pad van Saigyō, reinigen ze hun hart als Po Chü-i en treden in de gemoedsgesteldheid van Tu Fu. In de hoofdstad en de provincie kan je deze lieden op je twee handen tellen. Jij bent er ook een van...

(brief aan Kyokusui)

Uit die periode bestaan er heel wat *haibun* (ritmische prozateksten met haiku erin) die handelen over de armoede. Volgens de Japanoloog Donald Keene werden deze niet zozeer ingegeven door zijn berooide levensomstandigheden dan wel door de Chinese literaire voorbeelden waarin hij zich de hele tijd erg verdiepte[2].

---

[2] Keene D., *World Within Walls*, New York, 1976, p. 77.

Zoals we reeds hoger vermeldden, speelt het thema van de nobele armoede daar een eersterangsrol. Toch geloof ik niet dat het alleen maar dit voorbeeld was. Het verwijzen naar de klassieke Chinese traditie was een sublimatie van zijn pijnlijke en penibele levensomstandigheden. Ik vraag me zelfs af of de reizen die hij later zou ondernemen ook niet een poging waren om te ontsnappen aan zijn eenzaamheid. Schrijft hij in zijn *Oi no kobumi (Het korte verhaal van een reistas)* niet:

Kwam ik iemand tegen die ook maar iets van kunst verstand had, dan wist ik met mijn vreugde geen blijf. Zelfs iemand die ik anders gemeden had als ouderwets of kwezelachtig werd nu langs de eenzame en verlaten weg een welkom reisgezel. Vond ik zo iemand in een hutje tussen het onkruid en het struikgewas, dan had ik het gevoel een juweel te vinden tussen puin of goud in de modder...

Enkele van zijn haibun over de armoede, behoren tot het mooiste wat hij in deze tijd schreef. Zo b.v. *Voor mij?*

De jongere broer van de heer Ishikawa Hokkonsei, Santenshi, wou wat verstrooiing brengen in mijn verveling. Hij liet rijst met eppe (*seri*[3]) koken en kwam hem mij speciaal brengen. 'De eppe aan de voet van de dam van Ch'ing-ni' dacht ik en ik beleefde opnieuw de troosteloosheid van toen.

| | |
|---|---|
| Wagatame ka | Is het voor mij |
| tsuru haminokosu | dat de kraanvogel wat overlaat |
| seri no meshi | van de epperijst? |

'De eppe aan de voet van de dam van Ch'ing-ni' is een allusie op een vers van de Chinese dichter uit de T'ang dynastie Tu Fu (712-770):

Mijn schotel was een gepelde kastanje uit de vallei van de Witte Raaf Mijn maal was gekookte eppe van aan de voet van de dam van Ch'ing-ni.

Het heet dat vogels verzot zijn op deze eppe.

We vertalen nog een andere haibun: *Leef troosteloos.*

Troosteloze maan, troosteloos ik, troosteloze onkunde, 'k zou *trooste-*

---

[3] Oenanthe stolonifera DC, één van de 7 planten van de lente (Nanakusa).

13

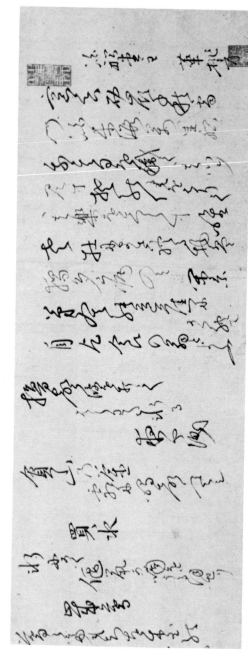

*Kotsujiki no okina (de oude bedelaar)*.
*Haibun* van Bashō geschreven eind 1681.
Gecalligrafeerd door de dichter rond 1683-1684.
Privé-bezit.
Foto: Uitgeverij Shōgakkan, Tokio.

*loos* willen antwoorden aan wie vraagt hoe ik leef, maar niemand komt het me vragen, waardoor alles nog troostelozer wordt:

| | |
|---|---|
| Wabite sume | Leef troosteloos luidt |
| Tsuki-wabi-sai ga | het schrale levenslied van |
| naracha-uta | Trieste-Maan-poëet. |

Deze tekst dateert uit 1681. De troosteloosheid die Bashō hier bedoelt is wel de poëtische troosteloosheid wabi, de ondefinieerbare zweem van melancholie die in een povere, rustieke omgeving hangt. Eveneens in dezelfde trant is het meesterlijke *Eenzame nacht in mijn strohut*:

Tu Fu heeft een gedicht over zijn rieten hut die door de wind vernield wordt. Su Tung-p'o, aangegrepen door de troosteloosheid van dit gedicht schreef een vers over zijn lekke dak. Toen ik de regen van toen hoorde tikken op de bladeren van mijn Bashō-boom nu, schreef ik dit vers over een eenzame nacht in mijn strohut:

| | |
|---|---|
| Bashō nowaki shite | Bashō in de storm : |
| tarai ni ame wo | ik luister in de nacht naar |
| kiku yo kana | de regen in een ton. |

Dit is een van de eerste vermeldingen van de fameuze Bashō-boom. Een leerling had hem in datzelfde jaar (1681) een scheut van deze plant gegeven om zijn desolate tuintje wat op te vrolijken. Deze boom die reusachtige groene bladeren heeft, maar geen vruchten draagt, is in de Sino-Japanse traditie rijk aan symboliek: in het Boeddhisme is hij het zinnebeeld van de onbestendigheid en de zinloosheid van het aardse leven (zijn bladeren worden gemakkelijk gescheurd door de wind, en in weerwil van zijn weelderig groen, draagt hij geen vruchten); in de Taoïstische traditie evenwel is hij het toppunt van levenswijsheid omdat hij dankzij de onbruikbaarheid van zijn zachte hout weet te ontkomen aan de slagen van de bijl. Het hoeft ons niet te verwonderen dat Bashō, de dichter, een bijzondere verwantschap voelde met deze boom. Was hij zelf niet een nutteloos lid van de maatschappij? Door als dichtersnaam deze boom te kiezen, identificeerde hij zich voortaan met zijn symboliek. In een korte haibun van 1692 brengt hij een lofzang aan zijn boom:

'Zijn blad is zo breed dat het een luit kan bedekken. Breekt het middendoor door de wind, dan lijkt het op de geknakte staart van een

Bashō's hut met de bananeboom.

Minomushi no
ne wo kiki ni koyo
kusa no io

Kom luisteren
naar 't gezang van de zakrups
bij mijn rieten hut.

Bashō.

Schildering en calligrafie door Bashō.
Bezit: Idemitsu Art Museum, Tokio.

16

feniks. Scheuren zijn groene waaiers, dan huilt de wind er doorheen. Soms bloeit hij, maar nooit uitbundig; zijn stam is dik, maar kent de bijl niet. Hij is als die boom in de bergen die niet deugt voor timmerhout, edel van natuur. Seng Huai-su liet er zijn penseel over glijden en Chang Heng-chü putte de kracht om te studeren uit zijn ontluikende bladeren.'

Het gedijen van de boom markeert op zinnebeeldige wijze dat de dichter zichzelf gevonden heeft. Hij zondert zichzelf meer en meer van de wereld af om des te directer met zichzelf geconfronteerd te worden en om zijn zoektocht naar poëtische echtheid te intensifiëren. Rond diezelfde tijd schreef hij een van zijn meest beroemde haiku :

| Kareeda ni | Op een dorre tak |
| karasu no tomaritaru ya | (is) zijn (een) kraai(en) neergestreken |
| aki no kure | in de herfstavond. |

De onregelmatigheid van het tweede versregeltje (10 lettergrepen) wijst nog op de invloed van de Danrin-stijl en het thema zelf is een knipoogje naar een Chinees gedicht, maar toch ziet men er de hand van de meester in. Met enkele woorden weet Bashō een hele wereld te evoceren. Het vers combineert een ogenblik van onmiddelijke waarneming (de kraaien op de dorre tak) met een algemeen gegeven: de herfstelijke valavond die via een reeks associaties een hele wereld oproept voor het oog en de geest van de Japanner. Het concrete en het algemene houden elkaar perfect in evenwicht. De eerste twee regels zijn een doodgewone waarneming, maar door de even eenvoudige derde regel krijgen de eerste twee een onverwachte dimensie van een grote diepgang en worden de kraaien op de dorre tak de uitdrukking van een innerlijke sfeer en dichterlijke emotie. Het vers is de tegenhanger in woorden van de zo geprezen monochrome inktschilderingen, die met enkele eenvoudige, schijnbaar primitieve lijntjes eerder bedekt suggereren dan wel openlijk uitspreken.

Het was eveneens rond deze tijd dat Bashō het Zen-boeddhisme bestudeerde bij de monnik Butchō die in de buurt woonde. Het is nochtans zeer moeilijk om de Zen-invloed in het werk van Bashō te bepalen. De inval, de flits van inzicht die de dichter ertoe leidde om b.v. in het alledaagse gegeven van kraaien op een dorre tak iets van een universele draagwijdte en diepere betekenis te zien, is zeker verwant met

*Kare'eda ni*

Kare'eda ni
karasu no tomarikeri
aki no kure

Op een dorre tak
is een kraai neergestreken
in de herfstavond.

Schilderij door Morikawa Kyoriku (1656-1715), met gecalligrafeerde *hokku* van en door Bashō.
Te dateren tussen 1692-1693.
Bezit: Idemitsu Art Museum, Tokio.

*Kare'eda ni*

Kare'eda ni
karasu no tomarikeri
aki no kure

Op een dorre tak
is een kraai neergestreken
in de herfstavond.

Bashō.

Schildering en calligrafie door Bashō (vóór 1688).
Bezit : Idemitsu Art Museum, Tokio.

19

de geest van Zen. Het is evenwel zeker dat de nieuwe stijl en de nieuwe inhoud die hij aan het formuleren was het resultaat waren van verschillende invloeden: ontevredenheid met de oppervlakkige Danrin-stijl; indirecte invloed van latere Danrin-dichters als Shintoku en Onitsura die Bashō waren voorgegaan in het zoeken naar een diepere inhoud voor haikai; zijn toenemende interesse voor Chinese poëzie, in het bijzonder de T'ang-dichters Tu Fu en Li Po en de dichterlijke filosoof Chuang-tzu; zijn bewondering voor de grote Japanse monnik-dichters Saigyō en Sōgi en tenslotte een zekere invloed van Zen. De Danrin-stijl was de vertegenwoordiger van de nieuw opgekomen klasse van de stadsmensen en de geldeconomie. Hij vertolkte een volkse, poëtische werkelijkheid door geestigheid en speelse associatie en dreef hierin zijn verbeeldingskracht ten top. Maar deze geest was slechts schijnbaar vrij, want hij bleef gebonden aan het steedse. De haikai-meester die niet ingeperkt leek op het eerste gezicht door het maatschappelijk keurslijf, streefde toch wel degelijk naar sociale zekerheid als leraar. Dit was een streven dat in tegenspraak stond met de fundamentele onzekerheid die de prijs is die elkeen moet betalen die zich aan de zelfkant van de maatschappij plaatst. De steedse haikai-meester zat gevangen in de contradictie van deze twee polen. Bashō was daaruit gevlucht in het kluizenaarsleven. Weldra zou hij nog een verdere stap zetten: op reis gaan.

Wat betekende de reis in deze tijd? Welke betekenis had ze voor Bashō als mens en als dichter? Om dit duidelijk te maken, is het nodig even uit te weiden over de reis zoals ze in de Middeleeuwse renga, het ernstige kettinggedicht, behandeld wordt. We lezen in *Sanzōshi,* een compilatiewerk van Bashō's streekgenoot en leerling Hattori Tohō (1657-1730) het volgende:

In een haikai-verhandeling staat: De meester (d.i. Bashō) sprak: In renga behandelt men de reis in drie opeenvolgende verzen, in haikai volstaan twee verzen. Verzen over goden, boeddhisme, liefde en vergankelijkheid zijn toegestaan in groter aantal. Zij worden vaak afgesloten met verwijzingen naar reizen. Nu behoren reis en liefde tot de moeilijke thema's maar ze hebben iets bijzonders. Wat verzen over het reisthema betreft, ook al dicht je ze op het platteland, je hart moet in de hoofdstad zijn, of de 'Helling der Ontmoeting' oversteken, of inschepen in een bootje op de Yodo-rivier, of verlangen naar nieuws uit de hoofdstad. Dat is de leer van de renga.

20

Hier heeft Bashō een uitspraak van de renga-meester Jōha geparafraseerd uit diens *Shihōshō* (1585). Uit deze omschrijving van het reisthema blijkt dat volgens de leer van de renga de reis eigenlijk in een zeer negatief daglicht wordt geplaatst. Het is geen verkenning van ongekende gebieden; geen verrijking, geen aanboren of opwekken van nieuwe lyrische ontroeringen. Reisgedichten zijn de bekentenis dat je de stad, de beschaving, deze kleine wereld van de hoofdstad en haar cultuur (vrijwel synoniemen in de klassieke dichterstraditie) niet kan vergeten. Toch is de reis van oudsher een van de geliefkoosde thema's in de Japanse letterkunde. De lyrische thematiek wordt evenwel altijd gesitueerd in het perspectief van de tegenstelling tussen platteland en stad, metropool en provincie. De reis is verbonden met afscheid, scheiding en ontworteling uit de geborgenheid van cultuur en beschaving. De lyrische pointe steunt steeds op het heimwee naar de stad, als concreet symbool van gezelschap (in tegenstelling tot eenzaamheid), beschaving (in tegenstelling tot wildernis) en geborgenheid (in tegenstelling tot de gevaren en de onherbergzaamheid onderweg). De reis wordt nooit bezongen in exuberante termen. De reisgedichten zijn steeds gedrenkt in melancholisch verlangen. Dat is meer dan een artistieke pose, het weerspiegelt een realiteit. Het beschavingspeil in het middeleeuwse Japan zou men kunnen samenvatten in de tegenstelling Kyōto en daarbuiten de woestijn.

Reis en hoofdstad zijn zo de twee polen van een dichterlijke tegenstelling, wat uiteindelijk moet leiden tot een erg stereotype behandeling van het thema. Het ervaringsgegeven wordt immers gecanoniseerd tot een universeel concept, een esthetische categorie en een soort geestesoefening. Als de laat-middeleeuwse dichter op reis gaat, dan kan hij die ervaring niet beleven vanuit zichzelf en de concrete werkelijkheid, maar door de literaire reminiscenties heen. De reis wordt van een zwerftocht tot een literaire pelgrimstocht.

Dit kunnen we goed aantonen aan de hand van een illuster voorganger van Bashō, Sōgi, grootmeester van de renga, die vele reizen maakte. Zijn reisverslagen zijn notities van zijn pelgrimstochten naar poëtische topoi, beroemde plaatsen uit de literatuurgeschiedenis. Hij wil met eigen ogen de klassieke landschappen en beroemde panorama's uit de waka aanschouwen, ervaren en er zich mee identificeren. Tussen de jaren 1466 en 1469 reisde hij in het Noorden van Japan. In de late herfst van 1468 reisde hij van Nikkō naar de beroemde grenspost van Shirakawa, waar ook Bashō 200 jaar later zal komen. Op deze plaats dichtte hij de twee volgende waka:

| | |
|---|---|
| Miyako ideshi | 'k Verliet de hoofdstad |
| kasumi mo kaze mo | in de mist en in de wind |
| kyō mireba | maar daar is vandaag |
| ato naki sora no | geen spoor van aan deze hemel |
| yume ni shigurete | die droomt in de winterbui. |

| | |
|---|---|
| Yukue no na | De roem van 't reisdoel |
| wo ba tanomazu | was niet waar ik naar uitzag, |
| kokoro wo ya | maar mijn ontroering |
| yoyo ni todomemu | wou ik er vereeuwigen, |
| Shirakawa no seki | grenspost van Shirakawa. |

Niet zozeer de vergankelijke roem van de grenspost van Shirakawa was de reden dat Sōgi naar hier is gekomen, maar wel zijn dichterlijke ontroering, die hij wou vereeuwigen voor het nageslacht. Enerzijds wil hij zijn hart eeuwig laten toeven op deze klassieke plek, anderzijds wil hij het vereeuwigen in een onsterfelijk gedicht. Wat de dichter dus in feite zoekt, is door identificatie met deze locus classicus, zichzelf onsterfelijk te maken. Dit is in elk geval een houding die veraf staat van de gemoedstoestand van een gewone reiziger, nl. onbekende dingen benaderen met een onbevooroordeelde geest.

In zijn *Tsukushi no michi no ki* schrijft Sōgi zelfs:

Het pijnwoud strekte zich uit in de verte. Het leek in niets onder te doen voor Hakozaki. Het was zonder weerga, maar omdat het geen beroemde plek was, deed mijn hart geen moeite om er bij stil te houden.

In het voorwoord op de *Kokinshū*, de beroemde keizerlijke bloemlezing uit 905, lezen we:

Sommigen wilden hun gevoelens inkleden in een gedicht over bloemen en slenterden doelloos rond in ongekende gebieden; anderen wilden de maan beschouwen en dwaalden in onafgebakende streken. Als U de gemoedsgesteldheid van die mensen beschouwde, wist U wie wijs was en wie dwaas. (*U* is de keizer in deze tekst)

22

In zijn commentaar op deze passage zegt Sōgi:

> Wie bloemen bezichtigt en ongekende plekken opzoekt, wie de maan bewondert en slechts denkt aan andere plaatsen dan Akashi en Sarashina, wijkt van het rechte pad af en gaat in tegen de weg. Dit principe geldt ook in de dichtkunst. Daarom staat er dat de keizer de dwazen van de wijzen wist te onderscheiden. Bedoeld is een regering waarin de weg vigeert.

Het is, met andere woorden gezegd, verkeerd zich te laten leiden door andere dan orthodoxe, legitieme gegevens die door de traditie werden geconsacreerd. We hernemen hier even het besluit dat we trokken naar aanleiding van Sōgi's waka: door zich te identificeren met die geconsacreerde thema's, kan men ernaar streven zijn eigen gevoelens te vereeuwigen. Het diepe gevoel van de onbestendigheid en de vergankelijkheid der dingen poogt men dus te overwinnen door de poëzie. Onsterfelijkheid in de dichtkunst is de Japanse versie van streven naar godgelijkheid. In deze optiek is het nastreven van nieuwe effecten niet geoorloofd.

## Verkenningstochten

Bashō staat evenwel niet helemaal op gelijkaardige wijze tegenover het reizen. Natuurlijk zijn ook zijn reizen voor een gedeelte pelgrimstochten naar de *uta-makura*, de beroemde klassieke plaatsen die in de poëzie bezongen werden. Daarnaast staat evenwel onbetwistbaar vast dat het ook verkenningstochten zijn op zoek naar het ongekende, naar nieuwe dingen en mensen. Hierin staat hij veel dichter bij onze visie op het reizen, die het begrip verkenning insluit. Voor de middeleeuwse voorgangers van Bashō was reizen vervreemding, ontworteling. Bijgevolg werd de natuur niet gewaardeerd om haar woeste schoonheid, dus om haar natuurlijkheid, maar wel om wat er menselijk aan was, dus haar cultuur-geladenheid. Dit aspect bleef meestal erg vaag omdat het dikwijls slechts bestond uit een poëtische associatie. Door erover te dichten was de natuur tot het niveau van de cultuur verheven. Sōgi's reisdoel waren die plaatsen die een menselijk stempel gekregen hadden door de poëzie. Om het in epistemologische bewoordingen te zeggen: alleen die natuur die benoemd is, behoort tot de dichterlijke wereld; de grenzen van het poëtisch repertorium zijn de grenzen van de wereld.

Bashō's reisroutes werden ook in zekere mate opgesteld aan de hand van de lokalisatie van de uta-makura. Toch bekijkt hij zijn reizen met andere ogen. Hij streeft er niet naar zich te identificeren met de beroemde plekken met het oog op poëtische onsterfelijkheid. Bashō's reis naar het verre noorden voerde hem ook naar deze grenspost van Shirakawa. Hij schrijft:

Terwijl de dagen van onbestemd voorgevoel elkaar opvolgden, bereikten we de grenspost van Shirakawa. Daar verdween eindelijk de onrust uit mijn zwerfziek hart. Ik begreep waarom de antieke dichter hier een bericht 'wou sturen naar de hoofdstad.' Dit is één van de drie grote grensposten die dichterlijke geesten hebben ontroerd. De herfstwind (van Nōin) fluisterde mij in de oren en de rode esdoornbladeren (van Yorimasa) verschenen me voor de geest, waardoor de groene bladeren aan de twijgen nog bekoorlijker werden.

(Oku no hosomichi)

Enkele dagen later is hij te gast bij Tōkyū, een vriend, die hem vraagt hoe hij de grenspost van Shirakawa had gevonden. Bashō antwoordde:

Ik was uitgeput van de lange reis naar geest en lichaam, het landschap bracht mij zo in vervoering en ik was zo in de ban van de dichters van weleer, dat mijn inspiratie niet behoorlijk op dreef kwam.

| Fūryū no | De eerste poëzie |
| hajime ya Oku no | in het Noorden was het lied |
| ta-ue-uta | van de rijstplanters. |

Het ware al te beroerd geweest als ik de grenspost was overgestoken zonder een enkel vers.

Poëzie, dichterlijkheid, verfijning zouden voor Sōgi niets anders betekend hebben dan het evoceren van de dichterlijke emoties van de klassieke dichters. Die emoties hangen als het ware in de lucht op deze beroemde plaatsen en ze dwingen de dichter tot poëtische kristallisatie. In de geest van de oude dichters is de associatieve band tussen de grenspost van Shirakawa en de gedichten van Nōin en Yorimasa zo sterk dat ze bijna exclusief wordt en elke andere poëtische aanpak uitsluit. Je dicht in de lijn van de traditie of je zwijgt. Het is typerend dat

24

Bashō toch niet aarzelt om bij ontstentenis van een klassieke poëtische ontroering, een vulgair thema te bezingen. Het thema is vulgair in tweevoudige betekenis:

1. het gaat om een lied van boeren; 2. de dichter bezingt een eigentijds, concreet, alledaags gebeuren en dus niet een herinnering aan of de evocatie van een antiek feit of anecdote. Zijn haiku behandelt een doodeenvoudig gegeven dat geen geschiedenis maakt, noch maken kan. Bashō drijft het zelfs zover dat hij beweert dat dit het eerste poëtische gegeven is dat hij ontmoet heeft in het noorden. De zo beroemde plaats had hem de mond gesnoerd in plaats van hem inspiratie te bieden. Op zijn manier is deze haiku een nederig manifest van wat Bashō als poëzie beschouwde. Hij plaatst de supra-historische locus tegenover de tegenwoordige tijd met zijn concrete ervaringen. Daarmee bewijst hij dat het dichterlijke element niet alleen in de klassieke traditie te vinden is, maar precies in het volkse en het alledaagse dat per definitie altijd tegenwoordig zal zijn. De essentie van de haiku ligt in de volkse elementen: volkse stof en volks woordgebruik. Tohō schrijft daarover het volgende:

Chinese poëzie, waka, kettinggedichten en haikai hebben alle gemeen dat ze poëtisch zijn (*fūga*). De eerste drie behandelen evenwel niet alles. Haikai doet dat wel: dus niet alleen de nachtegaal die fluit tussen de bloesem, maar ook de nachtegaal die schijt op de gedroogde rijstkoek op de veranda, want dat geeft gevat de nawerking van de nieuwjaarsstemming weer; zo ook, niet alleen de kikker die schuilt in het water maar ook het geluid van de kikker die plonst in een oude vijver, want het hoort poëzie in de echo van de kikker die uit het wilde gras in de vijver duikt. Het gaat om wat je ziet, wat je hoort. Wat de dichter ervaart wordt een vers. Dat is het ware wezen van haikai.

(Sanzōshi)

In hetzelfde werk wordt het volgende citaat van de meester geciteerd:

De zin van haikai is dat het volks woordgebruik erdoor veredeld wordt en dat het steeds vol aandacht is voor de dingen. Dat weten de mensen niet. Het is nochtans belangrijk.

De reizen van Bashō zijn bijgevolg verkenningstochten naar de poëzie in het alledaagse. Hij denkt op zijn reizen niet voortdurend terug aan de hoofdstad en zijn cultuur, maar beleeft ze als een zoektocht naar een nieuwe realiteit.

De nieuwe duiding van deze menselijke handelwijze, het reizen, is echter niet de verdienste van Bashō alleen. In de nieuwe maatschappij die zich aan het vormen was in de zeventiende eeuw kreeg het begrip reis een nieuwe waarde. Van een agrarische economie, gesteund op landbezit, evolueerde de Japanse maatschappij naar een stedelijke geldeconomie, gebaseerd op de handel. Dit betekende in de nog feodaal gestructureerde maatschappij in feite een contradictie en het zorgde voor de nodige spanningen. Een nieuwe klasse was in wording, de burgerij, en al was ze politiek onmondig, toch vormde ze de ruggegraat van de economie. Deze nieuwe klasse was in meer dan één opzicht een dankbare voedingsbodem voor nieuwe ideeën en nieuwe kunstvormen. Zo kreeg ook de haikai een goede kans en we wezen er reeds op dat de Danrinstijl de typische uitdrukking was van deze verstedelijkte maatschappij. Uiteraard had de burger een welbepaalde visie op het platteland en het leven aldaar. Hij had ook een eigen visie op het reizen. Was de provincie voor de middeleeuwse Japanner een onherbergzame plaats, het oord van verbanning en degradatie, dan verandert dit nu. In de pre-moderne tijd waarin Bashō leefde, was het beschavingspeil dermate gestegen dat de natuur niet langer een gevaar vormde. Ze werd integendeel veeleer beschouwd als een oord van afzondering en bezinning. Japan, dat reeds meer dan een eeuw van de buitenwereld was afgesloten, bezat een totalitair en verstikkend regime. Bijgevolg werd het reizen in de vrije natuur een van de enige mogelijkheden om te ontsnappen aan dat keurslijf. Het was het enige utopia binnen het normale bereik. Wie *reis* zegt, zegt ook thuiskomst. Een reis is een uitstap waarvan men terugkeert. De reizen van Bashō evenwel kregen een andere dimensie. Ze werden zwerftochten. Bashō werd de eeuwige reiziger zonder thuis, de zwerver. Om het met zijn eigen woorden uit *Oku no hosomichi (Het smalle pad naar het verre noorden)* te zeggen: hij was iemand die van het reizen zijn thuis gemaakt had. Een ander dak dan de blauwe hemel had hij niet meer.

Eind 1682 woedde er een enorme brand in Edo. De vuurhaard bereikte ook Fukagawa en de hut van Bashō werd in de asse gelegd. De volgende maanden bracht de dakloze dichter door bij vrienden in de provincie Kai. In 1683 keerde hij terug naar Fukagawa waar hij zijn nieuwe hut betrok, die ondertussen door toegewijde leerlingen was herbouwd. Toch zou hij er niet lang blijven. In 1684 begon hij aan de eerste van zijn grote voetreizen. De aanleiding hiervoor was een bezoek aan het graf van zijn moeder, die een jaar eerder gestorven was. De neerslag van deze reis vinden we in *Nozarashi kikō (Reisverhaal van een verweerd skelet)*. Dit is geen reportage, noch een dagboek. Het is fictie, gebaseerd op ware belevenissen. Dit geldt trouwens eveneens voor de andere reisverhalen die hij schreef. Bashō is geen journalist maar wel een dichter. Hij schrijft poëtisch-literaire werken die bewust naar een artistieke eenheid streven. Deze bestaat uiteraard niet op het vlak van de onmiddellijke, rauwe ervaring.

Bashō is een groot dichter, maar men vergeet al te vaak dat hij ook een groot prozaïst is. Het is trouwens het proza van zijn reisverhalen dat hem onsterfelijke roem heeft bezorgd. Deze reisverhalen zijn geschreven in een mengvorm van proza en poëzie, die *haibun* genoemd werd. Het proza is even hoogstaand als de poëzie. Het belangrijkste kenmerk is het parallellisme tussen beide (een klassiek Chinese erfenis) dat borg staat voor een gedragen ritme.

Zoals de reis, de dakloosheid, het eindpunt was van zijn zoektocht naar een authentieke levensweg, zo was de haibun de logische conclusie van zijn daarmee gepaard gaande poëtisch-literaire ontwikkeling. Zijn verlangen naar *makoto*, echtheid, had hem ertoe gebracht om alle materiële levenszekerheid vaarwel te zeggen en consequent te kiezen voor een kluizenaars- en later een zwerversbestaan. Hij had alle compromissen verworpen om te leven voor zijn zoektocht naar het echte in de poëzie. Zo ging zijn poëtische rijping hand in hand met zijn levensbeschouwelijke. Hij ontvoogde zichzelf van de maniëristische Teitoku-stijl naar de modieuze Danrin-stijl, maar niet tevreden met deze spelletjes zocht hij naar een eigen vorm en stijl. Toen hij zijn eerste reis aanvatte, was deze in grote mate gevormd. Het reisverhaal was tenslotte de gelukkige synthese waarin zijn poëtisch zoeken en zijn existentiële rijpheid samen konden vloeien.

### Eerste reis

Zijn eerste reis voerde hem via de Tōkaidō, de beroemde reisweg die de oude en de nieuwe hoofdstad, Kyōto en Edo, met elkaar verbond, naar Ise en vandaar naar zijn geboorteplaats Ueno in Iga. Dan ging hij naar Yamato, ondermeer naar Take-no-uchi, de geboorteplaats van zijn reisgezel Chiri. Alleen vervolgde hij zijn tocht naar Yoshino, Ōmi en Mino. Hij overwinterde in Nagoya, keerde vandaar terug naar zijn geboortedorp Ueno, reisde vervolgens weer naar Nara, Kyōto, Ōtsu, Owari en Kai om uiteindelijk in de zomer van het volgende jaar in Edo weer te keren. Het was een reis van negen maanden geworden.

Bashō vatte de reis aan met sombere voorgevoelens:

Ik vatte een reis aan van duizend mijlen, maar nam geen mond-voorraad mee. Ik verliet mij op de staf van de pelgrim van weleer, die 'het niets binnentrad onder de maan van de derde wake'. In de achtste maand, in de herfst van het jaar van de rat (1684) verliet ik mijn desolate hut aan de Sumida-rivier. De wind blies akelig kil.

| Nozarashi wo | Zal dit vege lijf |
| kokoro ni kaze no | verbleken tot 'n skelet?, blaast |
| shimu mi kana | de wind in mijn hart. |

Poëtische hyperbool of onversneden realiteit? Voelde de dichter zich echt zo mistroostig? Zijn woorden krijgen in elk geval meer gewicht als men bedenkt dat hij hier niet zomaar begon aan een plezierreisje, maar wel aan een nieuw leven, een leven als dakloos zwerver, zonder thuiskomst en zonder thuis.

Uiteindelijk moest dit wel eindigen zoals hij het nu reeds voorvoelde, zij het dan wel tien jaar later.

Het woord *verweerd skelet* is wel erg pregnant. Het betekent in Japan in feite grafloos zijn. Zover zal de dakloosheid hem inderdaad leiden. Zelfs zijn geboortedorp biedt geen thuishaven meer:

| Aki totose | Huiswaarts na tien jaar |
| kaette Edo wo | maar 't is Edo dat ik nu |
| sasu kokyō | mijn vaderstad noem. |

In Edo had hij zichzelf gevonden. Daar was zijn geestelijke vaderstad, waar hij zich ontvoogd had en zijn eigen stijl gesmeed. Zijn anti-sedentaire levensweg, een woord dat hier wel een bijzondere betekenis krijgt ('levens-weg'), startte in Edo.

In het inleidende proza dat we hierboven citeerden toont Bashō hoe hij zijn staat als dakloze ziet. Hij verlaat zich op de pelgrimsstaf. De pelgrim die hier wordt bedoeld, die 'het niets binnentrad onder de maan van de derde wake' is de Chinese Ch'an (= Zen)-monnik Kuang Wen (1189-1263). Het citaat is afkomstig uit een gedicht van deze monnik. Bashō plaatst zich in de grote traditie van de monniken van weleer voor wie het reizen een metafysische betekenis had: het was het verlaten van de wereld van de illusie en de gehechtheid.

Het ontbrak Bashō ook niet aan literaire zelfverzekerdheid. In de prachtige inleiding van zijn derde reisverhaal *Kort verhaal van een reistas* schrijft hij:

Ki no Tsurayuki, Kamo no Chōmei en de non Abutsu hebben het reisverhaal tot zo'n literaire en lyrische hoogte gevoerd dat alle latere reisverhalen slechts afschaduwingen zijn, of navolgingen, van deze meesterwerken, laat staan dat een onwetend en onbegaafd, kreupel dichter als ik ze ooit zou kunnen evenaren.

Maar deze officiële zelfvernedering, die tot de goede smaak behoorde in de Sino-Japanse traditie, is in feite een verkapte aankondiging van wat zijn eigenlijke aspiratie was: een eigentijds grootmeester van het poëtische reisverhaal te worden.

Het eerste reisdagboek verraadt nog een zekere onervarenheid in het genre. Proza en poëzie, haiku en haibun, moeten elkaar in evenwicht houden en op natuurlijke wijze aanvullen. Het proza is hier al te vaak beperkt tot een summiere en zakelijke inleiding op de haiku. Het werk mist een zekere eenheid van toon en wordt vooral naar het einde toe een aaneenrijging van haiku, die bovendien vaak onregelmatig van metrum zijn. Nawerking van de Danrin-invloed? In zijn latere reisverhalen worden deze euvels verholpen. Het laatste, *Het smalle pad naar het verre noorden*, zal een perfect evenwicht tussen proza en poëzie bereiken.

De onzekerheid van de auteur, waarvan *Reisverhaal van een verweerd skelet* getuigt, vindt men ook in de neiging van de schrijver om zijn materiaal thematisch te laten overeenstemmen met beroemde Chinese voorbeelden, zoals in de volgende passage:

Bleek was het schijnsel van de afnemende maan, aan de voet van de berg was het nog pikdonker, ik liet mijn zweep naast mijn paard bengelen en vervolgde mijn weg met gevierde teugel over enkele mijlen voor het kraaien van de haan. Ik sluimerde nog in de droom van Tu Mu's 'vroege tocht' toen ik bij Sayo-no-Nakayama plots ontwaakte.

| Uma ni nete | Sluimerend te paard, |
| zanmu tsuki tōshi | dromerig verbleekt de maan, |
| cha no keburi | rook van theezetten. |

Proza en vers verwijzen hier naar een gedicht van de Chinese dichter Tu Mu (803-852):

Vroege tocht.

Ik laat mijn zweep bengelen, vier de teugels,
reeds vele mijlen op weg, maar nog kraait geen haan,
in het bos komen flarden droom terug,
tot opwaaiende bladeren me uit mijn sluimer rukken.


## Klassieke inspiratie

Als Bashō zijn eigen ervaring gaat beschrijven met de woorden van Tu Mu, dan kan men zich wel voldoende voorstellen hoe weinig waarheidsgetrouw zijn reisverhalen zijn. Door zijn belevenissen te vertalen in de woorden van Tu Mu's gedicht, slaat hij een brug in de tijd en de ruimte naar de klassieke Chinese dichter om er zo diepte en universaliteit aan te geven. Toch is hier geen sprake van plagiaat. Daarvoor behoedt het laatste zinnetje van de haiku onze dichter. De 'rook van het theezetten' vervult weliswaar de rol van de opwaaiende bladeren bij Tu Mu, maar het brengt onze dichter tevens terug naar de frisse realiteit van een landelijk huisje, waar vroeg in de morgen het water voor de thee staat te pruttelen op het houtskoolvuurtje. Het procédé dat hier gehanteerd wordt is het spiegelbeeld van de haiku over de kraaien op de kale tak. Hier wordt eerst het universele perspectief gegeven en dan pas komt het totaal onverwacht, sprankelend en frisse beeld, vol van aardse realiteit: de rook van het theezetten.

In een commentaar in *Sanzōshi* lezen we over deze haiku het volgende:

Dit vers wordt ingeleid met de woorden van een klassieke dichter om de elegantie ervan te verhogen. Oorspronkelijk luidde het:

30

| Bajō nemuran to shite | Dommelend te paard |
|---|---|
| zanmu zangetsu | flarden droom, bleke maan, |
| cha no kemuri | rook van thee. |

maar de eerste regel werd een eerste maal gewijzigd in:

| Uma ni nete | Sluimerend te paard |
|---|---|

en achteraf werd de middenregel gewijzigd omdat er een ritme in stak dat niet deugde.

Na eindelijk zijn geboortehuis bereikt te hebben, zette Bashō zijn omzwervingen voort in de richting van Nara, Kyōto en keerde terug in de richting van Nagoya. In Ōgaki logeerde hij bij een vriend en leerling. Vanaf hier wordt de toon van zijn reisverslag veel opgewekter:

Toen ik Musashino verliet, vatte ik de reis aan met het voorgevoel te zullen eindigen als een verweerd skelet. Daarom schrijf ik nu:

| Shini mo sezu | Toch niet gestorven |
|---|---|
| tabine no hate yo | aan 't einde van mijn zwerftocht, |
| aki no kure | einde van de herfst. |

Eind 1684 keerde hij terug naar zijn geboortedorp Ueno om er nieuw-jaar te vieren. Na verdere omzwervingen in de streek van Kyōto en het Biwa-meer, keerde hij eindelijk naar Edo terug op het einde van de vierde maand van 1685. Zijn reisverhaal eindigt op luchtige toon:

| Natsugoromo | Mijn zomerkleren: |
|---|---|
| imada shirami wo | na al die maanden heb ik |
| toritsukusazu | ze nog steeds niet geluisd. |

Hij mijmerde nog na over zijn reis en kwam er nog niet toe zijn geest weer op de routine van elke dag te zetten. Het was weer even wennen aan het sedentaire leven. Hoewel hij die zomerkleren reeds negen maanden geleden had afgelegd, kwam hij er maar niet toe ze te wassen en er de luizen uit te halen.

De reis was een succes geweest. Hij had een aantal meesterlijke haiku geschreven onderweg, had vriendschapsbanden met vele haikudichters nauwer aangehaald en heel wat nieuwe leerlingen gemaakt, onder andere in Kyōto.

Na een paar jaar sedentair leven kreeg de zwerfzucht Bashō weer te pakken. In 1687 reisde hij eerst naar het heiligdom van Kashima om er de beroemde herfstmaan te bewonderen. Een erg memorabele reis werd het overigens niet. Het liep zelfs helemaal af met een sisser toen het op de nacht van de volle maan pijpestelen regende. Het relaas van deze korte reis, *Kashima mōde, (Bedevaart naar Kashima)* heeft noch de bewogen stijl, noch de gewrochtheid van het *Reisverhaal van een verweerd skelet*. De taal is echter zuiver, klaar en helder, in bijna zuiver Japans gesteld met zo weinig mogelijk Sino-Japans woordgebruik en slechts sporadisch een verwijzing naar de Chinese letterkunde.

Twee maanden na zijn terugkeer uit Kashima vertrok hij opnieuw op een langere reis. Het relaas van deze reis is te vinden in *Oi no kobumi (Kort verhaal van een reistas)*. De toon van de inleiding, waaruit we reeds een passage citeerden, staat in scherp contrast met de aanhef van het *Reisverhaal van een verweerd skelet*. De enige gelijkenis is wellicht dat hij ook nu weer toegeeft aan een onweerstaanbare zwerflust:

Het was in het begin van de 'goddeloze maand', het weer was onbestendig en ik voelde mij als de bladeren, doelloos dwarrelend in de wind.

| | |
|---|---|
| Tabibito to | Eerste winterbui, |
| wagana yobaren | reiziger zal mijn naam zijn |
| hatsushigure | door regen en wind. |

Over dit vers zou Bashō gezegd hebben dat het een levendige uitdrukking gaf aan zijn beslistheid bij de aanvang van de reis. Vandaar de uitdrukking 'reiziger zal mijn naam zijn, door regen en wind.'
De toon van de inleiding is opgewekt en optimistisch. Bashō had blijkbaar opnieuw trek in een lange reis. Zijn leerlingen hielden een groot afscheidsfeest en voorzagen hem van al het nodige voor de afreis. Bashō schrijft:

Ik hoefde geen moeite te doen om de spreekwoordelijke mondvoorraad gedurende drie maanden in te slaan. Het was net alsof er een persoon van aanzien op reis vertrok.

We horen hier een nauwelijks verholen jubeltoon. Hij koestert zich in zijn succes en zijn aanzien bij zijn leerlingen. Bashō is niet langer een

*Asagao ya.*
In het jaar van water en de haan van Genroku (1693) had ik er genoeg van mensen te ontmoeten en sloot ik mijn poort:

Asagao ya
hiru wa jō orosu
mon no kaki

De winde aan het hek
bloeit 's morgens, de poort
hou ik de hele dag dicht.

Bashō.

Schilderij en calligrafie door Bashō.

Geschilderd in de achtste maand van 1693.

Bezit: Idemitsu Art Museum, Tokio.

33

mislukt haikai-leraar, hij is een gevierd meester geworden. Na een leven van armoede en eenzaamheid was dat toch hartverwarmend. Opgewekt en zelfzeker als hij zich voelt, formuleert hij ook zijn artistieke visie duidelijker dan hij ooit tevoren of ooit erna in zijn eigen werk zou doen:

Saigyō in de traditionele poëzie, Sōgi in het kettingvers, Sesshū in de schilderkunst, Rikyū in de thee-ceremonie, alle ware kunstenaars hebben één principe gemeen: zij zijn in harmonie met de natuur, eensgestemd met de vier seizoenen. Waar zij ook kijken, zien zij een bloesem; waar hun verbeelding ook gaat, is een maan. Wie de bloesem niet ziet, is slechts een barbaar; wiens hart geen bloesem is, gelijkt op de beesten. Anders gezegd: bevrijd u van het barbaarse en overwin het dierlijke, volg de natuur en keer tot haar terug.

Men vergelijke met Sōgi's uitspraken over de dichtkunst: poëzie is een ingesteldheid, een wijze van zijn.

## Poëtische echtheid

Hoe moeten we de terugkeer naar de natuur interpreteren? In de literatuur en in de poëtische theorie is de natuur vaak met de meest diverse betekenissen bekleed geworden, zodat de term eigenlijk geen bepaalde lading meer dekt. Essentieel bedoelde Bashō *makoto*: echtheid, eerlijkheid, getrouwheid, niet alleen tegenover de uitwendige natuur, maar ook tegenover zichzelf. Erg verhelderend in deze context is de volgende sleutelpassage uit *Sanzōshi,* het werk van Bashō's leerling Tohō, dat ons reeds meer dan eens te hulp is gekomen:

's Meesters fūga (*lees:* haikai) berust op twee gedachten: eeuwige onveranderlijkheid en verandering met de tijd. Deze twee gaan uiteindelijk terug op eenzelfde beginsel. Dat ene en ondeelbare principe is de echtheid van de poëzie (*fūga no makoto*). Wie de onveranderlijkheid niet begrijpt, begrijpt niet echt waar het om gaat. Onveranderlijkheid heeft geen verband met oud of nieuw, met verandering of mode: het is de vorm die stoelt in de echtheid. Bekijken we de gedichten van vroegere dichters, dan zien we volgens de periode veranderingen. Maar er zijn vele gedichten die, geheel los van hun ouderdom, de mensen van nu op dezelfde wijze weten te ontroeren als de mensen van vroeger. Dat is wat moet verstaan worden onder onveranderlijkheid.

34

Het eeuwige veranderen der dingen evenwel is het beginsel van de natuur. Als er geen verandering is, is er geen stijlvernieuwing. Wie niet verandert, bewijst dat hij met zijn stijl gepast op de mode weet in te spelen, maar dat hij niet naar echtheid streeft. Wie daar niet naar streeft, kan nooit de verandering gebaseerd op echtheid kennen. Hij zal slechts de anderen navolgen. Wie naar echtheid zoekt, kan moeilijk terplaatse blijven, maar zal meestal een stap dichter zetten naar de natuur. Hoe vaak de (haikai-)stijl in de toekomst ook moge veranderen, als het verandering gebaseerd op echtheid is, blijft de haiku zoals de meester die zag. 'Lik niet van het kwijl van anderen. Zoals de seizoenen veranderen, vernieuwen de dingen zich. Dat geldt voor alles' heeft hij ook gezegd.

(Sanzōshi: Akasōshi)

Makoto is die onbeschrijfbare, ongrijpbare eigenschap die een gedicht eeuwig maakt. Het is niet gebonden aan een bepaalde stijl of tijd en dat overstijgen van die contingente factoren noemt Tohō de onveranderlijkheid. Die echtheid is niet te verzoenen met slaafse navolging of gevoeligheid voor trends en literaire mode. Men moet zijn eigen stem vinden, en die stem is de stem van het hart. Poëzie is de uitdrukking van een authentieke, niet-geveinsde bewogenheid. Dit betekent nu geenszins dat men vastroest in een bepaalde stijl, integendeel. Wie eerlijk is tegenover zichzelf, zal, wars van alle navolging, natuurlijk en uit zichzelf veranderen, want dat is precies het wezen van de dingen.
Juist wie geen authentieke inspiratie heeft, zal zich vastklampen aan een stijl die hij van iemand naäapt en zal op hetzelfde toontje doordraven. 'Zoals de seizoenen veranderen, vernieuwen de dingen zich', vandaar dat de authentieke dichter niet terplaatse kan blijven trappelen. Authentieke inspiratie slecht de barrières tussen het ik en de natuur.

Elders in de *Sanzōshi* lezen we dat Bashō zei:

'Leer over de pijnboom van de pijnboom, leer over de bamboe van de bamboe'. Zijn leerling interpreteerde dit als: 'vergeet jezelf', wat betekent dat men het conventionele zelf dat vastgeroest zit aan vooroordelen en stereotiepe zienswijzen moet vergeten om opnieuw de haiku-achtige frisheid van de dingen te zien.

'Leer' betekent hier: dring door tot het wezen van de dingen. Als dat subtiele wezen der dingen zich manifesteert, dan kan er een vers ontstaan. Je mag de dingen nog zo duidelijk mogelijk doen uitkomen, als het niet om een emotie gaat die natuurlijkerwijze uit de dingen voortspruit, dan is er een kloof tussen het ik en de dingen en is die emotie niet authentiek.

(Sanzōshi: Akasōshi)

Als Bashō de verandering in de kosmos het zaad van de poëzie noemt, dan lijkt het niet overdreven om de volgende equatie te maken: natuur – verandering = fūga – makoto. Zo worden de objectieve gegevens natuur en verandering geïdentificeerd met een poëtische en met een psychologische categorie. Deze laatste zijn eveneens fundamentele cultuurwaarden. Dezelfde leerling schrijft dat het Bashō is geweest die makoto heeft gegeven aan het frivole genre van de haikai vóór hem. 'In deze Weg heb ik geen voorgangers', zou hij aan Tohō hebben gezegd. Van oudsher vonden we wel makoto in waka en in poëzie in de Chinese stijl, maar Bashō is de eerste die deze term gebruikt voor de haikai. Impliciet verkondigde hij hiermede dat door hem het haikai-genre een even hoge status had bereikt als de andere traditionele genres.

Traditioneel is fūga het antoniem van *zoku,* vulgariteit. Teitoku en vooral de Danrin-school hadden in de haikai evenwel vooral het vulgaire op het oog gehad. Aarzelend had Teitoku zijn credo gemaakt van het volkse, in overeenstemming met de plebejische tijd, en Danrin had de haikai doordrenkt van steedse frivoliteit. Gezien in het licht van de hoger gemaakte equatie en van de redenering die ertoe leidde, kon Bashō niet anders dan de stad verlaten en zich vestigen in zijn kluis. Daar kon hij de echtheid van de natuur en de poëzie vinden, waar hij in de stad tezeer onderhevig was aan de afwisselende modetrends. De logica van deze equatie zal hem ook aanzetten om op reis te gaan. Is de reis niet de meest intense vorm van verandering voor een mens? Uiteindelijk maakte hij van het veranderen een levenswijze: het zwerven en de dakloosheid. De natuur werd zijn onderdak.

**Meesterlijke haiku**

Het *Kort verhaal van een reistas* bevat meesterlijke haiku zoals b.v.

| Fuyu no hi ya | In de winterzon |
|---|---|
| bashō ni kōru | op mijn paard vastgevroren |
| kagebōshi | zit mijn schaduwbeeld. |

Een ander interessant vers is de haiku die zijn gevoelens evoceert als hij Tokoku bezoekt, die als balling eenzaam leeft op de kaap van Irago:

| Taka hitotsu | Een eenzame valk, |
|---|---|
| mitsukete ureshi | hoe blij er een te vinden |
| Iragosaki | op kaap Irago. |

Genoemde kaap was beroemd om zijn valken. Zowel de *Manyōshū* als Saigyō hadden deze vogels bezongen en Bashō was blij een typische bezienswaardigheid van de kaap met eigen ogen te kunnen zien. Maar de vreugde was niet onverdeeld, aangezien de eenzame valk die hij vond, ook staat voor zijn vriend Tokoku die als banneling een droef leven leiden moest.

Een vroegere versie luidde:

| Yume yori mo | Meer dan in mijn droom |
|---|---|
| utsutsu no taka zo | heeft de werkelijke valk |
| tanomoshiki | mij gerustgesteld. |

Dit illustreert hoe de meester aan zijn verzen werkte en ze polijstte tot ze volledig voldeden.

Erg instructief in dit verband is de volgende passage uit het *Kort verhaal van een reistas:*

Op oudejaarsavond dronk ik rijstwijn tot diep in de nacht als afscheid van het oude jaar. Op nieuwjaarsdag sliep ik een gat in de dag.

| Futsuka ni mo | Ook de tweede dag |
|---|---|
| nukari wa seji na | laat ik mij niet verschalken |
| hana no haru | Oh, lente in bloei. |

Dit vers schreef hij nadat hij de lekkernijen *(mochi)* die gewoonlijk op nieuwjaarsmorgen geserveerd worden aan zijn neus had laten voorbijgaan. Hij schrijft hierbij als commentaar:

Hier heb ik een unieke verwoording bereikt. Ik heb nl. i.p.v. *futsuka ni wa* (op de tweede dag) *futsuka ni mo* (ook op de tweede dag) geschreven; *ni wa* was te gewoontjes.

*Futsuka ni wa* ware de de voor de hand liggende woordkeuze. In dat geval had het vers betekend: op nieuwjaarsdag heb ik mij laten verschalken, maar morgen (de tweede dag) zal ik ervoor op mijn hoede zijn. Ik zal de opgang van de lentezon niet missen. Dit zou geïmpliceerd hebben dat hij spijt had de zonsopgang en de lekkernij gemist te hebben. Dit ware echter al te voorspelbaar. Door zijn woordkeuze draait Bashō de strekking om: hij zal zich op de tweede dag niet laten verschalken, omdat dat voor hem de belangrijkste dag is. Voor de anderen is het misschien de eerste dag van het jaar. En net zoals de anderen present waren op die eerste dag, zal hij van de partij zijn op de tweede. Niet zonder ironie en een tikkeltje provocatie zegt hij dat hij niet meedoet met de obligate drukte van nieuwjaarsdag.

In de volgende passage zien we Bashō's visie op de kunst als het ware in actie:

Binnen de omheining van het heiligdom te Ise was niet één pruime-boom te bespeuren. Ik vroeg een priester hoe dat kwam. Hij vertelde me dat daar geen bepaalde reden voor was, dat het van nature zo was, maar dat er toch een stond achter het paviljoentje van de gewijde maagden.

| | |
|---|---|
| Okorago no | Bij de maagden staat |
| hitomoto yukashi | één boompje, hoe bekoorlijk |
| ume no hana | zijn pruimebloesems. |

In de *Sanzōshi* lezen we: 'Hoewel van oudsher vele renga- en haikaidichters hier gedichten hebben nagelaten, wist blijkbaar niemand van deze pruimeboom af. Dat verhaal vervulde me met vreugde.'

Het *Kort verhaal van een reistas* eindigt met de beschrijving van een bezoek aan de baai van Suma, waar de dichter mijmert over de grootheid en het verval van de historische personages die met de baai geassocieerd worden.

Het vierde reisverhaal *Sarashina kikō* (*Reis naar Sarashina*) is de weergave van een voetreis die Bashō maakte in 1688, eigenlijk als verlengstuk van de vorige, naar Sarashina, om er de herfstmaan te bewonderen.

# Hoogtepunt

Bashō's onbetwiste meesterwerk is het laatste grote reisverslag *Oku no hosomichi : Het smalle pad naar het verre noorden.* Dit is de literaire neerslag van een reis die begon in de lente van 1689 en die meer dan twee jaar en een half zou duren. Weer was het de onbedwingbare zwerflust die hem de weg opjoeg – hij was nog maar pas teruggekeerd van Sarashina. Er is gesuggereerd dat deze reis bedoeld was als een eresaluut aan Saigyō die, volgens Bashō en zijn tijdgenoten, juist 500 jaar vroeger gestorven was. Het was in elk geval zijn bedoeling om in het spoor van Saigyō zijn poëzie verder te verdiepen. Het was niet alleen een reis naar het verre noorden, maar ook een zoektocht naar het diepste wezen van de poëzie. De titel was zeker niet toevallig gekozen. In dit werk bereikt Bashō het volmaakte evenwicht tussen proza (het relaas) en de poëzie (de emoties) en weet hij de twee tot een mooi geheel samen te smeden.

De inleiding vormt een klassieke locus van de haibun. Het is een elliptische, gecondenseerde, meerzinnige en ongelooflijk krachtige tekst. Een Nederlandse vertaling kan de originele tekst niet tot zijn recht laten komen:

Maan en zon zijn de passanten van honderd generaties en de jaren die komen en gaan zijn ook reizigers. Zij die hun leven slijten op boten of die hun oude dag tegemoet gaan aan de breidel van paarden, brengen hun dagen door met reizen en hebben van reizen hun thuis gemaakt. Vroeger zijn ook veel mensen op reis gestorven.

Toen Bashō zijn allereerste reis begon, zag hij zijn eigen gebeente reeds gebleekt in de vlakte liggen. Al was dat voor een deel artistieke conventie, nu was Bashō reeds vijfenveertig jaar oud en wellicht voelde hij de chronische kwaal die hem zou vellen. Nu waren zijn voorgevoelens van de dood misschien wel authentieker. Daarom voelt hij een grote verwantschap tussen zichzelf en de dichters uit het verleden, Chinese en Japanse, die op reis stierven. De eerste regel is trouwens een allusie op een gedicht van een Chinees dichter. Hij vervolgt:

Ook ik ben – ik weet niet meer van welk jaar – door de wind die de wolken aan flarden jaagt, aangegrepen en kon het zwerven niet meer uit mijn hoofd zetten: na een zwerftocht langs de kusten, keerde ik in de herfst van verleden jaar terug en verwijderde de spinnewebben van mijn vervallen hut aan de Sumida-rivier om er de rest van het jaar door te brengen, maar toen de lentenevels in de lucht hingen, kreeg ik het verlangen de grenspost van Shirakawa over te steken: de zwerfgeest nam bezit van de dingen en bracht mijn hart op hol, ik werd gewenkt door de god van de weg...

De eerste regel is een allusie op een gedicht van Li Po, met wie Bashō kennelijk een bijzondere affiniteit voelde. Opvallend is ook dat hij zijn reis andermaal aan zijn zwerfzucht toeschrijft. Het werk is bijna een bloemlezing op zichzelf. Het staat vol fijne haiku en ook het proza is van een ongewoon poëtische inspiratie, zoals b.v. zijn beschrijving van Matsushima:

Hoe vaak het ook gezegd is, Matsushima is het mooiste landschap van ons land. Het hoeft zich niet te schamen voor het Tung-t'ing-meer of het Westelijke Meer in China. Vanuit het zuidoosten stroomt de zee landinwaarts en vormt er een baai van drie mijl diep. De vloed is er even machtig als in Che-chiang. Een ontelbaar aantal eilanden zijn hier verzameld. Sommige zijn steil en wijzen naar de hemel, andere liggen neer en kruipen over de golven. Sommige liggen in dubbele of driedubbele lagen over elkaar. Links zijn er die zich splitsen, rechts zijn er die samensmelten. Sommige lijken op kinderen gedragen op de rug van hun ouders, andere zijn net als ouders die hun kroost omhelzen. De pijnbomen zijn er diep groen, hun takken en naalden worden onophoudend gezwiept door de zilte zeewind, zodat ze als het ware van nature gebogen en gesnoeid worden. Het landschap is van een intense schoonheid, als het gezicht van een mooie vrouw. Matsushima moet geschapen zijn door de berggod Ōyamatsumi in het tijdperk der goden. Welk sterveling zou met zijn penseel dit meesterwerk van de schepping kunnen beschrijven?

Pareltjes van haiku zijn o.a. de volgende:

| Yuku haru ya | De lente gaat heen |
|---|---|
| tori naki uo no | vogels tjilpen, in het oog |
| me wa namida | van de vis een traan. |

Bashō verliet Edo op het einde van de lente. Het vers drukt droefenis uit over het heengaan van de lente, maar ook over het afscheid dat hij neemt van zijn vrienden en leerlingen.

| Natsukusa ya | Weelderig zomergras: |
|---|---|
| tsuwamono-domo ga | alles wat overblijft |
| yume no ato | van de krijgersdroom. |

Geschreven op de plek van het oud slagveld van Hiraizumi en alluderend op een versregel van Tu Fu:

Rijken vergaan maar bergen en rivieren blijven,
In de kasteelruïnes komt de lente en wordt het gras groen.

Het reisverslag eindigt met dit vers:

| Hamaguri no | Open strandgaper: |
|---|---|
| futami ni wakare | schelp scheidt zich van het vlees, |
| yuku aki zo | de herfst gaat heen. |

Op deze reis werd Bashō vergezeld door een vriend, Sora. In het reisverslag vinden we trouwens enkele van diens haiku. In 1943 ontdekte men een manuscript van deze leerling, dat eveneens een dagboek bleek te zijn van deze reis naar het Noorden. Dit werk heeft weinig of geen literaire waarde, maar als historische bron blijkt het boven alle twijfel verheven te zijn. Het is een gedetailleerd en zakelijk verslag van dezelfde reis. Bij een vergelijking met het dagboek van Bashō blijkt dat de meester de feitelijke gebeurtenissen van de reis heeft beschouwd als materiaal om een literair werk te vervaardigen. Hij heeft ze naar eigen inzicht geordend en gerangschikt, zodat we moeten zeggen dat het reisverslag van Bashō verre van een historisch correct verslag is. Maar het is wel een literair meesterwerk. De realiteit is tot fictie verheven: de gebeurtenissen zijn tot literatuur geworden.

## Laatste jaren

Na deze reis ging Bashō naar het heiligdom van Ise om er de *sengū*, de twintigjaarlijkse heropbouw van het ganse tempelcomplex, mee te maken. Daarna keerde hij weer naar zijn geboortedorp. De twee daaropvolgende jaren bracht hij door in Kyōto en in zijn geboortedorp. Bashō heeft ook steeds een bijzondere voorliefde gehad voor het Biwameer. Tot het einde van de herfst van 1690 betrok hij een zomerhuisje (*Genjūan* genoemd) binnen de omheining van de tempel Gichūji, te Zeze, in de buurt van het meer. Hier zou hij ook begraven worden. Rond deze tijd begon Bashō problemen met zijn gezondheid te krijgen. Hij was

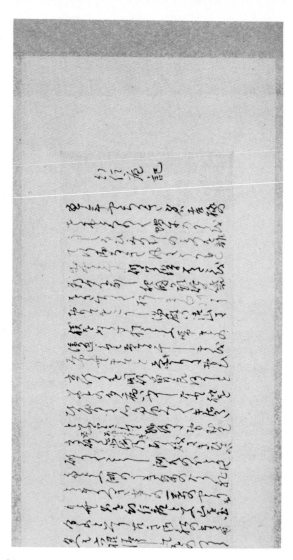

*Genjū-an no ki.*
Bashō's beroemdste *haibun*, geschreven rond 1690. De auteur herschreef de tekst zeven of acht keer. Drie versies zijn bewaard. De hier afgebeelde is de tweede, en was ooit in het bezit van Shikō.
Bezit: Mr. Yonezawa Hajime, Toyama-shi, Japan.
Foto: Uitgeverij Shōgakkan, Tokio.

verplicht de herfstmaan te bewonderen vanuit zijn ziekbed. De laatste jaren van zijn leven bracht hij door met kleine reisjes te maken in de streek van Kyōto, verblijvend bij vrienden en leerlingen en zich wijdend aan de uitgave van haiku-verzamelingen.

Pas op het einde van 1691 keerde Bashō naar Edo terug. Zijn leerlingen daar bouwden voor hem een nieuwe hut en hij kon er zijn intrek in nemen in 1692. In 1694 ondernam hij nogmaals de voettocht naar Ueno, maar niet als een poëtische pelgrimstocht. Hij voelde zich ziek. In Ōsaka werd hij het slachtoffer van een aanval van dysenterie. Bashō was aan het einde van zijn omzwervingen gekomen.

Zijn laatste vers, zijn doodshaiku, luidt:

| Tabi ni yande | Ik ben ziek op reis, |
| yume wa kareno wo | mijn dromen dwalen over |
| kakemeguru | de dorre heide. |

Op 12 oktober 1694 overleed Bashō, nauwelijks 50 jaar oud.

*Midokoro mo*

Midokoro mo
are ya nowaki no
ato no kiku

Toch nog het bekijken
waard, de geknakte chrysant
na de herfststorm.

Bashō.

Schilderij en calligrafie door
Bashō.
Te dateren tussen 1691 en
1693.
Bezit: Idemitsu Art Museum,
Tokio.
Foto: Idemitsu Art Museum
en Uitgeverij Shōgakkan,
Tokio.

44

## HOOFDSTUK II

# HET SCHRIJVEN EN INTERPRETEREN VAN HAIKU IN DE KRING VAN BASHŌ

Bashō's reizen waren geen toevallige gebeurtenissen in zijn leven, maar hebben het ingrijpend veranderd. Zij waren vóór alles een zoektocht en een weg naar een authentieke levenswijze in en door *haikai*. Zijn voetreizen kregen gestalte in zijn haikai, hun einddoel was de waarheid van haikai. Aangezien hij zijn eigen waarheid zocht kon het niet anders dan dat de haikai als overgeleverde literaire conventie zich niet zomaar leende tot het zingen van zijn eigen lied. Zijn dichterlijke en geestelijke ontwikkeling is het moeizame proces van ontbolstering uit de erfenis van haikai waarin hij ingekapseld zat.

In Bashō's tijd was haikai immers nog een literaire melkmuil. Het werd nog niet voor vol genomen. Het was synoniem met *haikai no renga:* kettingvers in de schertsende (haikai) stijl. Er werden ook wel onafhankelijke, geïsoleerde verzen geschreven, die men toen *hokku* (eerste vers van een kettinggedicht; proto-haiku) noemde, en die wij nu haiku noemen, maar het kettinggedicht was toch de voornaamste vorm van het haikai-genre. Ook een alleenstaande hokku was altijd potentieel het beginvers van een kettinggedicht.

Reeds in de *Kokinshū*, de eerste officiële bloemlezing van *tanka* (905), is sprake van haikai. Haikai-theoretici in Bashō's tijd verwezen daar graag naar, want het verleende oudheid en eerbiedwaardigheid aan hun genre. Dit is onder meer het geval in de *Sanzōshi*, de belangrijkste *hairon* (verhandeling over de poëtica van haikai) van de Bashō-school:

Over haikai heeft Staatsraad Teika gezegd: 'Het is slim *(rikō)*. Het is de gedachte die een loopje neemt met de dingen. Dingen die geen ziel hebben krijgen er een; dingen die niet spreken worden woorden in de mond gelegd'. In de *Kokinshū* worden speelse gedichten haikai-gedich-

Bashō en zijn vier grote discipelen.
(v.l.n.r. Jōsō, Ransetsu, Bashō, Kikaku, Kyorai).
Keramiek (van verschillende data).
Bewaard in de Shiseki Seki-guchi Bashō-an.
Bezit: Shiseki Sekiguchi Bashō-an Hozonkai (Kōdan-sha Publishers Ltd.), Tokio.
Foto: Uitgeverij Shōgakkan, Tokio.

ten genoemd. In navolging daarvan noemt men kettinggedichten die gewone taal gebruiken: kettinggedichten in haikai-stijl.[1]

In de Sino-Japanse traditie achten de literatuur-theoretici het aan hun ambacht verplicht om steeds terug te gaan tot de oudste bron. Tohō is daar geen uitzondering op. Men zou geneigd zijn eruit af te leiden dat de directe discipelen van Bashō zich nog niet voldoende bewust waren van de radicale vernieuwing die Bashō gebracht had in de haikai-traditie. De volgende passage spreekt dat evenwel krachtig tegen:

> Sedert het begin van haikai heeft men doorheen alle perioden slechts kunstig woordenspel bedreven en hebben (Bashō's) voorgangers uiteindelijk de poëtische waarheid *(makoto)* niet gekend. Halverwege is er wel een Baiō *(Nishiyama Sōin)* van Osaka geweest die de vrijheid van expressie propageerde en in de wereld grote aanhang vond, maar ook hij is beneden de middelmaat gebleven en zijn reputatie heeft hij slechts te danken aan zijn taalvaardigheid. Maar, met onze overleden meester Bashō, die zich meer dan dertig jaar aan deze kunst gewijd heeft, heeft haikai voor het eerst echtheid bereikt. De haikai van de meester heeft wel dezelfde naam als vroeger, maar het is niet dezelfde haikai als vroeger, het is ernstige *(makoto)* haikai[2].

Dit is een uitspraak die niets aan duidelijkheid te wensen overlaat. Traditionele haikai vóór Bashō kenmerkt zich door vindingrijkheid, scherts en improvisatie. Het was inderdaad een gedicht dat snel en dicht is (Huygens). In geen enkele literatuur wordt de lach blijkbaar ernstig genomen, ook niet in de Japanse. Vandaar dat Tohō voor de haikai-literatuur van zijn meester (en diens school) het epitheton 'ernstig' opeist. Vóór Bashō lag de bestaansreden van haikai uitsluitend in het amusement. De expressie van de emotie bleef sluimeren. Bashō daarentegen zoekt een ideaal te verwezenlijken waardoor zijn haikai echt, gemeend zou worden: *fūga*, traditioneel vertaald als elegantie.
Een betere vertaling is wellicht: dichterlijkheid. Deze laatste term zegt niets, maar dat is ook de bedoeling. In iedere tijd betekent hij nl. iets anders, en dat is ook het geval met *fūga*.
Dichterlijkheid is inderdaad iets dat wij ervaren als iets tijdeloos (ook nu nog kan een gedicht van Sappho bekoren) en terzelfdertijd blijft de

---

[1] Sanzōshi, Shirosōshi, blz. 382.
[2] Ibid.

definitie van wat dichterlijk is gebonden aan de tijdssmaak. Voor Bashō was fūga iets analoogs: 'De veranderingen van de wereld zijn het zaad van fūga'[3], heeft hij gezegd. Zowel bij Tohō als bij Mukai Kyorai (1651-1704), Bashō's trouwste discipel, vinden wij verwijzingen naar dit verband tussen verandering en fūga:

's Meesters fūga berust op twee gedachten: eeuwige onveranderlijkheid en verandering met de tijd. Deze twee gaan uiteindelijk terug op eenzelfde beginsel. Dat ene en ondeelbare principe is de echte dichterlijkheid *(fūga no makoto)*.[4]

De verandering der dingen wordt uiteraard in de traditionele Japanse context gezien in het perspectief van de boeddhistische gedachte der onbestendigheid en dit draagt ertoe bij om aan fūga een zweem van schone weemoed te geven. Volgens Kyorai wordt de onveranderlijke poëzie gekenmerkt door de afwezigheid van een curiositeit die toevallig in de smaak valt van het eigentijdse publiek. Daardoor kunnen die verzen zowel in het heden, het verleden als in de toekomst blijven boeien. Kyorai geeft drie voorbeelden van tijdloze poëzie:

| | |
|---|---|
| Tsuki ni e wo<br>sashitaraba yoki<br>uchiwa kana | Als je aan de maan<br>een handvat stak, ware het<br>een goede waaier.<br>(Sōkan) |
| Kore wa kore wa<br>to bakari hana no<br>Yoshino-yama | Oh..oh..kan ik slechts<br>stamelen over de bloesems<br>op Yoshino-berg.<br>(Teishitsu) |
| Aki no kaze<br>Ise no hakawara<br>nao sugoshi | Als de herfstwind waait<br>is 't knekelveld van Ise<br>nog griezeliger.<br>(Bashō)[5] |

---

[3] Sanzōshi, Akasōshi, blz. 400.
[4] Akasōshi, blz. 397 en Mukai Kyorai, Kyoraishō, shugyō, blz. 359.
[5] Kyoraishō, shugyō, blz. 360.

Dit illustreert hoe anders men haiku in Bashō's tijd apprecieerde. Geen van de drie verzen lijkt ons een meesterwerk, maar in de zeventiende eeuw waren het beroemde verzen. Het vers van Teishitsu citeert Bashō zelfs in zijn *Korte verhaal van een reistas.*

De onveranderlijkheid is de tijdloze poëzie, de overgeleverde elegantie. Blijft men daar echter halsstarrig aan vasthouden, dan verliest men voeling met de werkelijkheid: de alledaagse, aardse, gewone, steeds veranderende werkelijkheid *(zoku).*
Bashō zegt: 'We moeten tot inzicht komen en terugkeren naar het alledaagse'[6]. Het alledaagse is dichterlijk. Wie voortdurend zijn inzicht over de echte dichterlijkheid verdiept zal automatisch haiku gaan schrijven die één zijn met het alledaagse en het gewone. Zijn gevoelens en gedachten zullen één worden met de dingen en het vers zal vanzelf gestalte krijgen. Wiens hart niet zuiver is en wie er bepaalde vooroordelen op nahoudt over hoe poëzie moet zijn, begint te verbloemen met woorden. Volgens Kyorai is dit het grote onderscheid tussen Bashō's school en de andere scholen: Bashō's school bezingt natuurscènes en gevoelens *zoals ze zijn.* Andere scholen *construeren* de verzen in hun geest[7]. Hieruit zouden we kunnen concluderen dat Bashō's verzen koele, objectieve registraties zijn van een inwendig of uitwendig gegeven, maar de bedoeling is eerder dat men de dichterlijke stof niet mag ombuigen naar of selecteren op basis van bepaalde poëtische apriori's; dat de werkelijkheid steeds een ander gezicht toont en dat de dichter daarvoor geheel moet openstaan.

Toch krijgt men de indruk dat volgens de discipelen van Bashō de dichter moet zijn als de lens van de camera. Hij moet de dingen vastleggen terwijl ze leven:

Onbeweeglijke dingen zijn de gestalte van de onveranderlijkheid en bewegende dingen zijn verandering. Als men ze niet van tijd tot tijd stillegt, komen ze niet tot rust. Tot rust doen komen betekent dat men ze vastlegt met het gezicht of vastlegt met het gehoor. Wanneer afgewaaide bloesems en vallende bladeren door elkaar dwarrelen, en men legt ze niet vast met het gezicht en het gehoor, dan zal er,

---

[6] Akasōshi, blz. 398.
[7] Kyoraishō, shugyō, blz. 366.

wanneer ze eenmaal tot rust zijn gekomen, zelfs geen spoor meer te vinden zijn van deze eens levende dingen[8].

De verandering is onbestendigheid. Snel en onherroepelijk komen bewegende dingen tot rust, maar Bashō gaat daarom niet direct treuren. Het leven duurt niet langer dan een ogenblik, maar juist daarom moet het in dat ene ogenblik gevangen worden, vastgelegd op de gevoelige plaat van net- en trommelvlies. Bashō zelf sprak over het licht der dingen dat, voor dat het in het hart uitdoofde, in woorden vastgelegd moest worden. De dingen moeten gegrepen worden vóór ze koud zijn geworden[9].

Wellicht is de alertheid van geest een vereiste voor alle poëzie – overal ter wereld legt de dichter de dingen vast vóór ze verstijven tot prozaïsche realiteit – maar het is toch bij uitstek een van de kenmerken van haiku. Een lang gedicht kan nog teren op kunstige constructie, op aangehouden metafoor, enz. Bij haiku is er slechts de frisse of de verschaalde geur van dingen.

Dit is eigenlijk een permanente ingesteldheid. Wie er zich steeds op toelegt om aan de dingen gehoor te geven, ze oog en oor leent, die hoeft geen verzen te maken: ze komen vanzelf tot stand. Ook al hecht Bashō groot belang aan prosodie en aan de code van het kettingvers, echte dichterlijkheid heeft daar uiteindelijk niets mee te maken. Er zijn immers verzen van woorden en verzen van het hart. Een vers dat *gemaakt* is, heeft de oprechtheid van het hart verloren. Het is juist omdat het per se schoonheid wil uitdrukken dat het daar niet in slaagt. Terwijl het probeert soepel *(shiori)* te zijn, schiet het aan zijn doel voorbij en verstijft.

### Van hokku naar haiku

Tegenwoordig schrijven wij haiku als geheel op zichzelf staande, onafhankelijke verzen. In Bashō's tijd schreef men vooral kettingverzen. Het eerste vers van zo'n ketting noemde men hokku. Het vertoonde een groot aantal formele gelijkenissen met wat wij nu haiku noemen, maar daarnaast diende het ook aan bepaalde specifieke eisen te voldoen, opgelegd door de code van haikai no renga. Men mag niet uit het oog

[8] Akasōshi, blz. 400-401.
[9] Ibid.

verliezen dat het kettingvers een meervoudige creatie is, geschreven in samenwerking. Het is een samenspraak of dialoog in verzen. Tussen de deelnemers aan een kettingvers-sessie gold een bepaalde etiquette. Inhoud en woordkeuze waren onderworpen aan voorschriften. De timing voor het hechten van de volgende schakel was erg belangrijk en iedere school had haar eigen visie op de aard van de schakeling.

Het is niet moeilijk zich in te denken dat datgene waarover men dialogeert in vers een gegeven moet zijn dat gemeenschappelijk is aan de deelnemers. Het zal iets zijn dat ze ter plaatse kunnen waarnemen of een gevoel dat hen gemeenschappelijk beroert. Anders komt het niet tot samenspraak. Wat ze op dat ogenblik waarnemen zal dus bijna altijd een seizoengegeven en natuurgegeven zijn. Vandaar dat het seizoenwoord a.h.w. het waarmerk van de hokku is geworden.

In de regel is de hokku een groet van de belangrijkste gast aan de gastheer die de sessie organizeert, en de *wakiku* (tweede vers) is de wedergroet van de gastheer. Ook al gaat het op het eerste gezicht om een natuurbeschrijving, de hulde aan de natuur van de omgeving is meteen een hulde aan de gastheer. Ook bij Bashō treffen we veel dergelijke verzen aan:

| Negi shiroku | De uien zijn wit |
| araitatetaru | gespoeld en opgestapeld |
| samusa kana | in de winterkou. |

Hier wordt het beeld bezongen van het wassen van uien, een bekend gewas van de streek waar Bashō te gast is, maar het is tevens een groet aan de gastheer Kigai[10].

In oorsprong is hokku dus erg plaats- en tijdsgebonden. Het is een gelegenheidsvers, geïnspireerd door iets in de omgeving en gekozen in samenspraak met de gastheer, geschreven ter gelegenheid van een bepaalde bijeenkomst, in een bepaald seizoen, op een bepaald tijdstip van de dag, in een bepaalde natuuromgeving. Omdat het zo sterk aan de gelegenheid gebonden is, kan het eigenlijk niet op voorhand geschreven worden.

Als het kettingvers aan het papier toevertrouwd is en de gelegenheid

---

[10] *Nihon koten bungaku taikei, vol. 45 : Bashō kushū, hokku-hen*, nr. 665, blz. 194. Geschreven in Kigai's paviljoentje, Kigaitei, in Fuwa, in de huidige prefectuur Gifu.

verleden tijd is, dan vallen de concrete situatie-gebonden elementen die aanwezig waren op het ogenblik van de compositie weg. Om het vers te smaken en te beoordelen zal men nu moeten terugvallen op een abstracter en algemener referentiekader, dat niet langer situationeel is maar cultureel. Kettingverzen circuleerden vaak en in de eerste plaats in een beperkte kring van geestesverwanten en gegadigden. Deze kleine *binnenkring* van lezers was meestal zeer goed ingelicht over de schrijvers, hun context, de techniek, kunst en traditie van het kettingvers. Het waren vaak zelf ook dichters. Naarmate de lezerskring zich uitbreidt wordt het begrijpen abstracter en algemener. Hier kan dus de vraag gesteld worden in hoeverre informatie over de concrete omstandigheden vereist wordt voor het juiste begrip.

Deze vraag wordt pregnanter als de hokku zich losmaakt uit het kettinggedicht en onafhankelijk wordt. Niet zelden wordt het dan voorafgegaan door een *maegaki,* een kort signalement van de omstandigheid, gedachte of het vers die de hokku inspireerden.
Ook het inwerken van de hokku in *haibun,* haiku-proza, bewijst dat men soms toch behoefte voelde om een grotere draagkracht te geven aan de hokku door hem in een context te plaatsen. Inderdaad: opdat 17 luttele lettergrepen een op zichzelf staand gedicht zouden kunnen worden moet aan zware eisen voldaan worden. Is het sonnet een klein heelal, dan moet de hokku een microcosmos kunnen zijn. Het losweken van de hokku uit het weefsel van het kettinggedicht had een grote weerslag op inhoud en strekking.
Door de isolatie kreeg wat in de hokku wordt gezegd universele waarde, ook al was het de neerslag van een concrete waarneming. Hokku was niet langer een aanknopingspunt waaraan schakels moesten gehecht worden, maar een bron waaruit de lezer zelf de associaties kon putten. De lezer moet zelf zijn eigen innerlijke schakelgedicht maken.

Hier stoten we op het fundamentele onderscheid tussen hokku en *tsukeku* (schakelvers). De hokku komt uit de natuur, de omgeving, en is rechtstreeks geworteld in de objectieve werkelijkheid. De tsukeku daarentegen groeit uit het voorgaand vers. De hokku is als een boom uitgeschoten uit de natuurlijke grond, de tsukeku zijn takken die groeien op de stam van de hokku. Hun voedingsbodem is de poëtische realiteit van het in wording zijnde kettinggedicht. Dit kan gemakkelijk worden geïllustreerd aan de hand van enkele schakels uit *Ichinaka wa (Alom in de stad)*, een kettinggedicht van Bashō, Bonchō en Kyorai[11].

| | |
|---|---|
| Ichinaka wa | Alom in de stad |
| mono no nioi ya | de zwoele geur van dingen |
| natsu no tsuki | in de zomermaan |
| | (Bonchō) |
| | |
| atsushi atsushi to | het is heet, wat is het heet — |
| kado kado no koe | klinkt het van deur tot deur |
| | (Bashō) |
| | |
| niban-gusa | het tweede wieden |
| tori mo hatasazu | is nog niet gedaan en reeds |
| ho ni idete | staat de rijst in aar |
| | (Kyorai) |
| | |
| hai uchitataku | hij schudt de asse eraf, |
| urume ichimai | van één gerookte sardien |
| | (Bonchō) |
| | |
| kono suji wa | in deze streken |
| gin mo mishirazu | kent men niet eens geld, |
| fujiyūsa yo | wat ongeriefelijk |
| | (Bashō) |

De inhoud van dit laatste vers bijvoorbeeld is zuiver denkbeeldig. Het is niet iets dat Bashō zelf ervaren heeft. Het vorige vers heeft bij hem de associatie opgeroepen van een achterlijk platteland waar men niet eens geld kent. Het vers zelf is de bedenking die een reiziger zich zou kunnen maken als hij in deze streek komt en moet vaststellen dat hij met geld niets kan aanvangen.

Als we in ieder vers een dichtende ik-persoon mogen postuleren (ook al is hij meestal niet uitgedrukt), dan kunnen we zeggen dat in het kettinggedicht deze ik-persoon is ingebeeld en naar believen kan veranderen. De ene keer is het een reiziger die spreekt, de andere keer een nachtdief, ook soms een neutraal toeschouwer. Dit spelen met het standpunt is typisch haikai.

Bij hokku en haiku is dat niet zo. Hier spreekt het ik van de dichter of spreken de dingen doorheen de dichter.

---

[11] *Bashō kushū, renku-hen,* blz. 383 e.v.

53

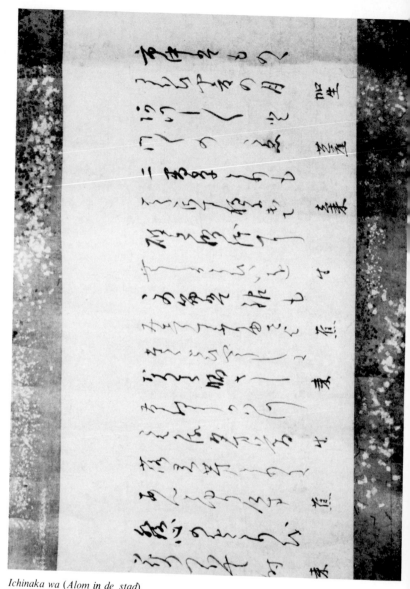

*Ichinaka wa (Alom in de stad).*
*Kasen* (kettinggedicht van 36 schakels) door Bonchō, Bashō en Kyorai, geschreven in de zomer van 1690 in de *Rakushisha* (verblijf van de vallende persimoenen) te Saga. Bezit: Bashō-ō kinenkan, Ueno-shi, Japan.

Het onderscheid tussen hokku en tsukeku wordt goed gedefinieerd door Kyorai:

Hokku ontstaat wanneer een menselijk gevoel of een natuurgegeven in het hart blijft nawerken. De tsukeku is gewoon. Bijvoorbeeld: De nachtegaal zit in de pruimeboom en fluit (Uguisu no ume/ni tomarite naku) – is geen hokku. Maar: De nachtegaal hangt met zijn kop naar beneden en zingt (Uguisu no mi wo sakasama ni naku) – is wel een hokku[12].

Elders commentarieert Kyorai over deze hokku van Kikaku die eigenlijk luidt:

| Uguisu no | De nachtegaal hangt |
|---|---|
| mi wo sakasama ni | met zijn kop naar beneden |
| hatsune kana | en zingt zijn eerste lied. |

het volgende: 'Het vers van Kikaku beschrijft de nachtegaal die dol wordt van de lentewarmte. De jonge nachtegaal kan (in het begin van de lente) het kunstje van ondersteboven te zingen niet uithalen. In het woord 'eerste (lied)' kan ik moeilijk komen'[13].
Kyorai staat blijkens deze laatste passage eerder kritisch tegenover Kikaku's vers als zodanig, maar niettemin vindt hij het een goede illustratie van een gevoel of natuurgegeven dat in het hart blijft. Kyorai's kritiek is dat het vers niet geheel natuurgetrouw is, dat het de 'natuur- lijke gang van zaken' enigszins geweld aandoet. Toch blijft het vers boeien, omdat het de weergave is van iets dat 'in-druk' maakt op het hart: het afgezaagde lied van de nachtegaal klinkt ineens heel fris als het in kopstand gezongen wordt.
Die frisheid en trefkracht zijn noodzakelijk maar niet voldoende om een hokku te hebben. In dit verband citeert Kyorai het vers van Kōshun:

| Tsukidasu ya | Toen ik erin pookte, |
|---|---|
| toi no tsumari no | kwam uit de verstopte |
| hikigaeru | regenpijp een pad. |

Kyorai commentarieert: 'Het schijnt dat men dit vers beschouwt als van hetzelfde niveau als 's meesters 'De oude vijver'. Het onderwerp is

---

12 Kyoraishō, shugyō, blz. 375.
13 Kyoraishō, Dōmonhyō, p. 331.

origineel en er zijn anders geen verzen in dezelfde trant *(tōrui)*. Het is inderdaad een vers dat in het hart blijft en ook van smaak getuigt. Niettemin kan het moeilijk als een hokku beschouwd worden'[14].

Kyorai zegt er niet bij waarom dit geen hokku kan worden. Wellicht is het omdat het vers geen 'nasmaak' heeft, er niet in slaagt iets meer te suggereren dan wat er alleen maar in de woorden staat. Volgens Kyoriku is dat immers het waarmerk van de goede hokku: 'Een goede hokku bevat betekenis buiten de woorden. De tsukeku neemt de betekenis die tussen de regels van de hokku onuitgedrukt is gebleven, verder op'[15].

De hokku suggereert iets buiten wat hij zegt. Waar haalt hij die suggestieve kracht? Die schuilt in grote mate in de spanning binnen de hokku. Hokku heeft namelijk het 'timbre van het hart dat gaat en terugkeert.' Een voorbeeld daarvan zien wij in het volgende vers:

| Yamazato wa | In het bergdorpje |
|---|---|
| manzai ososhi | komen de bedelzangers laat; |
| ume no hana | reeds bloeit de prunus. |

Eerst zegt men: in het bergdorpje komen de bedelzangers laat; en dan besluit men: reeds bloeit de prunus. 'Dit gevoel van gaan en terugkeren, dat is hokku', aldus Tohō in zijn Sanzōshi[16].

De gedachte aan de bedelzangers is de doorgaande idee. Zij roept iets op dat niet voor ogen staat. Na de tweede regel maakt ze rechtsomkeer en keert terug naar het direct waarneembare in de onmiddellijke buurt: de prunus in bloei. Tussen de regels door wordt een hele tros van associaties gesuggereerd.

Met nieuwjaar gaan de bedelzangers van huis tot huis om de mensen geluk te wensen voor het nieuwe jaar en te zingen en te dansen in ruil voor een aalmoes van rijst. Ze zijn een onvervreemdbaar onderdeel van de gewoontes en gebruiken van nieuwjaar. Ze beginnen eerst hun ronde in de stad en tegen de tijd dat ze aan het bergdorp toe zijn is nieuwjaar allang verstreken en beginnen de pruimebomen al in bloesem te komen. Het gaan en terugkeren van het gevoel of het hart mogen we begrijpen

---

[14] Kyoraishō, Shugyō, p. 375.
[15] Kyoriku, Uda-hōshi: Minami Shinichi, *Kyoriku no hairon*, Tokyo, 1979, p. 632-633.
[16] Sanzōshi, Wasuremizu, blz. 430.

als de flits die ongewone verbanden legt tussen dingen waar de niet-haiku-geest nooit aan zou denken. Het is de anomalie in de tros van associaties die iedereen gewoonlijk maakt. Hiervoor is een speelse, d.w.z. haikai-ingesteldheid nodig, alsof men voor de scherts twee dingen samenplaatst die in de conventionele waarneming, wijsheid of associatie niet bij elkaar horen. Het verbluffende resultaat is dan wel dat wat men voor de lol heeft samengebracht ook in feite een dieper verband bevat dat wel heel ernstig is.

'In het bergdorpje komen de bedelzangers laat' noemt Tohō *enkelge-laagd (hitoe)*, met één bodem zou men kunnen zeggen. Dat kenmerkt het doorsnee schakelvers *(hiraku)*. Bashō heeft trouwens de hokku gedefinieerd als het samenbrengen van (twee of meer) verschillende dingen[17]. 'Niets is eenvoudiger, maar niemand beseft het'[18], zou hij eraan toegevoegd hebben. Vandaar dat Kyorai het suggereert als een handige techniek om snel en veel verzen te bedenken: 'Dat is iets waar beginnelingen aan moeten denken. Voor gevorderden houdt dit dilemma van al dan niet samen te voegen op een probleem te zijn'[19]. Hier zal Kyorai vooral het kettinggedicht voor ogen hebben waar de tijd, de timing zo belangrijk is.

In het creëren van dubbele lagen in de hokku vervullen de snijwoor-den een prominente rol. Het snijwoord dat hier bijzonder in uitmunt, louter formeel stilistisch gesproken, is *ya*. Zijn uitnemende vaagheid is niet te vertalen maar is tevens zijn kracht. Na een zelfstandig naam-woord werkt het als een hefboom die het vers op een ander niveau tilt. We hoeven slechts het beroemde vers van Bashō aan te halen:

| Furuike ya | De oude vijver: |
|---|---|
| kawazu tobikomu | een kikvors springt van de kant |
| mizu no oto | geluid van water. |

Had er gestaan *furuike ni*, dan ware het verband gewoon logisch en op hetzelfde niveau: *ya* snijdt, doorbreekt dit letterlijk prozaïsche ver-band en schept een poëtisch perspectief.
Door het inlassen van het snijwoord ontstaat een momentaan hiaat. Zo wordt het beeld universeel, soms symbolisch, in de zin dat het meer

17 Kyoraishō, shugyō, blz. 365.
18 Ibid.
19 Ibid.

suggereert dan wat er zichtbaar, woordelijk staat. Stond er *furuike ni*, dan was dat gewoon de plaats (de oude vijver) waarin de kikvors springt; alles zou zich uiteindelijk beperkt hebben tot het geluid van water. Zegt men echter *furuike ya*, dan wordt het beeld van de oude vijver meer onafhankelijk en treedt daardoor in een spanningsveld met het beeld van: het geluid van water.

Een ander representatief voorbeeld is:

| Natsukusa ya | Weelderig zomergras: |
| tsuwamonodomo ga | alles wat overblijft |
| yume no ato | van de krijgersdroom. |

Dit vers is vaak vertaald met een vorm van het koppelwerkwoord, ten onrechte. Vertaalt men: *zomergras is alles wat*, dan vertaalt men eigenlijk *natsukusa wa; ya* doorbreekt juist het logische verband van een zin met onderwerp en gezegde, zodat de relatie tussen zomergras en de droom van krijgers onbepaald en meervoudig wordt. Iedere vertaling van dit soort verzen zal wellicht een voorlopige blijven. Hoe groot het leger vertalers ook moge worden, dit en vele andere verzen lijken wel een oninneembare vesting die blijft spoken in de droom van diezelfde vertalers.

Over de interpretatie en het gebruik van *ya* bestond ook al onder Bashō's discipelen onenigheid.

| Kasa sagete | Mijn hoed in mijn hand |
| haka wo meguru ya | loop ik hier rond de grafzerk |
| hatsushigure | in de winterbui. |

Dit vers schreef Hokushi toen hij een bezoek bracht aan het graf van Bashō. Kyoriku meende:

Dit is een vers geschreven vanuit het standpunt van een derde. Hoe zou hij de *ya* van de twijfel gebruikt hebben voor zijn eigen handeling?

Kyorai is het daar echter niet mee eens. Volgens hem betreft het hier de *ya* van de affirmatieve uitroep. Normaal neemt men zijn hoed af als men aanklopt en binnengaat bij mensen, maar ditmaal bevindt hij zich vóór het graf[20]. Toch heeft Kyoriku niet helemaal ongelijk in zover er een

---

[20] Zie Kyoraishō, Dōmonhyō, blz. 328.

58

zekere ondertoon van ongeloof schuilt in de uitroep: bevind ik mij hier warempel voor het graf???

Hier leent de *ya* zich weer uitstekend tot het leggen van dat onverwachte verband. Het verwachte, conventionele verband is dat tussen het afnemen van de hoed en het binnengaan in het huis van andere mensen. Het onverwachte, schalkse *(haikai)* is dat hij zijn bezoek aan het graf ziet in zo'n perspectief. Wie zijn hoed afneemt bevindt zich het volgende ogenblik onder dak, in knusse warmte. Hier echter krijgt hij bepaald een koude douche, die van de winterbui. De triestheid is zelfs te sterk om nog te spreken van elegante, rustieke verlatenheid *(wabi)*. De beste vertaling zal in de tweede regel een vragende intonatie in de stem leggen, zodat tegelijkertijd nadruk en ongeloof eruit spreken.

Zowel in renga als in haikai heeft men traditionele regels over het aantal en het gebruik van de snijwoorden. In de canon van Sōgi waren er achttien. Ook Bashō vindt dat die verder moeten gebruikt worden en dat men daarvoor de haikai- en de renga-handboeken moet raadplegen:

Als er geen snijwoord is, wordt het geen hokku maar een tsukeku. Er zijn evenwel verzen die hoewel ze een snijwoord hebben, toch tsukeku zijn. Dat komt omdat ze niet echt gesneden zijn. Aan de andere kant zijn er verzen die ook zonder snijwoord afgesneden zijn. Dit onderscheid is het belangrijkste punt bij snijwoorden[21].

Tohō geeft als voorbeeld van een ongesneden hokku:

| | |
|---|---|
| Akokuso no | Wat Ki no Tsurayuki |
| kokoro wa shirazu | voelde, weet ik niet. |
| ume no hana | De pruimebloesems!! |

Bashō

Dit vers is een echo van een tanka van Ki no Tsurayuki, wiens jongensnaam 'Akokuso' was:

| | |
|---|---|
| Hito wa isa | Of je gastvrijheid |
| kokoro mo shirazu | even gemeend is, weet ik niet, |
| furusato wa | maar de bloesems geuren |

---

[21] Shirosōshi, blz. 389.

hana zo mukashi no          nog even zoet als vroeger
ka ni nioikeru              toen ik hier zo vaak kwam.

(Kokinshū)

Bashō schreef zijn vers toen hij terugkeerde in zijn geboortedorp, en met de schalksheid typisch voor haikai leent hij een vers van Tsurayuki *(kokoro wa shirazu)*, maar waar Tsurayuki het heeft over de gastheer, verdraait Bashō de strekking van de versregel en past hem toe op Tsurayuki zelf: wat Tsurayuki voelde toen hij terugkeerde op de plaats die hem zo vertrouwd was, weet ik niet, maar in mijn geval bloeien de pruimen zoals ze dat telkenjare doen, en zijn de mensen even gastvrij en vriendelijk als vroeger.

Tohō schrijft hierover:

Ik zat naast de meester toen hij overwoog er een snijwoord in te lassen. Ik zei daarop 'dit is een vers dat ook zonder snijwoord gesneden is.' Waarop Bashō zei: 'dat klopt, maar toch is het beter er een in te lassen, anders misleid je beginnelingen en dat is niet goed'[22].

Ingewijden zullen dadelijk opmerken dat Bashō's vers wel degelijk een snijwoord heeft, nl. *zu,* en dat Tohō zich bijgevolg vergist. Wellicht doelde Tohō op een vroegere versie zonder snijwoord, die hij echter niet opgenomen heeft, omdat Bashō naderhand er toch een snijwoord had ingelast.

Het volgende voorbeeld van Kyorai is technisch exacter:

Karasaki no          Karasaki's pijn
matsu wa hana yori   is zelfs nog waziger dan
oboro nite           de kersebloesems.

Dit vers was bekritiseerd geworden door een ander dichter, omdat het eindigde op *nite,* wat geen snijwoord is. Ter verdediging van Bashō's vers argumenteerde Kikaku dat *nite* identiek was aan *kana* (wel een snijwoord). Ter ondersteuning hiervan wees hij erop dat men in het derde vers van een kettinggedicht vermeed op *nite* te eindigen als de hokku op *kana* eindigt. *Nite* is gewoon zachter van toon in zijn ogen.

[22] Ibid.

60

Kyorai voegde eraan toe dat het vers spontaan geïmproviseerd moet geweest zijn en dat daarin zijn grote waarde ligt. Merkt de meester zelf op: 'Kikaku's en Kyorai's argumenten zijn alle theoretisch. Mij trof het gewoon dat de pijn waziger was dan de kersebloesems'[23].

Bashō's visie op het gebruik van de snijwoorden schijnt één van de weinige geheime overleveringen geweest te zijn in de *Shōmon*, de school van Bashō. Dit belet niet dat er in de *hairon*, theoretische werken over haikai, vele passages handelen over deze materie, zodat we ons toch een beeld kunnen vormen van Bashō's visie erop.

Zoveel is in elk geval zeker dat hij de zuiver formalistische benadering, die strak vasthoudt aan de overgeleverde regels, in vraag stelt en *snijden* eerder naar de geest interpreteert. Hij heeft ooit gezegd dat een tanka wordt afgesneden met 31 letters en een hokku met 17. Een boutade die goed aangeeft dat de essentie van haikai niet in het rigoureus toepassen van de overgeleverde regels ligt:

Als men een lettergreep als snijwoord gebruikt, dan komen alle 48 lettergrepen in aanmerking als snijwoord. Als men ze niet als snij-woord gebruikt dan is er geen enkele lettergreep snijwoord[24].

Bashō zelf schijnt een voorkeur te hebben voor het snijwoord op het einde van de eerste regel. Denken we maar aan *furuike ya, natsugusa ya,* enz. Toch eist Bashō dat de hokku vlot en vloeiend zou zijn. Hij mag niet horten of stoten. De superieure hokku zegt men vlot van het begin tot het einde (*kashira yori surasura to iikudashitaru*). Een goede hokku is natuurlijk. De beste hokku is die waarvan men zegt: Inderdaad, zo is het. De tweede beste is de hokku waarvan men zegt: Dat zal inderdaad wel zo zijn. Dan komt die waarvan men zegt: Zou dat inderdaad zo zijn? en de laagste is die waarvan men zegt: Zo zal het wel niet zijn[25]. Dit is een instructie van Kyorai aan zijn discipel Bokunen. Ze is bedoeld voor beginnelingen in de haikai-kunst. Eigenlijk kan ze op twee wijzen begrepen worden. De eerste is dat de inhoud van een vers aannemelijk moet zijn, natuur- of waarheidsgetrouw. De tweede is dat een vers een authentieke ontroering teweeg moet brengen.

---

[23] Kyoraishō, Senshihyō, blz. 306.
[24] Kyoraishō, Kojitsu, blz. 350.
[25] Kyoraishō, shugyō, blz. 375.

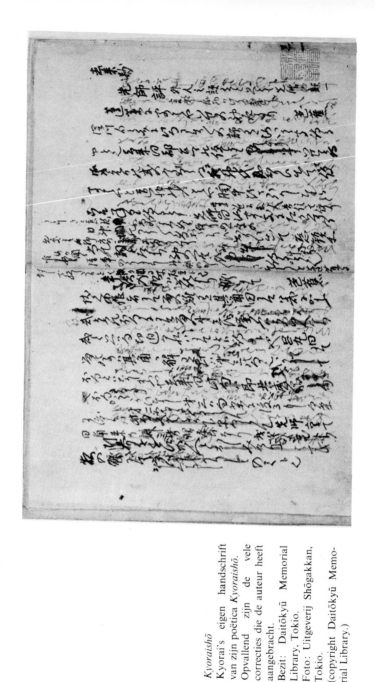

*Kyoraishō*
Kyorai's eigen handschrift van zijn poëtica *Kyoraishō*. Opvallend zijn de vele correcties die de auteur heeft aangebracht.
Bezit: Daitōkyū Memorial Library, Tokio.
Foto: Uitgeverij Shōgakkan, Tokio.
(copyright Daitōkyū Memorial Library.)

Het kettingvers is als het gesproken woord: men kan niet al te lang nadenken over de formulering, en als het eenmaal neergeschreven is kan men er geen wijzigingen meer in aanbrengen, althans niet op een haikai-sessie. Bij onafhankelijke hokku (haiku) kan dat wel. Ook bij eventueel uitgeven van kettinggedichten, hoewel er hier veel meer beperkingen zijn. Nochtans kan zorgvuldige herwerking vaak verbluffende resultaten opleveren. Bashō was een duchtig herwerker. Een ongelooflijk groot gedeelte van zijn hokku bestaan in twee of zelfs meer versies. Bashō was steeds op zoek naar rakere en meer gevatte formuleringen. Zo verhoogde hij de spanning tussen de niveau's van een hokku.

In de hairon van de Bashō-school is opmerkelijk vaak sprake van herwerking. Dit behoort duidelijk tot het scheppingswerk dat haiku-schrijven is. Zeer bekend is de anecdote hoe het vers „de oude vijver...' tot stand kwam: Eerst schoten hem de tweede en derde regels te binnen, maar hij vond niet meteen een eerste regel. Kikaku stelde toen voor „yamabuki ya' (de kerriaroos), maar het beviel de meester niet. Toen voegde hij er eenvoudig 'furuike ya' voor. Dit was gewoner dan het al te schattige kerriaroos maar in zijn ogen echter en authentieker[26]. Bashō herwerkte niet alleen zijn eigen verzen, maar corrigeerde uiteraard ook andermans. Een voorbeeld daarvan is het volgende vers:

| | |
|---|---|
| Ta no heri no | Over de bonen |
| mame tsutaiyuku | geplant aan de zoom van 't veld |
| hotaru kana | vliegt een vuurvlieg. |

Dit was oorspronkelijk een vers van Bonchō, gecorrigeerd door de meester. Toen *Sarumino ( De aap zijn regenmantel)* werd samengesteld, gebeurde het volgende – Bonchō is eerst aan het woord:

Dit vers heeft geen verdienste. We laten het er beter uit. Kyorai was echter wel voor opname van het vers: het licht van de vuurvlieg die heenvliegt langs de bonen aan de zoom van het rijstveld suggereert een nachtelijke natuurscène, – maar Bonchō wou niet toegeven. De meester zei: 'Als Bonchō het wegwerpt, raap ik het op. Gelukkig is er een vers van iemand uit Iga dat erop lijkt. Ik ga het zijne vervangen door dit vers[27]'. Zo nam hij het op als het vers van Banko[28].

---

[26] *Bashō kushū, hokku-hen*, blz. 37, noot 77 en blz. 246 noot 25.
[27] *Bashō kushū, renku-hen*, blz. 383 e.v.
[28] Kyoraishō, senshihyō, blz. 311.

De volgende anecdote illustreert hoe Bashō met zijn discipelen omging. Op de volgende *maeku* van Bashō:

| Nitto asahi ni | Zachtjes drijft de wolkenbank |
| mukau yokogumo | de morgenzon tegemoet |

had Kyorai het volgende vers geschreven:

| Supperi to | Tot de laatste man |
| hanami no kyaku wo | deed ik de bloesemminnende |
| shimaikeri | gasten uitgeleide |

Bashō was allesbehalve enthousiast. Toen vroeg Kyorai hem zijn *maeku* nog eens te herhalen, waarop hij zijn schakelvers als volgt verbeterde:

| Kage takaki | Rijzige dennen |
| matsu yori hana no | lopen over van de pracht |
| sakikobore | van kersebloesems. |

Ondervraagd door Bashō over wat hem tot deze nieuwe versie had geïnspireerd antwoordde Kyorai:

'Mijn eerste vers schreef ik bij het zien van de kalme ochtendwolken die een zalig gevoel geven, maar bij nader toezien vond ik het zonde de onbeschrijfelijke schoonheid van het landschap op deze morgen over het hoofd te zien. Daarom heb ik het vers herschreven'. De meester zei: 'Het eerste vers verdiende dertig stokslagen. Nu moet je nog de eerste regel veranderen'. Toen verving Kyorai de eerste regel als volgt:

| aomitaru | de groene dennen[29]. |

Het: *rijzige dennen (kage takaki)*, was teveel elegante schrijftaal. Het correspondeerde niet met het woord *zachtjes (nitto)*, dat spreektaal was. Vandaar dat Kyorai uiteindelijk koos voor een neutraler woord zoals *aomitaru*[30]. Dit woord accentueert het koloriet van het vers, maar is niet vrij te pleiten van een zekere graad van pleonasme.

De relatie tussen Bashō en zijn discipelen is in onze tijd en samenleving ondenkbaar. In het toenmalige Japan was alle kennis en kunst in

[29] Ibid., blz. 321.
[30] Ibid.

64

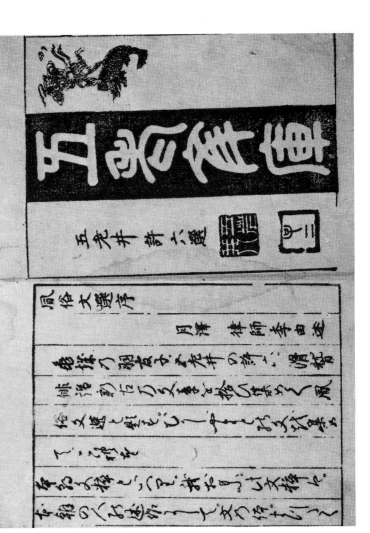

*Fūzoku Monzen.*
Een beroemde anthologie van *haibun* van de Bashō-school, samengesteld door Morikawa Kyoriku (1656-1715), uitgegeven in 1706. 29 auteurs zijn erin vertegenwoordigd met 106 stukken.
De uitgave van het werk was de posthume realisatie van een plan reeds door Bashō opgevat.
Bezit: Matsuo Yasuaki, Tokio.
Foto: Uitgeverij Shōgakkan, Tokio.

zekere zin geheim en moest dus persoonlijk van meester op discipel overgedragen worden. De discipel onderwierp zich daartoe aan het gezag van de meester. In het Westen kan zoiets niet van de dichter gevraagd worden. Hier is hij meteen volleerd. Poëzie wordt hier in creatieve eenzaamheid geschreven en dan geopenbaard. Als we echter lezen hoe het eraan toeging in Bashō's kring, dan kunnen we toch niet een zekere afgunst bedwingen. Zij schreven samen poëzie, discussieerden erover, verbeterden elkaars werk, gaven het gezamelijk uit. Het was een gemeenschapsleven in dienst van de poëzie. Of ze daarbij ook nog onsterfelijk werk hebben nagelaten, laten we voorlopig in 't midden, maar in elk geval zullen ze heel wat plezier beleefd hebben aan hun verzen – en daar was het toch oorspronkelijk om te doen.

**Noten**:

De noten zijn in de eerste plaats bedoeld voor de lezer die Japans begrijpt. Zij verwijzen naar de vindplaats van de originele passages die in dit hoofdstuk vertaald of verwerkt zijn. Voor de hairon van Kyorai en Tohō hebben wij ons gebaseerd op de tekst zoals hij voorkomt in *Nihon koten bungaku taikei* (ed. Iwanami shoten) *vol. 66 : Rengaron-shū, hairon-shū*, uitgegeven door Kidō Saizō en Imoto Nōichi, Tōkyō, 1978. Bladzijden verwijzen naar deze editie.

## HOOFDSTUK III

VERZEN OVER LIEFDE VAN BASHŌ EN ZIJN DISCIPELEN

Mensen zoals geleerden, wetenschappers, academici e.d., wier beroep en roeping het is analyses te maken, theorieën te formuleren, in cerebrale categorieën proberen te vangen, lopen het gevaar aan de helft (of meer) van het leven voorbij te gaan: de ervaringswereld. Ofwel maken zij de fout die wereld zelf tot voorwerp van hun onderzoek te willen maken en zo toeschouwer te blijven van iets waar je in moet meespelen. Het thema van de liefde is nu juist zo'n thema waar je geen saaie beschouwingen en droge analyses over moet maken.

De reden dat we het er toch over zullen hebben heeft te maken met literatuur, want dat is nu juist het raakvlak bij uitstek tussen intellect en ervaring, beschouwing en beleving. Het is de nooit eindigende, want nooit volmaakte poging om ervaring te distilleren in taal, om de twee werelden te verenigen. Na de ervaring is literatuur de 'next best thing', of zelfs beter, als je het met Gorter eens bent dat de mijmering over het ding teerder is dan het ding. Literatuur is als het ware ervaring in taal.

Er is nog een tweede reden, die verband houdt met de klassieke Japanse visie op de literatuur. Onder de rijkdom aan menselijke handelingen wordt literatuur gekenmerkt door de menselijke reactie in taal op datgene wat het hart beroert. Dit is een eeuwenoude gedachte, die ook de Chinezen steeds gehuldigd hebben: 'Poëzie is de beweging van de 'intentio'. In het hart is het 'intentio', in woorden geuit is het poëzie. Gevoelens bewegen van binnen en krijgen vorm in woorden...' staat er te lezen in het voorwoord op China's oudste bloemlezing, de Shih-ching.

Zowel Chinezen als Japanners gaan er dus van uit dat (innerlijke) ontroering aanleiding geeft tot (uiterlijke) verwoording. Dit noemt men wel eens affectivisme. In zijn inleiding op de Kokinshū verwoordt Ki no Tsurayuki het poëtischer:

67

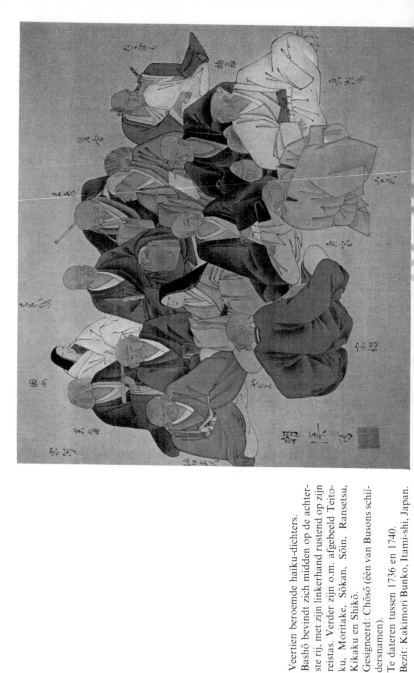

Veertien beroemde haiku-dichters.
Bashō bevindt zich midden op de achterste rij, met zijn linkerhand rustend op zijn reistas. Verder zijn o.m. afgebeeld Teitoku, Moritake, Sōkan, Sōin, Ransetsu, Kikaku en Shikō.
Gesigneerd: Chōsō (één van Busons schildersnamen).
Te dateren tussen 1736 en 1740.
Bezit: Kakimori Bunko, Itami-shi, Japan.

De Japanse poëzie ontspruit uit het zaad van het menselijke hart en ontluikt als bladeren in ontelbaar veel woorden. De mensen die leven in de wereld hebben allerlei ervaringen en hetgeen ze voelen in hun hart, verwoorden ze aan de hand van wat ze gezien en gehoord hebben.

Als de dingen mij ontroeren, kan ik de ontroering niet voor mezelf houden. Ze noopt tot expressie.

Het houdt daar echter niet op. De Japanners gingen er ook vanuit dat de expressie een tweede persoon kan beroeren, die dan op zijn beurt aan zijn gevoelens uiting geeft. Als ik bijvoorbeeld ontroerd word door een bloem in de lente, dan geef ik lucht aan mijn ontroering door er een gedicht over te schrijven. Omdat andere mensen ook vatbaar zijn voor die ontroering, ligt het voor de hand dat ik het gedicht laat lezen aan een vriend. Deze zal nu op zijn beurt ontroerd worden door mijn gedicht, dat zowel over de lentebloesem als over mijn ontroering gaat, en mijn vriend zal zijn ontroering weer in een gedicht kristalliseren.

Het tijdsinterval tussen beide gedichten kan een dag zijn, enkele eeuwen of enkele minuten. Voor dat laatste is fysiek samenzijn van beide mensen vereist. Het tweede gedicht kan op zijn beurt een derde persoon ontroeren en het proces kan zo voortdurend herhaald worden. Systematiseren we nu dit proces en onderwerpen we het aan een aantal vooraf afgesproken conventies en regels, dan krijgen we een kettingvers, waarover zo dadelijk meer.

Het vermogen ontroerd te worden en er uiting aan te geven is dus gemeenschappelijk aan alle mensen. Voor poëzie hoef je dus niet 'geïnspireerd' te worden. Het is niet het domein van het gekwelde en miskende genie, maar van allen die een *kokoro* (hart) hebben. *Kokoro hebben (ushin)* is vatbaar zijn voor al wat ontroert en wat was er meer ontroerend dan de uitdrukking van de ontroering van een ander *kokoro* bezittend wezen?

*Kokoro* werd niet eens jaloers gereserveerd voor de mens alleen. In een Shintoïstische gulheid werden ook de dieren rijkelijk bedeeld met *kokoro*. De nachtegaal in de pruimebloesems (lente), de kikker in het water (zomer), het hert dat roept naar de hinde (herfst), alle gaven uiting aan ontroering, aan ervaring. Alle waren zij dus dichters. Hun expressies ontroeren ons mensen met een *kokoro* en stimuleren ons tot poëzie. De Japanse poëzie stamt letterlijk uit de tijd dat de dieren nog spraken.

Poëzie is dus esthetische 'respons' op eigen ervaring of op de respons van een ander op eigen ervaring. Elk gedicht is een schakel in een causaal verband van ontroerd worden en ontroeren. Opeenvolging van ontroering, expressie, ontroering, expressie, vormt de psychologische grondslag van het kettingvers. Zonder enige uitweiding over dit typische Japanse genre kan ik niet spreken over Bashō's liefdesverzen.

Kettingvers is de hoofdstroom geweest in de Japanse poëtische traditie van de dertiende tot de negentiende eeuw. Onze haiku is eruit voortgekomen. Bashō zelf kende het woord haiku niet. Hij heeft het voortdurend over *haikai*, waarmee hij eigenlijk bedoelt *haikai-no-renga*, wat oorspronkelijk niet au-sérieux te nemen kettingvers had betekend, maar in zijn tijd en mede door zijn toedoen een nieuwe soort ernst aan het definiëren was, zoals algemeen bekend. Vrijwel alle verzen die wij kennen als Bashō's haiku, zijn verbonden aan andere verzen of ingewerkt in de mazen van proza, zoals dat van de reisdagboeken.

Wat wij nu *haiku* noemen heette toen *hokku,* dit is 'eerste vers'. Zoals de naam het zegt was dit vers bedoeld om als aanhefvers te dienen voor een ketting van verzen, ook al gebeurde dat niet altijd. De dichters legden een soort kelder aan met hokku. Ten gepasten tijde werd een geschikt vers bovengehaald, maar er waren er ook vele die nooit 'ontkurkt' werden of het niet waard waren. De ketting van verzen werd geschreven door een aantal mensen die daartoe waren uitgenodigd en de hokku nu, was een groet vanwege de voornaamste gast aan de gastheer. Hoe speels, hoe 'haikai' een hokku ook was, er moest een zekere waardigheid uit stralen, aangezien men de gastheer met de nodige eer diende te behandelen. Zoals dat ook heden ten dage nog het geval is in Japanse brieven, diende er een verwijzing naar het seizoen in voor te komen. Het seizoenwoord was een imperatief van het kettingvers, omdat het draait rond een opeenvolging van seizoenen. Het is de replica in taal van het keren der seizoenen, niet de mythische maar poëtische herschepping van de wereld.

Nu hebben we al de technische vorm van Bashō's liefdesverzen omschreven. Ze komen voor in de context van kettingverzen. Om hun aanwezigheid in deze context te verklaren, moeten we terug naar de periode voor de dominantie van het kettingvers, de tijd van de *waka*. Waka werden geregeld verzameld in bloemlezingen, zoals de *Kokinshū*, de eerste van de keizerlijke anthologieën. Deze werden namelijk geordend niet volgens auteur, noch chronologisch maar volgens onderwerp. De onderwerpen bij uitstek waren de vier seizoenen en de liefde. De orde binnen ieder seizoen was dan chronologisch, in die zin dat de natuurlijke en ceremoniële opeenvolging van seizoen gebonden evenementen, d.w.z. de natuurlijke (agrarische) en ceremoniële kalender, een gedetailleerde tijdschaal verschaften. Liefdesverzen werden geordend volgens de ontwikkeling van een 'hoofse' liefdesverhouding, beginnend met de eerste verlangens van de man en eindigend bij het laatste verdriet van de vrouw. Tussen beide uitersten lag een opeenvolging van stadia die beantwoordden aan een sociaal bepaalde conventie.

In het vroege Japan was het erfrecht matrilineair en het huwelijk matrilocaal. De relatie tussen een man en een vrouw kende een min of meer stereotiep verloop. De man hoorde eerst over de vrouw en wanneer ze zijn belangstelling wekte, deed hij navraag. Daarop volgde onderhandeling en uiteindelijk de voltrekking van het huwelijk. Dit was een sociale overeenkomst eerder dan een sacrament, en een man kon meerdere dergelijke overeenkomsten sluiten. Na een reeks nachtelijke bezoeken, begon de man dan geleidelijk de vrouw beu te worden, dat dicteerde althans de poëtische conventie. Voor de vrouw eindigde de verhouding dus onveranderlijk in ontgoocheling, wrok, eenzijdig verlangen en mijmering. Deze gevoelens van de vrouw werden daardoor het centrale thema van de Japanse liefdespoëzie. De 'respons' van de vrouw op de liefdeservaring, die kan beschouwd worden als een curve van opgang en verval, vergelijkbaar met die van de archetypische Japanse held, werd bijgevolg het standpunt bij uitstek van het liefdesgedicht. Deze hoofse conventie van liefde als onvervuld verlangen van de vrouw was bepalend voor de hele latere Japanse literatuur tot aan de openstelling van Japan voor Westerse invloeden in de 19de eeuw, en zelfs nog daarna.

In het repertorium van het Nō-theater komen enkele stukken voor die een aangrijpende liefdesgeschiedenis tot thema hebben. Nooit schilderen ze die liefde in haar ontluiken en haar bloei, maar na haar ontbinding, dus op het ogenblik dat er alleen nog heimwee en verdriet overblijven. Deze onvervulde doch ongebluste gevoelens zijn zelfs sterker dan de dood en overleven het individu, zoals o.m. blijkt in het onvolprezen toneelstuk *Matsukaze*. Hierin krijgt een zwervend priester onderdak van twee meisjes, die naderhand de geesten blijken te zijn van Matsukaze en Murasame, twee vissersmeisjes die een liefdesverhouding hadden met de beroemde dichter Yukihira, toen hij verbannen was naar de baai van Suma, lang lang geleden. Hoewel de drie personages al lang gestorven zijn, blijft de liefde van de meisjes voor de dichter voortleven en is ze zo sterk dat ze nog in staat is de gedaante aan te nemen van de twee meisjes, ook al blijkt op het einde van het stuk dat het allemaal slechts een droom was van de priester.

Als het werk van Kawabata Yasunari een eenheid van thema heeft is het ongetwijfeld de schoonheid van de liefde van de vrouw en de daartegenover staande onmacht van de man tot een gelijkaardige overgave. Uitmuntende voorbeelden daarvan zijn Komako in de roman *Sneeuwland,* en Mevrouw Ōta in *Duizend kraanvogels,* die haar liefde schenkt aan de zoon van haar overleden minnaar. Hoewel deze twee hoofdfiguren onmiskenbaar twintigste-eeuwse vrouwen zijn, hebben ze veel gemeen met hun zusters uit de feodale periode.
Ook in de populaire cultuur leeft dit beeld van de liefde nog voort. De ontelbare ballades en sentimentele popsongs, die dankzij de massa-media en de moderne reproduktietechnieken een ontzaglijke verspreiding kennen, worden nog vaak gezongen door mannelijke sterren die een 'lovesong' zingen vanuit het standpunt van een meisje of vrouw, en nog steeds is het thema vaak de kortstondigheid of eenzijdigheid van de liefde.

Uit dit alles kunnen we concluderen dat passionele, onvervalste liefde het terrein van de vrouw lijkt te zijn. De Japanse Werthers zijn eerder zeldzaam, het is de man alleen gegund zijn bewondering, zijn ontroering om de overgave of het verdriet van de vrouw te uiten. Het zal bijgevolg niet verwonderen dat Bashō's liefdesverzen niet zijn eigen gevoelens vertolken of in elk geval niet openlijk. Zij spreken in naam van een vrouw of beschrijven een vrouw die met liefde te maken heeft.
In de traditionele context is het eigenlijk vaak zo dat vermelding van een

(jonge) vrouw bijna automatisch het thema liefde oproept of in die richting wijst, ook al bevatte het geen specifiek amoureuze of erotische verwijzing.

Aangezien de dichter geen eigen liefdeservaring beschrijft, zal zijn gedicht geen 'respons' zijn op een eigen belevenis, maar op een andere voorafgaande expressie. Zijn liefdesverzen zullen bijgevolg ingebed zijn in een grotere context, een sequentie, een kettinggedicht dus. Waar het liefdesvers moet komen in de sequentie, daar zijn formele regels voor, maar dit technische aspect is voor onze uiteenzetting van minder belang.

Een en ander brengt ons ook op de vraag in hoeverre liefde voor Bashō een persoonlijke ervaring was. Dit is een duister punt in zijn leven. Hij zou een verhouding gehad hebben met de non Jutei-ni in Kyōto, maar daarmee is ongeveer alles gezegd en we hebben het nog te danken aan een roddelbron van latere datum. Ook al is het waar, het is een episode uit zijn Kyōto-periode, dus vóór zijn 30ste jaar. Nadat hij verhuisd was naar Edo, leefde hij als een monnik.

In een brief aan Kubota Ensui, die Bashō schreef en verstuurde in 1689, schrijft de dichter:

> Wanneer het de derde maand wordt, ga ik de kersebloesems van Shiogama, en de omfloerste maan van Matsushima, waar ik zo met ongeduld naar uitkijk, bezoeken. Vanaf de (vijfde maand), tijd waarin men de daken dekt met riet van het moeras van Asaka, trek ik naar de noordelijke provinciën en van het begin van de herfst tot aan de winter ben ik van plan om naar Mino en Owari te reizen. Als mijn broze levensdraad dan nog niet afgeknapt zal zijn, hoop ik u opnieuw te ontmoeten en bij u even op bezoek te kunnen komen. Ik heb de indruk dat het al eeuwen geleden is dat we van elkaar afscheid namen in de zuidelijke hoofdstad. De vluchtigheid van die nacht, de tranen die we in de kamer van de herberg geweend hebben, kan ik moeilijk vergeten. Maar nog hielden mijn gedachten aan reizen niet op, en onrustig door het besef dat het leven niet langer duurt dan een bel op het water, heb ik sedert mijn reis vorig jaar geen vis of vlees meer over mijn lippen gebracht. Ik wilde in de voetsporen treden van die eerbiedwaardige monnik die een terug-

getrokken leven leidde, omdat, zoals hijzelf dichtte, alleen het leven van bedelmonnik met de bedelnap in de hand levenswaardig was. Op mijn reis dit jaar ben ik bereid om broodmager te worden en zelfs gekleed te gaan in stro. Bovendien heb ik een goede reisgezel gezocht, een man van onwrikbare devotie, een dichterlijk aangelegde bedelmonnik. Hij woont in de naburige hut en we praten met elkaar van 's morgens tot 's avonds. Ik werd door deze monnik overtuigd om ook dit jaar door te brengen op reissandalen en vol vreugde en vertrouwen kijken we uit naar de eerste warme dagen....

Deze brief schreef Bashō toen hij 46 jaar oud was. Hij geeft goed Bashō's geestesgesteldheid weer gedurende zijn laatste levensjaren. De dichter beschouwde zichzelf als een monnik, een *śramaṇa*, en werd door de anderen ook als zodanig beschouwd. Op het eerste zicht hebben we hier dus te maken met een paradox. Iemand die al het wereldse, inclusief de liefde, de rug heeft toegekeerd, schrijft verzen over liefde. Toen men in Japan vóór de Tweede Wereldoorlog diende toe te geven dat de heilige Bashō ook over liefde geschreven had, wist men niet goed raad met deze schijnbare tegenstelling. Ook Bashō was dus een typische *Genroku* (1688-1704)-mens geweest, een periode die aangezien wordt als een van de hoogtepunten van de vliedende wereld en de zinnelijke genoegens. De vooroorlogse commentatoren zagen een probleem waar er geen was. Men zou hen kunnen antwoorden met een typische Zen-paradox dat heiligheid en zinnelijkheid best samengaan, maar dat hoeft niet eens. Poëzie is geen realistische beschrijving van echt gebeurde dingen, maar de verwoording van een ontroering.
Bovendien was er de regel dat zonder liefdesvers een kettinggedicht niet af was. Men kan zich afvragen of Bashō ooit liefdesverzen zou geschreven hebben, ware het niet van die regel.

We zullen nu een aantal liefdesverzen van Bashō voorstellen en voorzien van commentaar, want meer nog dan met hokku het geval is, zijn schakels in een kettingvers rijk aan toespeling en associatie. Daarom zullen we de verzen steeds vertalen in combinatie met de voorafgaande en/of volgende schakel, omdat ze slechts in dit groter verband te begrijpen zijn. Naar analogie van de waka- en hokku-anthologieën, die de gedichten rangschikken volgens een ordenend thema, in de eerste plaats dat van de seizoenen, zullen we de liefdesverzen die we geselecteerd hebben ordenen volgens maatschappelijke stand.

We kunnen het best beginnen in de 'wolkenwereld', de wereld van de adel.

| | |
|---|---|
| Tonari o karite | Hij parkeert zijn wagen op |
| kuruma hikikomu | de oprit van de buurvrouw |
| | (Bonchō) |
| | |
| Uki hito o | Die harteloze man |
| kikoku-gaki yori | zal ik door de doornhaag |
| kugurasen | naar binnen laten kruipen |
| | (Bashō) |

Earl Miner en Odagiri Hiroko vertalen deze verzen als volgt:

He used to find my place so cramped
he borrowed carriage space next door.

his neglect is heartless
if only he would come again to see me
through my mock-orange hedge[1]

De minnaar van de vrouw heeft lange tijd niet van zich laten horen, maar nu is hij daar. Zoals gewoonlijk parkeert hij bij de buren, want vóór haar huis is de ruimte erg beperkt. Hij komt alleen als hij er zin in heeft, maar ze zal dit toch niet zonder meer laten voorbijgaan. Zij sluit dus maar het hek, zodat hij door een gat in de stekelige heg naar binnen zal moeten kruipen. Kwestie van hem een lesje te leren.
Een oud commentator, Kyokusai in zijn *Shichibu bashin roku* heeft een interessante interpretatie. De minnaar maakt er een punt van om bij de buren te parkeren, omdat hij haar wil verrassen, ze heeft hem horen aankomen en ze zal het hek sluiten, zodat hij door de heg naar binnen moet kruipen. Ze kan het doen om tijd te winnen, want met dit onverwachte bezoek heeft ze niet de tijd gehad om haar opschik behoorlijk te maken. Bovendien is ze ook boos – zolang heeft hij niet van zich laten horen. Als hijzelf het ongemak en de pijn zal ervaren van door de heg te moeten kruipen, zal hij misschien ook wat meer oog hebben voor andermans lijden.

[1] Miner E. & Odagiri H., *The Monkey's Straw Raincoat and other poetry of the Bashō school*, Princeton, N.J., 1981, p. 24.

De wagen die hij parkeert is wellicht een ossewagen, het rijtuig van de Heian-aristocratie (794-1185) en de heg van citrus trifoliata (Jap. *kikoku* of *karatachi*) is die van een aristocratische residentie. Het vers is inderdaad vol reminiscenties aan *Genji monogatari*, meer bepaald het hoofdstuk *Avondgezichten* (Jap. *Yūgao*, dit zijn bloemen van een soort kalebas). Hierin bezocht de held 'Hikaru Genji', de schitterende prins, zijn oude voedstermoeder. De oprit was gesloten en terwijl hij wachtte op een dienaar om de poort te openen, viel zijn oog op het huis ernaast, waar de slingerplanten van de kalebas in bloei stonden. Het huis intrigeerde hem, en ja hoor, het werd bewoond door een aardig meisje, 'Avondgezicht' genoemd. Genji vraagt zijn dienaar een bloem te gaan plukken. Toen de man de tuin binnenging kwam er een meisje te voorschijn, gekleed in een lange gele broek van ruwe zijde. Zij wenkte de man en gaf hem een sterk geparfumeerde witte waaier: 'Leg ze hier op, de waaier is wel niet veel zaaks, maar de bloem is dat evenmin'.

Na het bezoek aan zijn voedstermoeder onderzoekt Genji de waaier. Er stond een tanka-gedicht op dat hem uitermate intrigeerde, gecalligrafeerd in een cursieve stijl, die getuigde van goede smaak en verfijning:

| | |
|---|---|
| Kokoro ate ni | Ik kan wel raden |
| sore ka to zo miru | wie het is die daar staat |
| shiratsuyu no | het avondgezicht |
| hikari soetaru | dat schittert in het licht |
| yūgao no hana | van witte dauwdruppels. |

Het meisje had gemeend de gestalte te zien van iemand die ze kende. Genji stuurde haar het volgend antwoord:

| | |
|---|---|
| Yorite koso | Kom naderbij en |
| sore ka to mo mime | zie voor jezelf wie het is |
| tasogare ni | het avondgezicht |
| honobono mitsuru | dat je vaag hebt gezien in |
| yūgao no hana | het licht van de schemering. |

Op zijn gedicht kwam geen antwoord meer en daarop reed Genji door naar het huis van Dame Rokujō, waar hij de 'avondgezichten' voor een tijdje uit zijn hoofd zette, tot 's anderendaags 's morgens, toen hij op zijn tocht huiswaarts weer het intrigerende huis met de avondgezichten

voorbijreed. Naderhand zal Genji een liaison hebben met 'Avondgezicht', hetgeen de jaloezie van Dame Rokujō zal wekken.
Bashō's vers van

> Die harteloze man
> zal ik door de doornhaag
> naar binnen laten kruipen

werd door hem ongetwijfeld ervaren als de uiting van de geestesgesteldheid van de jaloerse Rokujō.

In de volgende schakel verlaten wij de zorgeloze wereld van Genji en
belanden wij in een milieu waar het zwaard de wet stelt:

| Uki hito o | Mijn ongelukkige man |
|---|---|
| kikoku-gaki yori | zal ik door de doornhaag |
| kugurasen | naar buiten laten kruipen |
| | (Bashō) |

| Ima ya wakare no | Tijd om afscheid te nemen |
|---|---|
| katana sashidasu | zij reikt hem zijn zwaard aan |
| | (Kyorai) |

Het zal de lezer onmiddellijk opgevallen zijn dat we Bashō's vers nu in
de andere richtng vertaald hebben, d.w.z. het kruipen gebeurt nu naar
buiten. De Japanse tekst laat inderdaad beide vertalingen toe. In deze
nieuwe schakel is de situatie dan ook helemaal omgekeerd. Het is
morgen en haar minnaar moet nu vertrekken. Hij mag niet gezien
worden en daarom moet de vrouw hem stiekem door de heg laten
kruipen. Waar de heg in het vorige verzenpaar het symbool is van de
nijd en jaloezie van de vrouw, wordt ze in deze schakel het zinnebeeld
van de goegemeente, van het veroordelende oog van de wereld.
Volgens Tozai *(Haikai koshū no ben)* klinkt in de versregel *Tijd om
afscheid te nemen (ima ya wakare no)* iets onheilspellends: de man is een
voortvluchtige en heeft onderdak gevonden bij de vrouw. Nu is zijn
schuilplaats ontdekt en komt de politie om hem te arresteren. Hij moet
dus voortmaken. Van die verwarring en haast spreekt de volgende
schakel:

| Ima ya wakare no | Tijd om afscheid te nemen |
|---|---|

| katana sashidasu | zij reikt hem zijn zwaard aan |
| | (Kyorai) |

| Sewashige ni | Rusteloos en gejaagd |
| kushi de kashira o | woelt ze met haar kam |
| kakichirashi | d'r haren in de war |
| | (Bonchō) |

In zijn commentaar op dit verzenpaar zegt de dichter Kōda Rohan dat het alleen een deern, van het soort dat werkte als dienster in de herbergen, kan zijn die een zwaard zou teruggeven aan een klant, terwijl ze d'r haar aan het verknoeien is door onhandig kammen.

De ochtend is altijd een pijnlijke tijd, zelfs als je niet voor de politie op de vlucht moet slaan. Het afscheid doet pijn:

| Ashida hakasenu | Zijn klompen krijgt hij niet aan |
| ame no akebono | dageraad in de regen |
| | (Etsujin) |

| Kinuginu no | Omdat ze 's morgens |
| amari kabosoku | bij het afscheid zo tenger |
| ateyaka ni | en bekoorlijk is |
| | (Bashō) |

Dat hij zijn klompen niet aankrijgt, heeft met de regen niets te maken, het is niet de regen die hem ervan weerhoudt zijn klompen aan te trekken, maar zij (vandaar 'krijgen'), of beter nog, haar tederheid en bekoorlijkheid 's morgens als het ogenblik van het afscheid is aangebroken. Men kan het ook meer letterlijk, maar minder genuanceerd begrijpen: dat nl. de vrouw hem node laat gaan en dan maar zijn klompen verstopt, hem ze niet 'laat' aantrekken.

De vertedering voor haar tengerheid leidt Etsujin zelfs ertoe haar een kwaal toe te dichten:

| Kaze hikitamau | Ze is snipverkouden maar |
| koe no utsukushi | des te schattiger haar stem |

Het woordgebruik in het vorige vers (woorden zoals *kinuginu, ateyaka*) had sterke ondertonen van hoofsheid en verwees duidelijk naar een edele dame. Etsujin heeft dat goed aangevoeld en zet de hoofse associatie verder door het honoratieve werkwoord (*-tamau*) aan te wenden.

Niet alleen de vrouwen in de hogere milieus hebben hun problemen. Ook de meisjes op het platteland kennen de onrust van het hart.

| | |
|---|---|
| Kurogi fusuberu | De rook van ongepeld hout |
| tanikage no koya | uit een hut in de vallei |
| | (Hokkon) |

| | |
|---|---|
| Tagayome to | Van welke man zal |
| mi o ya makasemu | ik ooit de bruid worden vraagt |
| mono-omoi | zij zich bezorgd af |
| | (Bashō) |

Uit een schamele boerenhut genesteld in de vallei kringelt een sliert witte rook op. Men brandt er ongepeld hout in het fornuis. Het vers heeft ook een variant:

| | |
|---|---|
| Kurogi hosubeki | Men droogt er gestoomd hout |
| tanikage no koya | in 't hutje in de vallei |

In dit geval gaat het om hout dat zwart gestoomd wordt om vervolgens als brandhout verkocht te worden in de stad. In dit verband zal menigeen zich het beeld voor de geest halen van de boerenmeisjes van Yase en Ōhara (t.n. van Kyōto) die hun bundels brandhout aan de man komen brengen in de straten van Kyōto.

Bashō's schakel is wel verbluffend. Hokkons vers is een beschrijving van een objectief gegeven en daar knoopt Bashō geheel onverwacht een vers aan vast over menselijke gevoelens. De schrale hut, het povere bestaan en de melancholie die er hangt, transponeert hij in de gevoelens van eenzaamheid en onrust van de aankomende dochter, die geen mens ziet en zich zorgen maakt over de toekomst. Dit is wat *nioizuke* (schakeling door aroma) heet, het waarmerk van de Bashō-school.

De boerenmeisjes krijgen inderdaad meer dan hun deel van de ont-goochelingen en het liefdesleed:

| | |
|---|---|
| Nota utsu shishi no | 't Aardappelveld doorgewoeld |
| kaeru imobata | blaast het everzwijn de aftocht |
| | (Rotsū) |

Shizu no ko ga
matsu koi narau
aki no kaze

Het boerenmeisje
leerde 't vergeefse wachten
in de kille herfstwind
(Bashō)

Het boerenmeisje had ergens in het veld een afspraak met haar geliefde. Zij wachtte de hele nacht, maar hij daagde niet op, en als de dageraad aanbreekt trekt ook het everzwijn, dat de hele nacht de aardappelvelden heeft doorwoeld, terug naar zijn leger in de bergen. De kille herfstwind maakt het gevoel van verdriet alleen maar erger.

Het everzwijn is een nachtdier verlekkerd op aardappelen. Het houdt ervan om de velden om te woelen, hetgeen uiteraard niet naar de zin is van de boeren. Daarom richtten zij vaak hutten op in de velden om er 's nachts de wacht te houden. Het was allicht in een dergelijk hutje dat het meisje een afspraak had. Om dit verzenpaar te evalueren laten we best Sekkei *(Hyōchū)* aan het woord :

Ik val in herhaling, maar telkens weer zijn de liefdesverzen van de meester (d.i. Bashō) gelukkige vondsten. Geen een die niet bijzonder is. Wie zou er een vers over liefde kunnen bedenken (als schakel) op een voorgaand vers *(maeku)* over een everzwijn dat de velden omwoelt? Niettemin is zijn gebruik van het woord 'boerenmeisje' *(shizu no ko)* perfect in overeenstemming met de situering.

Net zoals in het voorgaande verzenpaar hecht Bashō hier aan een vers over een objectieve toestand een vers over menselijke gevoelens *(kijō no ku)*. Het thema van het vergeefse wachten op de geliefde is zeer oud in de Japanse poëtische traditie, maar door zijn onverwachte combinatie van het wachten met een praktische kopzorg van de boer heeft Bashō deze gemeenplaats haar oorspronkelijke frisheid teruggegeven.

We willen wijzen op het maatschappelijke aspect van Bashō's vers. In de streng-patriarchale maatschappij van de Edo-periode was het lot van de vrouwen in het algemeen en die van de lagere standen in het bijzonder allesbehalve benijdenswaardig. De strenge scheiding tussen de geslachten en de repressieve moraal maakten het soms bijzonder moeilijk om de partner van hun hart te vinden. In de praktijk werd hun een echtgenoot opgedrongen door de vader des huizes of de familie, ook al voelden zij niets voor die man. Heimelijk waren zij maar al te vaak verliefd op een ander, maar dat was dan gedoemd een hopeloze liefde te blijven. In beide besproken verzenparen klinkt iets van Bashō's sympathie en medevoelen door. Zijn tijdgenoot Saikaku heeft zichzelf uitgeput in beschrijvingen van de hartstocht en erotiek, maar hij doet het op een meer afstandelijke, ironische of schampere wijze. Om het in termen van hedendaagse filmregisseurs te vertalen, Bashō heeft de diepmenselijke bewogenheid van een Kurosawa, terwijl Saikaku eerder de scherpe ontleding heeft van Imamura, die erg getroffen is door de ontembaarheid der instincten.

In *Kōshoku gonin onna (Vijf vrouwen die hielden van liefde)* voert Saikaku o.m. O-natsu ten tonele. Zij liep weg met haar minnaar Seijurō, maar zij werden gepakt en haar geliefde werd opgesloten. Om hem te redden, richt zij een smeekbede tot de god Myōjin en oh wonder, midden in de nacht verschijnt haar een oude man in haar droom die haar een boodschap van de god brengt: 'Luister goed naar wat ik je zeg. De meeste mensen, wanneer ze door droefheid worden getroffen, komen met de meest onmogelijke smeekbeden aan, die ik, Myōjin, ook niet kan vervullen. Zij bidden om plotselinge voorspoed, ze begeren de vrouw van een ander, zij vragen iemand die ze haten te willen doden, regen te veranderen in zonneschijn, de neus waarmee ze geboren zijn langer te maken, je kunt het zo gek niet bedenken. Hoewel dit onvervulbare wensen zijn, vallen zij de Boeddha en de goden lastig met hun beden. Op het afgelopen feest (ter mijner ere) waren er achttienduizend en zestien bedevaarders en niet één die niet begerig om (een of ander) voordeel voor zichzelf bad. Vreemde dingen om aan te horen, maar omdat ik graag heb dat zij mij geldoffers brengen, beschouw ik het als een van mijn plichten, naar hen te luisteren. Onder de massa pelgrims was er maar één gelovige: de meid van een houtskoolhandelaar in Takasago. Zonder begeerte in haar hart bad zij: 'Moge ik gezond blijven, dat ik nog op bedetocht kan komen'. Zij had nog haar hielen niet gekeerd of ze kwam op haar stappen terug en bad: 'Zorg ervoor dat ik een goede man vind'. Ik antwoordde: 'Dat moet je vragen aan het grote heiligdom van Izumo, daarover ben ik niet bevoegd'. Ze hoorde het niet en keerde naar huis. Had je geluisterd naar je ouders en je broers en was je getrouwd, dan zou je geen problemen gehad hebben, maar omdat je verzot was op erotiek, ben je in zo'n moeilijk parket verzeild geraakt. Jouw leven, waar je niet om geeft, zal lang zijn, maar voor Seijurō, waar je wel om geeft, is het einde nabij...'.

Bashō's diepmenselijkheid en deernis mogen dan al duidelijk blijken in zijn literaire oeuvre, in het praktische leven was hij niet direct de barmhartige samaritaan, zoals moge blijken uit zijn houding tegenover hoeren:

Yūjo shigonin
inaka watarai

Vier, vijf hoeren verdienen
hun kost op het platteland
(Sora)

Rakugaki ni
koishiki kimi ga
na mo arite

Tussen de graffiti
op de muur is ook de naam
van een vroeger lief.
(Bashō)

De aan lager wal geraakte hoeren trekken van herberg naar herberg om er hun al getaande waar aan de man te brengen. In zo'n herberg zien ze tussen al de graffiti de naam van een vroeger minnaar en dat vervult hen met heimwee. De vrouwen hebben betere tijden gekend in de hoofdstad. Ze zijn naar het platteland afgezakt, omdat men daar veel minder kieskeurig is. Men herinnere zich hoe het de hoofdfiguur vergaat in *Kōshoku ichidai onna*. *(Het leven van een amoureuze vrouw)*. Het zien van die naam, van wellicht een jonge heer uit de hoofdstad, vervoert hen voor een ogenblik naar die vrolijke tijd van weleer.

Deze verzen schreven Bashō en Sora naar het einde toe van de reis naar het verre noorden (begin achtste maand 1689), toen zij verbleven aan de warmwaterbron van Yamanaka in de provincie Kaga. Daarvóór, toen zij van Echigo naar Kaga reisden, hadden zij overnacht in een herberg waar ook prostituées logeerden in een belendende kamer. Bashō had hun gesprek kunnen afluisteren en het hele voorval heeft zijn weg gevonden in het reisverslag:

Ik was uitgeput en had mijn kussen reeds onder mijn hoofd geschoven om te slapen, toen ik in de kamer aan de voorkant de stemmen van twee jonge vrouwen hoorde. De stem van een oudere man viel in, en uit het gesprek bleek dat het courtisanes waren uit Niigata in de provincie Echigo. Zij gingen op bedevaart naar het heiligdom van Ise, en de man was met hen meegekomen tot aan de grenspost. Zij waren een vluchtige boodschap aan het schrijven die hij 's anderendaags

82

terug zou nemen naar hun familie: 'Zoals de vissers op de stranden waar de witte golven stukbreken, zwerven we en leiden een ellendig bestaan, onze liefde zwerend aan minnaars van één nacht. Hoe ellendig is dit dagelijkse leven van zonde!'. Luisterend naar hun gefluister sliep ik in. 's Anderendaags 's morgens kwamen ze naar ons toe en smeekten met tranen in de ogen: 'De reisweg is ons onbekend en vervult ons met angstige voorgevoelens en droefheid. We zouden willen in uw spoor volgen, al is het zonder ons aan u te laten zien. Uw pij is het teken van uw mededogen, laat ons delen in de zegen van Boeddha's groot medelijden en leid ons naar het pad van de genade'. Het was aandoenlijk, maar ik zei: 'Het spijt ons maar wij stoppen onderweg op vele plaatsen. U moet gewoon iemand volgen die in dezelfde richting uitgaat als uzelf. De bescherming der goden zal ervoor zorgen dat u veilig aankomt'. Zo maakte ik me van hen af en we vertrokken, maar mijn gevoel van deernis bleef nog enige tijd nawerken.

| Hitotsuya ni | Onder 't zelfde dak |
| yūjo mo netari | sliepen ook prostituées, |
| hagi to tsuki | lespedeza en maan. |

Ik zei het vers op tegen Sora, die het meteen optekende.

shō blijft in de eerste plaats een toeschouwer van het leven en wenst t af te wijken van zijn eigen uitgestippelde reisplan. In zijn *Reisverhaal* *n een verweerd skelet* komt hij langs de oevers van de Fuji-rivier een ndeling tegen. Hij werpt het kind wat voedsel toe en vervolgt zijn weg. j maakt er zich van af met een uitspraak van filosofische berusting: 'Je der haat je niet, je moeder verstoot je niet. Alleen de hemel heeft het gewild, ween om je ongelukkig lot'.

De volgende groep van verzenparen komt uit de wereld van de dieren, vaak een afspiegeling van de menselijke. Wie heeft niet 's nachts het olse krijsen van katten gehoord?!

| Neko no igami no | Ook in het geschreeuw van de |
| koe mo urameshi | krolse katten weerklinkt wrok |
| | (Keitōgan) |

| Kami wa kami | Van hoog tot laag |

| shimo wa shimo tote | in alle standen bestaat |
| mono-omoi | er liefdesverdriet |
| | (Bashō) |

In dit verband worden we dadelijk herinnerd aan een beroemde hokku van Etsujin:

| Urayamashi | Benijdenswaardig |
| omoikiru toki | de beslistheid van krolse |
| neko no koi | katten die paren. |

Over deze hokku was Bashō vol lof. Volgens hem had Etsujin hier de essentie van *fūryū*, dichterlijkheid, bereikt. Van dat ogenblik af was Etsujins faam als *haijin* gevestigd en werden zijn hokku hoog gewaardeerd. Etsujin zelf zou zich geïnspireerd hebben op een waka die terecht of niet aan Teika wordt toegeschreven:

| Urayamashi | Benijdenswaardig! |
| yo o mo shinobazu | hij stoort zich niet aan de wereld, |
| noraneko no | de wilde kater |
| tsuma koisasou | die krolt om een wijfje |
| haru no yūgure | in de lenteavond. |

Een verzuchting die Teika terecht maakt, want hoezeer we ook een idee hebben van de hovelingen van de Heian als onverzadigbare minnaars, de vreugde van hun nachtelijke bezoeken werd steeds doorkruist door de angst gezien te zullen worden.

Het woord *omoikiru* dat Etsujin bezigt, laat ons ook toe het vers in nog een andere zin te interpreteren, nl. hoe benijdenswaardig de katten die achteraf van liefdesverdriet of gehechtheid geen last hebben.

Ook de cicade is voor Bashō en zijn discipelen een bron van inspiratie geweest:

| Aru toki wa | Van tijd tot tijd |
| semi ni mo yume no | verzinkt ook de cicade |
| irinuran | in een korte droom |
| | (Sora) |

| Kusu no koeda ni | Gescheiden van zijn liefste |

koi o hedatete                    door de takken van de kamfer
                                  (Bashō)

Uit alle macht en vol verlangen zingen de cicades elkaar toe in de
kamferboom, maar wanneer het gezang even ophoudt, is het alsof ze
even in een droom verzinken en dromen van hun geliefde, waar ze niet
bijkunnen, gescheiden als ze zijn door de takken van de kamferboom.
Er is nog een andere verklaring mogelijk zonder de spraakkundige regels
daarom in het minst geweld te moeten aandoen:

Af en toe droom ik
dat ik in een cicade
veranderd ben

Gescheiden van mijn liefste
door de takken van de kamfer

Terwijl ik lig te slapen temidden van het oorverdovende gezang van de
cicades, droom ik dat ik in een cicade ben veranderd. Maar hoe ik ook
zing en tsjirp, de takken van de boom verhinderen mij mijn liefde mede
te delen aan mijn geliefde. Het tweede vers dient in deze optiek als een
toelichting bij de droom waar het eerste vers het over heeft. Het geheel
vormt een haikai-interpretatie van de fameuze parabel van Chuang-tzu,
die droomde dat hij een vlinder was en naar hartelust vrij en blij rond
kon vliegen, daarbij zelfs vergetend dat hij Chuang-tzu was. Wanneer hij
plots wakkerschiet en tot zichzelf terugkeert, weet hij niet of het nu
Chuang-tzu geweest is die droomde dat hij een vlinder was, dan wel dat
de vlinder nu weer droomde dat hij Chuang-tzu was.

De cicade was niet het eerste het beste insect. Het is een geliefkoosd
onderwerp in de Japanse poëzie. Ook Bashō heeft er meerdere verzen
aan gewijd. Bovenstaand kettingvers schreef hij tijdens zijn reis naar het
verre noorden, de tweeëntwintigste van de vierde maand van 1689. Een
maand later schudde hij de volgende beroemde hokku uit zijn mouw:

Shizukesa ya              Volkomen stilte
iwa ni shimiiru           het getsjirp van cicades
semi no koe               dringt door rotsen heen.

De twijgen van de kamferboom zijn reeds bezongen in een waka van de
*Fumokushō* (14de eeuw):

85

| Izumi naru | De kamferbomen |
|---|---|
| Shinoda no mori no | in het woud van Shinoda |
| kusu no ki no | in Izumi |
| chieda ni wakarete | scheiden zich in duizend takken, |
| mono o koso omoe | in gedachten verzonken. |

Ook in de *Kokinshū* vinden we een waka waar cicade en liefde me
elkaar in verband worden gebracht:

| Kome ya to wa | Hij zal toch komen |
|---|---|
| omou mono kara | denk ik wel, maar niettemin |
| higurashi no | als de cicade |
| naku yūgure wa | bij valavond gaat zingen |
| tachimataretsutsu | sta ik weer te wachten. |

(anon.)

In de streng gestratificeerde Japanse maatschappij was geen liefde
onmogelijker dan tussen twee mensen van verschillende stand:

| Ayaniku ni | Hopeloos verliefd |
|---|---|
| wazurau imo ga | staat het meisje te staren |
| yū-nagame | naar de avondlucht |
| | (Etsujin) |

| Ano kumo wa taga | Van wiens tranen zouden |
|---|---|
| namida tsutsumu zo | die wolken daar zwanger zijn |
| | (Bashō) |

Het meisje dat hopeloos verliefd is, staat dromerig te staren naar de
avondhemel en de zware wolken die er drijven, lijken wel zwanger te zijn
van tranen. Hopeloos is hier wel letterlijk te begrijpen, want zoals
overigens ook de commentator Sekkei suggereert, is het meisje verliefd
op een man van hogere stand. Zij koestert bijgevolg een onmogelijke
liefde, maar kan er zich niet bovenzetten. De bergen stemmen haar
droevig, de wolken doen haar wenen.

Dromerig staren is een universeel gegeven, en Bashō kon ook putten
uit een rijke Japanse traditie terzake. Meer bepaald klinkt er in zijn vers
een echo van een waka van Fujiwara no Ietaka in de *Shin-Kokinshū*
(1294) door:

| Omoiide yo | Herinner je je |
|---|---|
| taga kanegoto no | wiens dure eden hebben |
| sue naran | dit teweeggebracht |
| kinō no kumo no | na de wolken van gisteren |
| ato no yama-arashi | de bergstorm vandaag. |

*Wiens dure eden (taga kanegoto)* in de oude waka heeft Bashō knap vervangen door *Wiens tranen (taga namida)*.

Ook in de *Kokinshū* vinden we gedichten die handelen over het mijmerend staren naar de wolken:

| Yūgure wa | Wordt het valavond, |
|---|---|
| kumo no hatate ni | staar ik mijmerend naar de |
| mono zo omou | wolken aan de einder |
| amatsuzora naru | omdat ik hou van een man |
| hito o kou tote | hemelhoog boven mezelf. |

(anon.)

| Ōzora wa | Is de hemel dan |
|---|---|
| koishiki hito no | het souvenir dat mijn lief |
| katami ka wa | mij hier achterliet?! |
| mono omou goto ni | telkens ik liefdessmart heb |
| nagameraruran | staar ik naar de lucht. |

(Sakai no Hitozane)

De hemel is de plaats waar de verliefde smachtend in onmacht naar opkijkt. Dat is zo in de oude waka-verzamelingen, maar ook bij Bashō en zijn geestgenoten, want aan Bashō's vers over de tranen voegt Etsujin de volgende schakel:

| Ano kumo wa taga | Van wiens tranen zouden |
|---|---|
| namida tsutsumu zo | die wolken daar zwanger zijn |
| | (Bashō) |

| Yuku tsuki no | De maan schuift verder |
|---|---|
| uwa no sora nite | en lijkt te verdwijnen in |
| kiesō ni | de weidse hemel |
| | (Etsujin) |

87

Ook bij deze schakeling hadden onze haikai-dichters soliede klassieke grond onder de voeten. Wanneer Genji de droeve dood van zijn geliefde Yūgao betreurt, schrijft hij:

| | |
|---|---|
| Mishi hito no | Wanneer ik staar naar |
| keburi o kumo to | de rook van haar brandstapel |
| nagamureba | opgaand in wolken, |
| yū no sora no | dan lijkt de avondhemel |
| mutsumajiki kana | mij zo vertrouwd en nabij. |

'One sees the clouds as smoke that rose from the pyre and suddenly the evening sky seems nearer' vertaalt E. Seidensticker in de hem typerende beknopte stijl[2].Toen ze nog leefde, had Genji zich laten ontvallen:

| | |
|---|---|
| Yama no ha no | Van de bergrand zich |
| kokoro mo shirazu | onbewust glijdt ze erheen, |
| yuku tsuki wa | zal de ochtendmaan |
| uwa no sora nite | in de hemel daarboven |
| kage ya kienamu | dan zonder spoor verdwijnen?! |

Ter vergelijking citeren we ook Seidenstickers vertaling: 'And is the moon, unsure of the hills it approaches, foredoomed to lose its way in the empty skies?'[3].

Liefde kan niet alleen verhinderd worden door de onoverkomelijke barrière die de standen van elkaar scheidt, maar ook door familiebanden. Op dit soort toestanden maakt het volgende verzenpaar een toespeling:

| | |
|---|---|
| Toko fukete | Gesprekken tot diep |
| katareba itoko | in de nacht: toen bleek de man |
| naru otoko | haar bloedeigen neef |
| | (Kakei) |

| | |
|---|---|
| En-samatage no | Nog steeds vol haat voor de man |
| urami nokorishi | die hun liefde belette |
| | (Bashō) |

---

[2] Seidensticker E., *The Tale of Genji*, N.Y., 1979, blz. 80.
[3] Ibid., blz. 69.

Die twee waren van plan geweest te trouwen tot er een individu opdook dat bezwaar aantekende tegen hun huwelijk omdat ze bloedverwant waren. De verloving werd verbroken en zij werd dan maar meisje van plezier. Wanneer nu op een goede nacht de man met wie ze diezelfde nacht doorbrengt diezelfde neef blijkt te zijn, worden de oude wonden weer opengereten.

Wie arm was en tot de lage stand behoorde, moest zich tevreden stellen met iemand die al net zo arm was. Voor mooie meisjes echter was er een alternatief, maar daar diende een prijs voor betaald te worden. Zij konden namelijk in dienst gaan van de keizer of een andere hoge heer, maar dan moest men ook de roddel voor lief nemen:

| | |
|---|---|
| Miya ni mesareshi | In dienst op het paleis schaamt |
| ukina hazukashi | zij zich om haar romance |
| | (Sora) |

| | |
|---|---|
| Tamakura ni | Haar dunne armen |
| hosoki kaina o | legde ze onder haar heer |
| sashiirete | zijn hoofd als kussen |
| | (Bashō) |

Het gaat om een meisje dat in dienst genomen wordt op het paleis en een verhouding heeft met haar heer. De gebeurtenis in het tweede vers gaat chronologisch die van het eerste vers vooraf, maar dit is een perfect toegestane techniek in het kettingvers. Het eerste vers vervult hier de rol van prikkelaar. Het bevat een aantal woorden die een erotische associatie oproepen. *In dienst op het paleis* doet dadelijk denken aan hofdames. *Schamen* aan iets ongeoorloofds en *romance* (in het Japans *ukina*, eigenlijk: de reputatie een romance te hebben) spreekt voor zichzelf. Bij het lezen van het eerste vers zal de Japanse lezer wellicht denken aan een zeldzame schoonheid uit een of andere negorij die uitverkoren werd om de keizer of een prins in de hoofdstad te dienen. Bashō's schakel (tsukeku) is van een zeldzaam realisme, althans volgens de geldende normen van zijn tijd. We hebben geen moeite ons het tengere, slanke lichaam van het meisje voor te stellen. Dat Bashō denkt aan de armen als hoofdkussen is een associatie losgeweekt door het woord *romance*, want beide begrippen zijn reeds verbonden in een beroemde waka:

| Haru no yo no | Het was slechts een droom |
| yume bakari naru | op een lentenacht, meer niet, |
| tamakura ni | ik legde mijn arm |
| kainaku tatamu | onder zijn hoofd voor de pret, |
| na koso oshikere | de roddel stemt mij bitter. |

(Suō no Naishi)

Bashō's vers streeft niet naar het erotische effect, zoals zijn voorgangers in de *Inu-Tsukubashū* of Saikaku dat doen. Het is hem te doen om het *aware*, de aandoenlijkheid, de ambivalente mengeling van het grootse en het zielige, het heerlijke en het pijnlijke, inherent aan alle menselijke ervaring. Aan de ene kant suggereert hij haar bekoorlijkheid die leidt tot haar uitverkiezing, aan de andere kant haar schaamte en hierin schuilt het *aware*. Aan het keizerlijke hof waren er destijds zogenaamde ,uneme'. Dit waren schoonheden die overal in de provinciën werden geronseld om de keizer te dienen. Zij worden beschreven in een ander vers toegeschreven aan Bashō:

| Niwa ni kagari wo | In de tuin is 's avonds |
| takeru yūgure | het waakvuur aangestoken |
| | (anon.) |

| Uneme mesu | De keizer ontbiedt |
| tama no mihiza no | een hofdame op zijn schoot, |
| uchikuzure | weg de formaliteit |
| | (Bashō) |

Zo kunnen we ons een beeld vormen van de omstandigheden waaronder zij haar dunne armen als hoofdkussen legde onder haar heer.

We hebben de liefde in de hogere standen van de aristocratie en samoerai-elite, in de lagere standen en op het platteland bezongen, het wel en wee van prostituées besproken en zelfs de mensenwereld gespiegeld aan die van de dieren. We hebben gezien hoe klasseverschillen niet te slechten barrières opwierpen tussen twee mensen en hoe keizers en heren zich daar niet aan stoorden. Zoals in onze tijd had ook in de feodale periode in Japan de liefde vele gezichten, maar eens voorbij blijven alleen de herinneringen, die, zoals Proust ons heeft geleerd, door

90

de zweem van een geur of een smaak tot nieuw leven gewekt kunnen worden:

| | |
|---|---|
| Samazama no | Allerlei parfums |
| kō kaorikeri | verspreiden hun aroma |
| tsuki no kage | in het maanschijnsel |
| | (Etsujin) |

| | |
|---|---|
| Hito ichidai no | Zij vertellen de liefdes |
| koi o tou aki | van hun leven in de herfst |
| | (Bashō) |

Enkele oudere vrouwen met geparfumeerde klederen elk naar eigen smaak, komen samen in het schijnsel van de maan en halen herinneringen op aan hun vroegere liefdes. De parfums waarvan sprake komen van de wierook waarmee men in de Heian-periode de kimono's placht te roken om ze met de geur te doordringen. Automatisch associeert de Japanse lezer dit soort wierook-parfum met de wereld van Genji, waar men zelfs iemand kon herkennen aan zijn parfum.

Dit vers schreef Bashō in 1688. Twee jaar daarvoor was de beroemde roman van Ihara Saikaku *Het leven van een amoureuze vrouw* verschenen. Daarin komt een passage waarin twee jonge mannen een oude vrouw bezoeken die in een kluis woont. Zij vragen haar hun het verhaal van haar leven rijk aan liefdesavonturen te doen. Saikaku karakteriseert haar als volgt:

Wij vroegen ons af: 'Welke monnik is de meester van dit huis'. Groot was onze verbazing toen het een vrouw bleek te zijn op rijpe leeftijd, gebogen van de ouderdom, met haren wit als rijp en ogen dof als het verbleekte schijnsel van de maan. Haar antieke, hemelsblauwe kimono had een dessin van gespikkelde dubbelbloemige chrysanten, zij droeg een halfbrede *obi* met een dessin van Ōuchi-ruiten, vooraan geknoopt; ondanks haar leeftijd zag zij er helemaal niet lelijk uit. Boven de dwarsbalk van wat de slaapkamer leek te zijn, hing een lijst van verweerd hout, waarop gecalligrafeerd stond : 'kluis der zinnelijkheid'. Een zweem van wierook hing er nog, die ze god-weet-wanneer gebrand had, met een geur zo fris als de eerste roep van de koekoek.

Hier hebben we duidelijk de maan en wierook samen. Bashō heeft zich niet noodzakelijk op Saikaku geïnspireerd, maar net voor de oude vrouw haar eigenlijke verhaal begint, zegt Saikaku: '... en van ontroering begon ze als in een droom het verhaal te doen van de liefdes van haar leven en van haar vele belevenissen (*sono amari ni ichidai no mi no itazura, samazama ni kawarishi kotodomo yume no gotoku ni kataru*). Het woordgebruik vertoont opvallend veel gelijkenis, teveel om van louter toeval te kunnen spreken.

Liefde mag dan al een onuitputtelijke verscheidenheid van vormen hebben, als ze voorbij is, blijft er niets anders meer over dan de droom:

| | |
|---|---|
| Samazama ni | Vrouwen beleven |
| shina kawaritaru | in allerlei vormen en |
| koi o shite | kleuren de liefde |
| | (Bonchō) |
| | |
| Ukiyo no hate wa | In de vliedende wereld |
| mina Komachi nari | eindigt elkeen als Komachi |
| | (Bashō) |

Jonge vrouwen ervaren de liefde op allerlei manieren, maar eenmaal hun jeugd voorbij en hun schoonheid getaand, vergaat het hen allen zoals Ono no Komachi, een dichteres uit het begin van de Heian-periode (9e eeuw), beroemd om haar schoonheid in haar jeugd en haar afzichtelijke lelijkheid in haar oude dag. De onbestendigheid, waarvan het boeddhisme de Japanse ziel zo diep had doordrongen, komt nergens beter aan het licht dan in de vergankelijke schoonheid van de vrouw.

Over Bashō's vers schrijft zijn discipel Kikaku:

Het *sabi* in dit vers overstijgt de compositie en beschrijft de verandering der dagen en de menselijke gevoelens in hun vluchtigheid. Bovendien geeft het gevat het levensgevoel van Bashō weer, die leed onder een chronische ziekte. Het is bepaald geen vers dat je zomaar uit je mouw kan schudden.

In de vliedende wereld
eindigt elkeen als Komachi

is geen vers over de dood, maar over de levensloop van een vrouw zoals die beschreven wordt in Saikaku's meesterwerk *Het leven van een amoureuze vrouw*, zo prachtig verfilmd door de regisseur Mizoguchi Kenji onder de titel *Het leven van Oharu*. Als er een vrouw is die de liefde in alle vormen en kleuren heeft gekend, dan is zij het wel. Van haar tiende jaar in dienst aan het hof, doorliep ze in totaal een dertigtal 'beroepen', gaande van danseresje tot courtisane via bijzit om te eindigen als tippelaarster. In Bashō's vers is dergelijk levensverhaal bondig samengevat.

We staan hier oneindig ver af van de onbezorgdheid van de grote meester van het serieuze kettingvers Iio Sōgi (1421-1502) die louter voor de pret dichtte:

| | |
|---|---|
| Fuji wa sagarite | De blauweregen hangt neer |
| yūgure no sora | onder de avondhemel |
| | (Sōchō) |

| | |
|---|---|
| Yousari wa | Als de nacht valt, |
| tare ni kakarite | wie zal ik dan omarmen |
| nagusaman | om mij te verstrooien |
| | (Sōgi) |

Volgens het dagboek, waarin deze louter als ontspanning bedoelde vingeroefening staat opgetekend, schoten allen uit in een schaterlach bij het vers van Sōgi. Dat was ook het enige effect dat hij had nagestreefd.

Wat een verschil ook met de al te openhartige verzen van een Saikaku:

| | |
|---|---|
| Nusubito to | Ook al dacht ze dat |
| omoinagara no | het een (liefde)dief was |
| soraneiri | ze deed alsof ze sliep |

| | |
|---|---|
| Oyako no naka e | Tussen moeder en dochter |
| ashi o sashikomi | schuift hij zijn benen in |

Door het tweede vers wordt de dief van het eerste een liefdedief, d.i. een venstervrijer.

Sōgi en Saikaku beogen alleen een boertige lach te wekken, in Bashō's verzen smaakt men de diepere smaak van *aware*, de grootse zieligheid of zielige grootheid van de mens.

93

## HOOFDSTUK IV

## REISVERHAAL VAN EEN VERWEERD SKELET

Ik vatte een reis aan van duizend mijlen, maar nam geen mondvoorraad mee[1]. Ik verliet mij op de staf van de pelgrim van weleer, die
het 'niets binnentrad onder de maan van de derde wake'[2]. In de achtste
maand, in de herfst van het jaar van de rat (1684) verliet ik mijn
vervallen hut aan de oevers van de Sumida-rivier. De wind blies akelig
kil.

| | |
|---|---|
| Nozarashi wo | Zal dit vege lijf |
| kokoro ni kaze no | verbleken tot 'n skelet, blaast |
| shimu mi kana | de wind in mijn hart[3]. |
| | |
| Aki totose | Huiswaarts na tien jaar, |
| kaette Edo wo | maar het is Edo dat ik |
| sasu kokyō | nu mijn vaderstad noem[4]. |

---

[1] Allusie op *Chuang-tzu* (hoofdstuk 1): 'Hij die duizend mijlen ver reist, gaart mondvoorraad gedurende drie maanden.'

[2] Allusie op een *gāthā* (boeddhistisch gedicht) van de Chinese Ch'an (Zen)-monnik
Kuang-wen (1189-1263):

Ik neem geen proviand mee voor onderweg, ik lach en ik zing
en onder de maan van de derde wake treed ik het niets binnen.

(*Chiang-hu feng-yüeh chi,* gecompileerd door Ch'i Sung-p'o).

De betekenis van het vers is dat er overal vrede en rust heerst in het rijk, zodat men geen
mondvoorraad hoeft mee te nemen voor onderweg. Geheel zorgeloos kan de dichter zijn
reisweg vervolgen, lachend en zingend en in deze onbekommerde toestand midden in de
nacht, treedt hij onverhoeds en onverwacht de sfeer van het 'niets', van de verlichting
binnen.

[3] Er waait een kille herfstwind die door merg en been dringt. Hij bezorgt de dichter
koude rillingen en geeft hem het voorgevoel dat hij misschien op reis zal sterven en dat zijn
botten zullen liggen verbleken ergens in de vlakte.

[4] Na tien jaar (eigenlijk twaalf jaar) in Edo gewoond te hebben, zet Bashō koers naar
zijn geboortedorp Ueno in Iga. Intussen is hij evenwel zo gehecht geraakt aan de stad Edo

De dag dat ik de grenspost (van Hakone) overstak, regende het en lagen de bergen geheel gehuld in de wolken.

Kiri shigure          Mist en herfstbuien,
Fuji wo minu hi zo    en geen Fuji-berg te zien –
omoshiroki            biezondere dag[5].

Een zekere Chiri[6] was mijn metgezel op deze reis. Hij ontzag zich geen moeite om mij in alles tot troost en steun te zijn. We verstonden elkaar steeds opperbest, een oprechte vriend was die man voor me[7].

Fukagawa ya,          Dag, Fukagawa
Bashō wo Fuji ni      op de bananeboom let
azukeyuku             de Fuji-berg wel.

We liepen langs de oevers van de Fuji-rivier toen we het schrijnende geschrei van een vondeling hoorden, die nauwelijks drie jaar oud was. Niet in staat de golven te trotseren van de vliedende wereld, snel als de stroming van deze rivier, had men het hier te vondeling gelegd om er te wachten op het einde van zijn leven kort als de morgendauw: zal de herfstwind de bloemen van de jonge lespedeza vanavond verspreiden, of zullen ze morgen verwelken?[8] vroeg ik mij af en ik haalde wat voedsel uit mijn mouw, dat ik hem toewierp, en wij vervolgden onze weg:

(huidige Tōkyō) dat hij hem nu als zijn nieuwe thuis beschouwt. Dit vers is een parafrasering van een gedicht van de Chinese dichter Chia T'ao (779-843):

Tien jaar lang verbleef ik in de provincie Ping
en dag en nacht had ik heimwee naar Hsien-yang,
maar nu ik de wateren van de Sang-kan oversteek
wijs ik de provincie Ping als mijn thuis.

(Lien-chu shih-k'o, gecompileerd door Yü Chi).

[5] Bij normale weersomstandigheden is de Fuji-berg zichtbaar van de grenspost van Hakone (zoals o.m. te zien is op Hiroshige's prent 'Hakone' uit de reeks 'De 53 stations van de Tōkaidō'). Vandaag is dit niet het geval door de mist en de regen en juist dat maakt het zo'n uitzonderlijke dag.
[6] Naemura Chiri (1648-1716), afkomstig uit Yamato, was een discipel van Bashō.
[7] Allusie op de Lun-yü (toegeschreven aan Confucius) (hoofdstuk 1):
Dagelijks onderzoek ik mezelf driemaal (...), ben ik niet oneerlijk geweest in de omgang met vrienden (...).
[8] Gebaseerd op de volgende tanka uit de Genji Monogatari (Kiritsubo):

| Saru wo kiku hito | 't Gekrijs van apen |
| suteko ni aki no | ontroerde dichters, maar dit |
| kaze ika ni | kind in de herfstwind...[9] |

Zeg mij, ben je gehaat door je vader, ben je verstoten door je moeder? Je vader haat je niet, je moeder verstoot je niet. Alleen de hemel heeft het zo gewild, ween om je ongelukkig lot.

De dag dat we de Ōi-rivier overstaken, regende het de hele dag:

| Aki no hi no ame | Herfstdag vol regen, |
| Edo ni yubi oran | in Edo tellen ze af: |
| Ōigawa | de Ōi-rivier[10]. |

Chiri

Gezien:

| Michi no be no | Langs de wegkant stond |
| mukuge wa uma ni | een maluwe in bloei, maar |
| kuwarekeri | mijn paard at ze op. |

Bleek was het schijnsel van de afnemende maan, aan de voet van de berg was het nog pikdonker, ik liet mijn zweep naast mijn paard

| Miyagino no | Bij het geluid van |
| tsuyu fukimusubu | de wind die de dauw uitblaast |
| kaze no ne ni | over de vlakte |
| kohagi-ga-moto wo | van Miyagi denk ik aan |
| omoi koso yare | de jonge lespedeza. |

[9]Meerdere dichters hebben het droeve geschreeuw van de apen bezongen, zo o.m. Tu Fu (712-770):

De zon zakt over de eenzame hoofdplaats van de provincie K'uei; zoals steeds afgaande op de Poolster staar ik in de richting van de hoofdstad. Als ik de apen hoor schreeuwen, barst ik inderdaad bij de derde schreeuw in tranen uit, ik ben wel in dienst van de keizer maar tevergeefs sleep ik al acht maanden mijn rad mee (om naar de hoofdstad terug te keren).

(Uit één van de acht gedichten over herfstgevoelens: *Ch'iu-hsing pa-shou* ).

[10] Op een dag als deze, in deze periode van aanhoudende herfstregens zitten onze vrienden in Edo vast de dagen af te tellen en besluiten dat we vandaag ongeveer de Ōi-rivier bereikt moeten hebben.

*Michinobe no*

Michinobe no
mukuge wa uma ni
kuwarekeri

Langs de wegkant stond
een maluwe in bloei, maar
mijn paard at ze op.

Bashō.

Schildering en calligrafie door Bashō.
Bezit : Idemitsu Art Museum, Tokio.

97

bengelen en vervolgde mijn weg met gevierde teugels over enkele mijlen vóór het kraaien van de haan[11]. Ik sluimerde nog in de droom van Tu Mu's 'Vroege Tocht' toen ik bij Sayo-no-Nakayama plots ontwaakte.

| | |
|---|---|
| uma ni nete | Sluimerend te paard, |
| zanmu tsuki tōshi | dromerig verbleekt de maan, |
| cha no keburi | rook van theezetten[12]. |

We gingen Matsubaya Fūbaku, die net in Ise was, opzoeken en onderbraken onze voetreis voor tien dagen. Na het vallen van de avond gingen we bidden vóór het Buitenste Heiligdom[13]. In het schemer rond de eerste poort was her en der het schijnsel van gewijde lantaarns te zien. Ik werd gegrepen door een diepe ontroering alsof 'de wind in de pijnbomen op de bergtop zonder weerga'[14] mij door merg en been drong:

| | |
|---|---|
| Misoka tsuki nashi | De maanloze nacht, |
| chitose no sugi wo | duizendjarige ceders |
| daku arashi | omhelsd door de storm. |

Aan mijn gordel droeg ik geen dolk, om mijn hals hing een bedelzak en in mijn handen hield ik een rozenkrans van achttien kralen. Ik leek op een monnik, maar was bedekt met het stof van de wereld, ik leek werelds maar was kaalgeschoren. Ik was wel geen monnik, maar iemand zonder haarwrong aanzag men als een aanhanger van het boeddhisme en ik werd niet toegelaten vóór het altaar van de (Shintō-)goden.

---

[11] Parafrasering van het eerste kwatrijn van het gedicht 'Vroege Tocht' van de Chinese dichter Tu Mu: zie blz. 29-30.

[12] Toen ik, nog dromerig, wakker werd, merkte ik dat de bleke morgenmaan ginds ver over de kim hing. Dichterbij kondigden de rookpluimen die uit de huisjes opstegen, aan dat de morgenthee werd gezet.

[13] In Ise bevindt zich het grote Shintō-heiligdom gewijd aan de Zonnegodin Amaterasu-no-Ōmikami. Het heiligdom bestaat uit vele schrijnen en hallen die gegroepeerd zijn in twee complexen, resp. het Binnenste Heiligdom en het Buitenste Heiligdom genaamd.

[14] Letterlijke aanhaling van de twee laatste regels van een tanka van Saigyō:

| | |
|---|---|
| Fukaku irite | Toen ik verder ging |
| kamiji no oku wo | hoorde ik aan 't einde van |
| tazunureba | de heilige weg |
| mata ue mo naki | de wind in de pijnbomen |
| mine no matsukaze | op de bergtop zonder weerga. |

Diep in de vallei van Saigyō[15] vloeide een stroompje. Ik zag er een vrouw aardappelen wassen:

| Imo arau onna | Vrouw wast knollen, |
| Saigyō naraba | Ware het Saigyō, hij had |
| uta yoman | haar een vers gewijd[16]. |

Die dag op de terugweg hielden we even halt in een theehuisje. Daar was een vrouw 'Vlinder' genoemd die me zei: 'Schrijf eens een vers op mijn naam'. Ze bood me een reep witte zijde aan, waarop ik schreef:

| Ran no ka ya | Orchideeëngeur |
| Chō no tsubasa ni | parfumeerde de vleugels |
| takimono-su | van deze vlinder[17]. |

We bezochten de rieten hut van een kluizenaar:

| Tsuta uete | Geplante klimop |
| take shi-go-hon no | en vier vijf bamboestengels |
| arashi kana | buigend in de storm. |

Toen ik in het begin van de Lange Maand[18] in mijn geboortehuis aankwam, vond ik de daglelies in de tuin van de noordelijke vleugel[19]

---

[15] Saigyō (1118-1190) is één van Japans grootste natuurdichters. Aanvankelijk in dienst aan het hof van de ex-keizer Toba (1103-1156) nam hij op 22-jarige leeftijd ontslag en werd monnik. Hij liet zijn familie in de steek en leidde voor de rest van zijn leven een zwerversbestaan. De vallei van Saigyō ligt ten Zuiden van de berg Kamijiyama, die op zijn beurt ten zuiden ligt van het Binnenste Heiligdom van Ise, en is zo genoemd omdat Saigyō er volgens de overlevering in een hut zou gewoond hebben.

[16] Saigyō heeft vele meesterlijke gedichten gewijd aan vrouwen.

[17] Over dit vers lezen we in de *Akasōshi:* 'Toen de meester aan de kant van de weg bij één of ander theehuisje aan het uitblazen was, werd hij blijkbaar herkend door de vrouw des huizes, die hem binnen ontbood en papier voor de dag haalde met het verzoek een vers te schrijven.

De vrouw zei: 'Ik was voorheen courtisane in dit huis, maar nu ben ik de vrouw van de baas. De vorige baas had ook een courtisane als vrouw die 'Kraanvogel' (of: 'Rank') heette. In die tijd kwam ze erachter dat Sōin van Naniwa in dit dorp was en ze verzocht hem om een vers, zegt men'.

'Omdat ze met dergelijk interessant precedent uitpakte en mij met aandrang verzocht, kon ik het haar moeilijk weigeren, en met de oude man uit Naniwa zijn vers als opdracht, schreef ik voor haar dit vers.' vertelde (Bashō)'. (*Nihon koten bungaku taikei 66, Rengaron-shū, hairon-shū*, blz. 414).

[18] De negende maand van de maankalender.

[19] In het oude China had de moeder des huizes haar vertrekken in de noordelijke vleugel van het huis. In de binnentuin ervan placht men daglelies te planten. De verwelkte

helemaal door de nachtvorst bevroren en verschrompeld. Alles was zo veranderd bij vroeger, mijn broer en zusters hadden grijze slapen en rimpels om hun wenkbrauwen. 'Nou, we leven nog' was alles wat we tot elkaar zeiden. Mijn oudere broer opende een amuletzakje en zei: 'Ziehier moeders grijze haar: het koffertje van de zoon van Urashima, dat ook jouw haren heeft doen grijzen'[20]. We snikten een poosje.

| Te ni toraba kien | In mijn handen zal |
|---|---|
| namida zo atsuki | het smelten door mijn hete |
| aki no shimo | tranen als herfstdauw[21]. |

We trokken door de provincie Yamato. In een plaats genoemd Take-no-uchi in het district Katsuge was het ouderlijke huis van Chiri. We hielden enkele dagen halt.

Achter een bosje lag een huis:

| Watayumi ya | Een katoenboog zingt |
|---|---|
| biwa ni nagusamu | met de tonen van een luit |
| take no oku | diep in de bamboe[22]. |

We brachten een bezoek aan de tempel Taima-dera aan de voet van de berg Futagami-yama. In de tuin was een pijnboom te zien die wel duizend jaar oud leek. 'Zo groot dat hij een rund kon verbergen'[23] kon

daglelies in de tuin van de noordelijke vleugel suggereren hier de dood van Bashō's moeder het jaar voordien. Het oorspronkelijke doel van deze reis was trouwens een bezoek te brengen aan haar graf.

[20] Volgens de legende reisde Urashima Tarō op een schildpad naar het drakenpaleis op de bodem van de zee. Hij bracht vele jaren door in het paleis temidden van pracht en praal. Toen hij afscheid nam, kreeg hij van de mooie prinses van het paleis een koffertje dat hij nooit mocht openmaken. Toen hij teruggekeerd was in zijn geboorteland, waar hij niemand meer herkende, brak hij het verbod en opende toch het koffertje. Er steeg een witte rookpluim uit en terzelfdertijd veranderde Urashima Tarō in een grijsaard.

Het amuletzakje wordt vergeleken met het koffertje en Bashō met Urashima Tarō, omdat hij in die periode van lange afwezigheid in zijn geboortedorp verouderd is en grijs haar heeft gekregen.

[21] Als ik het broze, grijze haar van mijn overleden moeder in mijn handen neem en mijn hete tranen vallen erop, dan vrees ik dat het gaat smelten als herfstdauw.

[22] De katoenboog was een gereedschap om ontkorrelde katoen mee te kloppen en hem zo zacht te maken. Het zingen van de katoenboog die op de ontkorrelde katoen zwiept, klinkt als de tonen van een citer (*koto*). Met die tonen troost ik mijn ziel hier in deze stille woning verborgen diep in de bamboe.

[23] Toespeling op *Chuang-tzu* (hoofdstuk 4):
De timmerman Shih reisde naar de staat Ch'i. In Ch'ü-yüan gekomen, zag hij de boom in het 'Heiligdom van de Dwergeik', groot genoeg om een rund te verbergen. Deze

men wel zeggen. Ofschoon een onbezield wezen, had hij het geluk gehad door de Boeddha's nabijheid van het onheil van de bijl gespaard te blijven, hetgeen hem waardigheid verleende.

Sō asagao
iku-shini kaeru
nori no matsu

Kloostermonniken,
nachtschonen vergaan, de pijn
van de Dharma blijft.

Alleen vervolgde ik mijn weg tot in het hart van Yoshino: waarlijk, diep was het gebergte, witte wolken hingen over de toppen, nevel sluierde de dalen, hier en daar stonden onooglijk de huisjes van hout-hakkers, de echo van bomen geveld ten westen weerkaatste ten oosten en de galm van talrijke tempelklokken dreunde tot diep in het hart. Van oudsher hebben de meesten die naar deze bergen kwamen om de wereld te vergeten hun heil gezocht in de poëzie. Zou het dan overdreven zijn deze berg te vergelijken met de berg Lu-shan[24] in China?!

Ik vroeg om onderdak in een hospitium:

Kinuta uchite
ware ni kikaseyo ya
bō-ga-tsuma

Sla het voldersblok
en laat mij ernaar luisteren,
vrouw van het gastverblijf[25].

Een tweetal *chō* voorbij de achtertempel rechtsweg, lagen de ruïnes van de grashut van Sint-Saigyō, aan de overkant van een steil dal, waar

dwergeik, die de god van de bodem was toegewijd, deugde niet voor timmerhout. Daardoor werd hij niet afgehakt, zodat hij zeer oud kon worden.
(Fukunaga Mitsuji, *Sōshi, naihen, Chūgoku koten-sen*, Tōkyō, 1966, blz. 173).
[24] Gebergte in de Chinese provincie Chiang-hsi, waar veel dichters en geleerde monni-ken zich terugtrokken.
[25] Droef en melancholiek is de herfstnacht op de berg Yoshino. Vrouw van het hospitium, laat minstens het geluid van het voldersblok horen, opdat ik mijn eenzaamheid wat zou kunnen verdrijven.
    Dit vers vertoont reminiscenties aan de volgende tanka van Fujiwara no Masatsune (1170-1221):

Miyoshino no
yama no akikaze
sayo fukete
furusato samuku
koromo utsu nari

Op de bergen van
Yoshino waait de herfstwind
tot diep in de nacht,
koud klinkt het geluid van het
voldersblok in mijn geboortestreek.

(Shin-kokinshū)

een pad naartoe leidde dat nauwelijks begaanbaar werd gehouden door houtsprokkelaars die er voorbij kwamen. Het was zeer indrukwekkend. Het fameuze getik van het moswater[26] scheen niet veranderd te zijn bij weleer, want nu nog vielen de druppels tikkend naar beneden.

| Tsuyu toku toku | Mochten dauwdruppels |
| kokoro-mi ni ukiyo | mijn ziel maar eens schoonwassen |
| susugabaya | van het werelds stof. |

Ware er een Po I[27] geweest in Japan, hij had er zijn mond mee gespoeld. Had men er Hsü Yu[28] over verteld, hij had er zijn oren mee gewassen. Terwijl ik bergen besteeg en hellingen afdaalde, begon de herfstzon reeds naar het westen te dalen. Ik sloeg allerlei beroemde plaatsen over en ging eerst eer brengen aan het mausoleum van keizer Go-daigo[29].

| Gobyō toshi hete | Herinneringskruid, |
| shinobu wa nani wo | wat herinner je je na al |
| shinobugusa | die jaren op 't graf[30]? |

[26] Bezongen in de aan Saigyō toegeschreven tanka:

| Toku toku to | Tik, tik, tussen rotsen |
| otsuru iwama no | op het mos vallen droppels |
| koke-shimizu | helder bronwater, |
| kumihosu hodo mo | mijn kleine kluis staat dichtbij, |
| naki sumai kana | hier put ik mijn drinkwater. |

[27] Po I (12de eeuw v.Chr.) geldt als een klassiek Chinees toonbeeld van trouw. Hij was de oudste broer van Shu Ch'i en zoon van de vorst van het staatje Ku-chu. Deze laatste had de troon gereserveerd voor Shu Ch'i, doch deze weigerde zijn oudste broer van zijn geboorterecht te beroven, en vluchtte. Po I wou niet ingaan tegen de wens van zijn vader, en vluchtte eveneens. Later vermaande de broers uit de hand van de nieuwe dynastie te eten en verborgen zich in de bergen, waar ze poogden te overleven van wilde planten, doch ze stierven van honger en ontbering.

[28] Hsü Yu, één van de 4 filosofen van de Miao-ku-she-berg. Toen keizer Yao hem de troon aanbood, sloeg hij op de vlucht en waste zijn oren om ze te reinigen van deze bezoedeling. Hij schepte water uit een beek en dronk het uit de palm van zijn hand. Toen iemand hem een kalebas gaf om als drinkbeker dienst te doen, hing hij hem op in een boom bij zijn hut. De wind floot in de kalebas en hij begon van het geluid te houden. Om ook aan deze laatste rest gehechtheid te ontsnappen, gooide hij de kalebas weg.

[29] Tragisch keizer van de zgn. Zuidelijke Dynastie; regeerde van 1318 tot 1339. Hij stierf, uit de hoofdstad verjaagd, in het Yoshino-gebergte, waar hij nu nog zijn mausoleum heeft in de berg gelegen achter de tempel Nyoirinji.

[30] Na al die jaren ligt het mausoleum er verlaten bij. Het is overwoekerd door het

Van Yamato trok ik via Yamashiro en de weg van Ōmi naar Mino: Imasu, Yamanaka en het oude graf van Tokiwa[31]. Moritake[32] van Ise heeft geschreven: 'Op de Heer Yoshitomo gelijkt de herfstwind die waait', maar waar zou die gelijkenis in gelegen hebben?

Ik schreef:

| Yoshitomo no | Op Yoshitomo's |
|---|---|
| kokoro ni nitari | verscheurde hart gelijkt hij, |
| aki no kaze | de herfstwind die waait[33]. |

De grenspost van Fuwa:

| Akikaze ya | de herfstwind over |
|---|---|
| yabu mo hatake mo | bamboebosjes en akkers, |
| Fuwa no seki | grenspost van Fuwa[34]. |

herinneringskruid *(shinobugusa: Davallia mariesii)*, maar wat herinnert dat herinnerings-kruid zich eigenlijk?

[31] Tokiwa Gozen (ca. 1160), minnares van Minamoto no Yoshitomo. Na diens nederlaag en dood, spaarde Taira no Kiyomori, verblind door haar schoonheid, haar leven en dat van haar 3 kinderen (o.w. Yoshitsune) en nam haar op als zijn bijzit. Volgens de legende werd zij op haar vlucht naar het Oosten te Yamanaka vermoord.

[32] Arakida Moritake (1473-1549), priester aan het heiligdom van Ise, renga – en haikai-dichter, en grondlegger van de *hairon* (haikai-poetica).

[33] Minamoto no Yoshitomo (1123-60), vader van Yoritomo en Yoshitsune. Hij werd verslagen door de Taira en vermoord door één van zijn eigen vazallen. Yoshitsune zwoer zijn dood te wreken, en voerde zijn eed uit.

[34] De ruïne van de grenspost van Fuwa, één van de 'drie antieke grensposten', was een geliefkoosd onderwerp van waka-dichters. Bashō's hokku is een echo van Fujiwara no Yoshitsune's tanka:

| Hito sumanu | Niemand woont er meer, |
|---|---|
| Fuwa no sekiya no | in 't wachthuisje van Fuwa, |
| itabisashi | de planken portiek |
| arenishi nochi wa | is vervallen en ingezakt, |
| tada aki no kaze | alleen de herfstwind waait er. |

(Shin-kokinshū)

In de tijd van Fujiwara no Yoshitsune was het ingezakte wachthuisje het enige wat nog getuigde van de eens zo geroemde grenspost van Fuwa, maar in Bashō's tijd is ook dat verdwenen, en zijn de bamboebosjes en de akkers de enige getuigen van de grenspost van Fuwa.

103

In Ōgaki vond ik onderdak voor de nacht in het huis van Bokuïn. Toen ik Musashino verliet vatte ik de reis aan met het voorgevoel te zullen eindigen als een verweerd skelet. Daarom schreef ik nu:

| | |
|---|---|
| Shini mo sezu | Toch niet gestorven, |
| tabine no hate yo | aan 't einde van mijn zwerftocht, |
| aki no kure | einde van de herfst. |

In de tempel Hontōji in Kuwana:

| | |
|---|---|
| Fuyubotan | Een winterpioen |
| chidori yo yuki no | en een pluvier: de koekoek |
| hototogisu | van het sneeuwseizoen[35]. |

Moede van 'op een hoofdkussen van gras te liggen' wandelde ik in de schemer van de dageraad naar het strand:

| | |
|---|---|
| Akebono ya | Bij 't morgenkrieken |
| Shirauo shiroki | gloort het wit van de witvis |
| koto issun | amper één duim lang. |

Ik ging bidden in het heiligdom van Atsuta. De omgeving van het heiligdom lag zeer vervallen, de lemen schutting was ingezakt en lag overwoekerd door bosjes gras. Ginds had men een touw gespannen om de resten van een kapel te markeren, hier had men een steen geplaatst met de naam van de godheid erop. St. Janskruid en herinneringskruid tierden er welig, maar dit ontroerde mij meer dan wanneer het heiligdom in gloednieuwe staat ware geweest.

| | |
|---|---|
| Shinobu sae | 't Herinneringskruid |
| karete mochi kau | is zelfs verdord, aan 't theehuis |
| yadori kana | koop ik een rijstkoek[36]. |

Op de weg naar Nagoya schreef ik de volgende gedichten:

[35] De koekoek is de heraut van de zomer, die o.m. geassocieerd wordt met de pioen Het zien van de winterpioen doet de mensen denken aan de zomerpioen. In hun verlangen naar de zomer klinkt het geschreew van de pluvier hun even als het geroep van de koekoek in de oren.

[36] Het 'herinneringskruid' is, in de dichterlijke conventie van renga- en haikai-dichters, vaak de enige getuige van het verleden. In de winter komen geen pelgrims naar het heiligdom, alles ligt er verlaten en eenzaam, zelfs het herinneringskruid, laatste getuige van oudere tijden, is verdord. De reiziger heeft ook honger en is moe. Als enige troost koopt hij een schamele rijstkoek om zijn honger te stillen en de eenzaamheid te verdrijven.

| Kyōku kogarashi no | Al kreupeldichtend |
| mi wa Chikusai ni | in de gure winterwind: |
| nitaru kana | 'k ben net *Chikusai*[37]. |

| Kusamakura | Ook gekweld door spleen? |
| inu mo shigururu ka | gestriemd door de winterbui, |
| yoru no koe | huilt een hond in de nacht. |

Ik ging de sneeuw bezichtigen:

| Ichibito yo, | Handelaars, hoor es, |
| kono kasa urō | ik verkoop u deze hoed, |
| yuki no kasa | een hoed van sneeuw. |

Ik zag een reiziger:

| Uma wo sae | Zelfs een gewoon paard |
| nagamuru yuki no | is een bezienswaardigheid |
| ashita kana | 's ochtends in de sneeuw. |

Aan het strand bij valavond:

| Umi kurete | In het avondfloers |
| kamo no koe | op zee het vaag witte |
| honoka ni shiroshi | gekrijs van een eend. |

Hier trok ik mijn sandalen uit, daar gooide ik mijn wandelstok weg, zodat ik nog op reis was toen het jaar teneinde liep:

| Toshi kurenu | 't Jaar is geëindigd |
| kasa kite waraji | hoed op het hoofd, sandalen |
| hakinagara | aan beide voeten. |

Dit vers opzeggend verwelkomde ik het nieuwe jaar in een berghuisje.

---

[37] Bezeten door haikai en gekleed in lompen, gescheurd door de winterwind, zet ik mijn reis verder. Ik ben net Chikusai uit het gelijknamige reisverhaal *Chikusai Monogatari.*
   De hoofdfiguur uit dit ca. 1622 geschreven werk is een kwakzalver die niet aan de kost kan komen in Kyōto. Hij reist de *Tōkaidō* af naar Nagoya om daar zijn geluk te beproeven. Onderweg dicht hij talrijke komische waka *(kyōka),* die vergezochte woordspelingen niet uit de weg gaan.
   Bashō vergelijkt zijn eigen aankomst te Nagoya met die van Chikusai. Dit vers is bijgevolg een groet aan zijn vrienden in deze stad.

| Taga muko zo | Wiens schoonzoon is dat |
| shida ni mochi ou | die rijstkoek met varens voert |
| ushi no toshi | op de os van 't jaar[38]?? |

Langs de weg naar Nara,

| Haru nare ya | Is dat de lente |
| na mo naki yama no | over bergen zonder naam |
| asagasumi | in dunne nevels[39]?? |

In afzondering in het Paviljoen van de Tweede Maand:

| Mizutori ya | Zij putten 't water, |
| kōri no sō no | verkleumde monniken met |
| kutsu no oto | kleppende klompen[40]. |

Ik reisde naar Kyōto en bracht een bezoek aan Mitsui Shūfū in zijn berghuisje van Narutaki.
Bos van pruimebomen:

| Ume shiroshi | Pruimebloesems wit, |
| kinō ya tsuru wo | werden de kraanvogels dan |
| nusumareshi | gist'ren gestolen[41]? |

---

[38] Het was de gewoonte dat een gehuwd man op nieuwjaar een grote rijstkoek *(kagamimochi)* ging aanbieden aan zijn schoonvader. Zoals Bashō zich hem voorstelt, voert de schoonzoon de koek met varenbladeren op de rug van een os, omdat het jaar van de os aanbreekt.

[39] In waka en het Nō-theater weet de dichter aan de nevels die over beroemde bergen zoals Kaguyama, Sahoyama etc., hangen, dat de lente in het land is. Bashō geeft een typische haikai-wending aan dat poëtische cliché door de beroemde bergen te vervangen door naamloze.

[40] De *mizutori* is een religieuze plechtigheid die telkenjare wordt gehouden in het Paviljoen van de Tweede Maand (Nigatsudō) in de Tōdaiji-tempel. Van de eerste tot de veertiende dag van de tweede maand (maankalender) trekken de monniken zich terug in afzondering en onderwerpen zich aan strenge oefeningen. Op de nacht van de 7de en de 12de dag wordt de eigenlijke *mizutori*-ceremonie uitgevoerd: stoetsgewijze gaan de klompen dragende monniken naar de Wakasai-put naast het paviljoen, om er het wonderbare water te putten. Dit gebeurt 's nachts in de bijtende kou bij het licht van toortsen.

[41] Dit vers is een groet aan Bashō's gastheer, Mitsui Shūfū. Het vergelijkt hem met de nobele Chinese kluizenaar Lin Ho-ching, bekend om zijn liefde voor bloemen en kraanvogels. De witte pruimebloesems suggereren de zuiverheid en edele inborst van Shūfū. Bloemen en kraanvogels zijn dus de attributen van de nobele kluizenaar. De haikai-wending zit hem hierin dat Bashō opmerkt dat er geen kraanvogel zit in de pruimebomen en daaruit concludeert dat hij vast gestolen moet zijn.

| Kashi no ki no | Ah, de eikeboom, |
| hana ni kamawanu | tussen de bloesems staat hij |
| sugata kana | heel onverstoorbaar[42]. |

Ik ontmoette eerwaarde Ninkō van de tempel Saiganji in Fushimi:

| Wagakinu ni | Perzikbloesems van |
| Fushimi no momo no | Fushimi, laat je druppels |
| shizuku seyo | vallen op mijn kleed[43]. |

Op de weg naar Ōtsu over een bergpad:

| Yamaji kite | Langs het bergpad heeft |
| naniyara yukashi | het 'n onzegbare charme, |
| sumiregusa | het bosviooltje[44]. |

Zicht over het meer:

| Karasaki no | Karasaki's pijn |

---

[42] Eveneens een groet aan Shūfū, die nu vergeleken wordt met een stoere eik, die onverstoorbaar boven de bloesems, die hier kortstondig werelds succes verzinnebeelden, uit torent.

Shūfū († 1717) was eigenlijk een rijke Kiotoïet. Hij had een buitenverblijf buiten de stad in Narutaki, waar hij vaak literaire en artistieke vrienden ontving. Zelf was hij ook een verdienstelijk *haijin*.

[43] Fushimi, ten zuiden van Kyōto was bekend om zijn perzikbloesems. In de Chinese traditie werden en worden perziken geassocieerd met de Keizerin-Moeder van het Westen. Dit legendarische wezen woont in het K'un-lun-gebergte. In de tuinen van haar paleis groeien de perziken van de onsterfelijkheid, die slechts éénmaal om de 3000 jaar rijp worden, en onsterfelijkheid schenken aan wie ervan eet.

Bashō vraagt alleen maar dat er wat dauwdruppels van de perzikbloesems op zijn kleed mogen vallen, in de hoop nog wat 'kruimels' op te vangen van de wereld der onsterfelijkheid. Dit is evenwel slechts de oppervlakkige betekenis. Bashō bedoelt dit vers als een groet aan Ninkō: de tempel van Ninkō is het gebied waar Ninkō's deugdzaamheid en heiligheid over uitstraalt en Bashō spreekt de hoop uit dat hij daar deel aan moge hebben.

[44] Kitamura Koshun, haiku- en tankadichter, had kritiek op dit vers, omdat volgens de tanka-voorschriften het viooltje niet in de bergen maar in de velden moet bezongen worden :

'Over viooltjes dicht men niet in de bergen. Bashō is bedreven in haikai maar weet niets af van tanka'.
(*Nihon koten bungaku taikei 66, Rengaron-shū, hairon-shū*, blz. 328).
In de optiek van de Bashō-school was die haikai-wending juist de verdienste van dit vers.

| matsu wa hana yori | is zelfs nog waziger dan |
| oboro nite | de kersebloesems[45]. |

Tijdens de noenrust ging ik in een herberg zitten:

| Tsutsuji ikete | Tuil azalea's, |
| sono kage ni hidara | in hun schaduw staat een vrouw |
| saku onna | stokvis te beuken. |

Vers van onderweg:

| Nabatake ni | In een koolzaadveld |
| hana-mi-gao naru | mussen alsof ze bloemen |
| suzume kana | komen bekijken. |

Te Minakuchi zag ik een oude vriend weer na twintig jaar:

| Inochi futatsu no | Beide in leven |
| naka ni ikitaru | en tussen ons in leven |
| sakura kana | de kersebloesems. |

Een monnik uit Hiru-ga-Kojima in de provincie Izu, ook al op bedetocht sinds de herfst van vorig jaar, had over mij gehoord en in de hoop de reisweg te delen, was hij mij gevolgd tot in de provincie Owari.

| Iza tomo ni | Laten we samen |
| homugi kurawan | korenaren eten op |
| kusamakura | een kussen van gras[46]. |

---

[45] De pijnboom van Karasaki stond op de westelijke oever van het Biwa-meer. De pijn van Karasaki in de nachtelijke regen werd beschouwd als één van de Acht Vergezichten van Ōmi *(Ōmi-hakkei)*.

Sedert Kakinomoto no Hitomaro (7e eeuw) behoorde het tot de conventies te mijmeren over het verleden aan de oevers van het Biwa-meer:

| Sasanami no | Karasaki |
| Shiga no Karasaki | in Shiga aan 't Biwa-meer |
| sakiku aredo | is net als vroeger, |
| ōmiyahito no | toch zie je hovelingen |
| fune machikanetsu | er nu niet meer aanleggen. |

(Manyōshū 30)

Door de lentenevels zijn de waterspiegel van het meer en de bloesems wazig, maar de pijn van Karasaki aan de overkant, als een wazige verschijning uit het verleden, is nog waziger.

[46] 'Kussen van gras' is een dichterlijk cliché voor 'reizen'. Het vers betekent niet dat de

108

Deze monnik wist me te vertellen dat eerwaarde Daiten van de tempel Engakuji in het begin van de eerste maand van dat jaar overleden was. Waarlijk, ik had het gevoel te dromen. Ik stuurde dadelijk een brief aan Kikaku met het droeve nieuws.

Ume koite                Tranen van verdriet
unohana ogamu            om pruimebloesems; vreugde
namida kana              om de deutzia's[47].

Vers dat ik stuurde aan Tokoku:

Shirageshi ni            Witte papaver,
hane mogu chō no         zijn vleugels laat de vlinder
katami kana              hem als aandenken[48].

Andermaal logeerde ik bij meester Tōyō, waar ik mij klaarmaakte om terug te keren naar het Oosten.

Botan shibe fukaku       Diep uit het hart van

---

voetreizigers inderdaad 'korenaren' zullen eten om hun honger te stillen. De 'korenaren' fungeren hier in de eerste plaats als seizoenwoord (begin zomer).

[47] Daiten was Kikaku's Zen-meester. Over Kikaku, zie blz. 123, n. 8.
De pruimebloesems symboliseren hier de deugdzaamheid en heiligheid van de overleden Zen-meester, omdat zij bloeien in de eerste maand, maand waarin de meester overleden was, en omwille van hun witte kleur. De deutzia's zijn de bloemen die bloeien op het ogenblik dat Bashō het droeve nieuws verneemt (hij schreef het vers de 5de dag van de 4de maand). Hij is blij om de gelijkenis tussen deutzia's en pruimebloesems (beide zijn wit). In gedachten offert hij de deutzia's aan de 'ziel' van de overledene. In zijn met tranen gevulde ogen lijken de deutzia's trouwens wel pruimebloesems. Zij voeren hem terug in de tijd naar de eerste maand.

[48] De vlinder die zich de hele dag vermeid heeft tussen de papaverbloemen, neemt er node afscheid van 's avonds. Als aandenken wil hij de bloemen een vleugel laten. Dit is een afscheidsvers dat Bashō aanbood aan Tokoku, één van zijn lievelingsdiscipelen, toen hij uit Nagoya naar Atsuta vertrok.
Een afgevallen bloemblad van een papaverbloem moet in Bashō's ogen op de vleugel van een vlinder geleken hebben.
Het woord 'aandenken' is homoniem met 'half lichaam' of 'gehalveerd lichaam' (katami). Met deze dubbele betekenis bedoelt Bashō dat, als hij (de vlinder, de reiziger) gescheiden wordt van Tokoku (de bloem), hij de helft van zichzelf, zijn 'alter ego' verliest, voor de helft sterft. Vandaar dat we dit vers ook kunnen vertalen als volgt:

Witte papaver,
de vlinder laat hem een vleugel
en sterft een beetje.

| wakeizuru hachi no | de pioen kruipt de bij naar |
| nagori kana | buiten, schoorvoetend[49]. |

In de provincie Kai hield ik halt bij een berghut:

| Yuku koma no | Het reizend paard |
| mugi ni nagusamu | haalt zijn hart op aan 't koren |
| yadori kana | achter de herberg[50]. |

Tegen het einde van de vierde maand keerde ik terug naar mijn hut en rustte uit van de voetreis.

| Natsugoromo | Mijn zomerkleren, |
| imada shirami wo | na al die maanden heb ik |
| toritsukusazu | ze nog steeds niet geluisd[51]. |

[49] Afscheidsvers opgedragen aan Tōyō († 1712), bij wie Bashō herhaalde malen gelogeerd heeft. De bij (Bashō) neemt node afscheid van de pioen (Tōyō). De pioen staat bekend als een weelderige, rijkelijke bloem, en symboliseert hier de gulle gastvrijheid van Tōyō.

De hedendaagse Zuidafrikaanse dichter Deon Kesting verwoordde het zo:

Die by woel hom ( = zich) los
uit die dieptes van die kelk
en nog talm hij.

[50] Dit vers beschrijft geen reëel waargenomen scène. Het paard wordt hier ter sprake gebracht omdat de provincie Kai beroemd was om haar paarden. Het staat voor Bashō, die zich tegoed doet aan de gastvrijheid van zijn gastheer, aan wie het vers dan ook opgedragen is.

[51] Zie blz. 31.

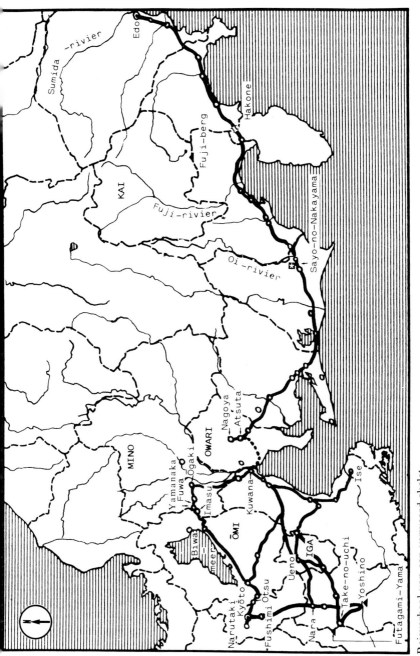

Reisverhaal van een verweerd skelet

## HOOFDSTUK V

## BEDETOCHT NAAR KASHIMA

Toen Teishitsu van Kyōto de maan ging bezichtigen over de baai van Suma, dichtte hij:

| Matsukage ya | Schaduw van de pijn, |
|---|---|
| tsuki wa sango ya | volle maan aan de hemel, |
| chūnagon | verbannen raadsheer[1]. |

Terwijl ik vol heimwee was naar de tijd van weleer, toen die poëtische gek leefde, besloot ik afgelopen herfst op reis te gaan om de maan over de bergen van Kashima te gaan bezichtigen. Twee mannen vergezelden me: de ene een meesterloze samoerai[2], de andere een zwervende Zen-

---

[1] Teishitsu (1610-1673), querulant lid van de Teitoku-school.

Na Teitoku's dood raakte hij verzeild in een bittere strijd met mede-discipelen om de opvolging van Teitoku, hetgeen hem niet belette zichzelf als de legitieme opvolger te beschouwen. Zijn voornaamste compilatie was de *Gyokkai-shū*, dat geldt als één van de grote anthologieën van de Teitoku-school. Hierin is o.m. het door Bashō geciteerde vers opgenomen, maar dan wel in een afwijkende versie. Wellicht citeerde Bashō uit het hoofd.

De verbannen raadsheer waarvan sprake, is de dichter Ariwara no Yukihira (818-893), die tijdens zijn verbanning in Suma de volgende beroemde tanka dichtte:

| Wakuraba ni | Mocht er iemand zijn |
|---|---|
| tou hito araba | die toevallig naar me vraagt, |
| Suma no ura ni | zeg dan: 'op de baai |
| moshio taretsutsu | van Suma, waar men zout wint, |
| wabu to kotaeyo | slijt hij zijn droeve dagen'. |

(Kokinshū)

Over de omstandigheden waarin hij zijn vers schreef, bericht Teishitsu het volgende in zijn *Gyokkai-shū:*

'Toen ik de maan over Suma ging bezichtigen, vroeg ik waar het was dat raadsheer Yukihira vroeger had gewoond. Men antwoordde mij: 'In de tempel Fukujōji op de berg Ueno. Dat is de tempel die nu Sumadera heet. Op de oostelijke uitloper van deze berg stond een pijnbomenbos, dat de raadsheer 'De pijnen met uitzicht op de maan', had genoemd."

[2] Iwanami Masataka (1649-1710), ook bekend als Kawai Sōgorō. Zijn dichtersnaam was Sora. Woonde in de buurt van de Bashō-hut en was Bashō's klusjesman.

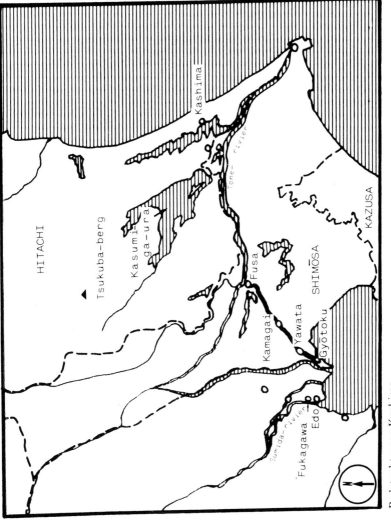

Bedetocht naar Kashima

HITACHI

Tsukuba-berg

Kasumi-ga-ura

Kashima

Tone-rivier

Fusa

KAZUSA

SHIMŌSA

Kamagai

Yawata

Gyōtoku

Sumida-rivier

Fukagawa

Edo

monnik[3]. Over zijn pij, gitzwart als een raaf, droeg de monnik om zijn hals een bedelzak en op zijn rug een schrijn, waar hij het heilige beeld van de Boeddha-die-de-berg-verlaat[5] met grote eerbied had in opgeborgen. Hij liet de tinnen ringen aan zijn pelgrimsstaf klingelen, en niet in het minst gehinderd door de 'Toegang zonder Poort' trok hij op reis 'alleen tussen hemel en aarde'[5].

Ikzelf tenslotte, was noch monnik, noch leek, noch vogel noch muis, wat men vleermuis noemt, dus niet ten onrechte op weg naar het vogelloze eiland[6].

Vóór mijn deur gingen we scheep en we voeren tot aan de plaats genaamd Gyōtoku. Toen we ontscheepten huurden we geen paard, maar we besloten te voet te reizen en de kracht van onze tengere benen te beproeven. Elk van ons droeg op zijn hoofd een hoed van cypressehout, die we hadden gekregen van iemand uit de provincie Kai.

Voorbij het gehucht Yawata kwamen we aan een weidse grasvlakte, genoemd de 'Vlakte van Kamagai', waar de blik 'duizend mijlen ver reikt over de velden van Ch'in'[7].

Aan de overkant rees hoog de berg Tsukuba met zijn tweelingpiek. In China is de Piek van het Dubbele Zwaard, naar ik gehoord heb, een onderdeel van het gebergte Lu-shan[8].

[3] Sōha, een Zen-monnik die eveneens in de buurt van de Bashō-hut woonde.

[4] De voorstelling van Boeddha die na het bereiken van de verlichting de berg verlaat.

[5] Parafrasering van de gāthā in het voorwoord van de *Wu-men-kuan* (Jap. *Mumonkan*):

Geen poort leidt naar de Grote Weg,
en toch leidt ze naar duizend verschillende wegen.

Wie deze toegang (zonder poort) overschrijdt
gaat alleen (en ongehinderd) tussen hemel en aarde.

(Hirata Takashi, *Zen no goroku 18, Mumonkan*, Tōkyō, 1969, blz. 7-9).

[6] Speelse allusie op de Japanse spreuk 'tori naki shima no kōmori': Op een eiland zonder vogels is de vleermuis (koning), het Japanse equivalent van 'In het land der blinden is éénoog koning'. Het 'vogelloze eiland' verwijst naar Kashima, omdat daar kennelijk weinig of geen mensen kwamen.

[7] D.w.z.: even weids als de vlakten in de buurt van de hoofdstad van Ch'in (in China). Erudiete verwijzing naar een chinees vers in de *Wakan rōei-shū*.

[8] Bashō was er altijd tuk op analogieën te zien tussen Japanse landschappen en Chinese, hoewel hij deze laatste nooit met eigen ogen had gezien.

Yuki wa mōsazu      Van zijn sneeuw zwijg ik,
mazu murasaki no      zie eerst zijn purpernevel,
Tsukuba kana.      berg van Tsukuba.

Zo luidt het vers dat mijn discipel Ransetsu[9] schreef. Deze berg wàs het die Prins Yamoto-takeru bezongen heeft, en die zijn naam gegeven heeft aan de eerste verzamelbundel kettingverzen[10]. Zonder gedicht gaat hier niet, zonder vers kan men hier niet voorbij. Het silhouet van de berg was echt aangrijpend. De lespedeza had op de grond een tapijt van brokaat gespreid: dat Tamenaka ze destijds in kisten inpakte en als geschenk naar de hoofdstad stuurde[11], getuigde wel van erg verfijnde smaak. Veldklokjes, valeriaan, pampagras en miscanthus tierden er welig door elkaar, en erg aangrijpend was het bronstig burlen van het hert naar de hinde. Een ander bekoorlijk gezicht was een kudde paarden die rustig stonden te grazen.

De zon daalde reeds naar het westen toen we aankwamen in een plaats genaamd Fusa op de oevers van de Tone-rivier. Op deze rivier zetten de vissers tenen fuiken uit om zalm te vangen, die ze dan op de markt van Edo gaan verkopen. 's Avonds rustten we in het huis van een van de vissers. 'Ons onderdak die nacht stonk'[12]. Gezien het een

[9] Eén van Bashō's voornaamste discipelen. Zie blz. 210, n. 22.

[10] Traditioneel werd het eerste kettinggedicht toegeschreven aan de legendarische held Yamato-takeru en iemand uit zijn gevolg.

Nihibari      Hoeveel nachten
Tsukuba wo sugite      hebben wij geslapen sedert
ikuyo ka netsuru      we door Nihibari en Tsukuba trokken

     Yamato-takeru

Kaga nabete      Alles samengenomen
yo ni wa kokonoyo      negen nachten
hi ni wa tōka wo      en tien dagen.

(Kojiki II, Keikō, 4: uta 26 + 27)

Sindsdien noemt men de kunst van het kettingvers ook wel 'De Tsukuba-weg'. Eén van de vroegste geïntegreerde anthologieën van kettinggedichten, samengesteld door Nijō Yoshimoto (1320-1388) heet trouwens *Tsukuba-shū*, 'de *Tsukuba-verzameling*' (1356).

[11] Toen Tachibana no Tamenaka (†1085) zijn termijn als gouverneur van Mutsu beëindigd had en terugkeerde naar de hoofdstad, vulde hij in de vlakte van Miyagi 12 kisten met lespedeza om ze als souvenir mee te nemen naar Kyōto.

[12] Zinsnede ontleend aan een gedicht van Po Chü-i.

maanklare nacht zonder wolkje was, namen we de nachtboot en voeren stroomafwaarts tot Kashima.

. Vanaf de middag regende het aanhoudend, zodat we van de maan geen glimp konden zien. Aan de voet van de heuvel, zo werd mij verteld, woonde de gewezen abt van de tempel Konponji[13], aan het oog van de wereld onttrokken. Wij brachten hem een bezoek en bleven overnachten. Zoals (Tu Fu) gedicht had dat (de morgenklok) 'een diep inzicht in hem wekte'[14], had ik een poosje het gevoel mijn hart gereinigd te hebben.

Toen tegen de morgen de hemel lichtjes opklaarde, wekte ik de eerwaarde en iedereen stond op. De maneschijn en het geluid van de regen – ik was zo aangegrepen door dit ontroerende gezicht dat ik geen woorden vond om het te beschrijven. Jammer dat de verre reis die ik ondernomen had om de maan te zien een vruchteloze onderneming was geworden. Maar zelfs die beroemde vrouw was vol chagrijn naar huis teruggekeerd zonder een vers over de koekoek te kunnen schrijven: dat was een zekere troost voor me[15].

| Ori ori ni | Nooit ofte nimmer |
|---|---|
| kawaranu sora no | verandert aan de hemel |
| tsukikage mo | het maansilhouet, |
| chiji no nagame wa | dat duizend gezichten toont |
| kumo no ma ni ma ni | door de wolkenslierten heen[16]. |

---

[13] D.i. Butchō (1643-1715), Bashō's gewezen Zen-meester. Hij werd novice op 8-jarige leeftijd in de tempel Konponji en werd er later ook abt van. Was jarenlang in een proces verwikkeld tegen het Shintō-heiligdom van Kashima i.v.m. een betwisting over tempelgronden. Het proces sleepte 9 jaren aan en gedurende die tijd verbleef hij meestal te Edo, waar hij een kluis had in de buurt van Bashō's hut.

[14] Allusie op Tu Fu's gedicht 'Wandelend in de Feng-hsien-ssu tempel van Lung-men.' Het laatste distichon van dit 8-regelig gedicht luidt:

Ik word wakker en hoor de tempelklok in de ochtend,
haar gegalm wekt een diep inzicht in me.

[15] Sei Shōnagon, auteur van Makura no Sōshi, was naar de Kamo-rivier getrokken om er het geroep van de koekoek te horen en er een vers over te schrijven, maar de inspiratie kwam niet.

[16] De maan zelf verandert nooit, maar neemt toch steeds weer andere gezichten aan naargelang van de wolken die aan de hemel drijven. Deze tanka poogt in typische Zen-trant doorheen een paradox het wezen van de verlichting te suggereren.

116

Eerwaarde

| Tsuki hayashi | Snel glijdt de maanschijf, |
| kozue wa ame wo | de twijgen zijn nog zwanger |
| mochinagara | van regendruppels. |

Tōsei[17]

| Tera ni nete | 'k Sliep in de tempel: |
| makoto kao naru | reinheid straalt van mijn gelaat |
| tsukimi kana | als 'k naar de maan kijk[18]. |

Tōsei

| Ame ni nete | Hij sliep in de drop, |
| take okikaeru | de bamboe richt zich weer op |
| tsukimi kana | om de maan te zien[19]. |

Sora

| Tsuki sabishi | Droevig is de maan, |
| dō no nokiba no | de dakrand van de tempel |
| ame shizuku | hangt nog vol druppels. |

Sōha

Vóór het altaar van de godheid[20]:

Kono matsu no          Als toen deze pijn

---

[17] Tōsei: Bashō's vroegere dichtersnaam *(haigō)*.
[18] De overnachting in de tempel heeft een zuiverend en zaligmakend effect gehad op de dichter. Dit vers ligt in het verlengde van bovenstaande passage: 'Zoals Tu Fu gedicht had dat (de morgenklok) een diep inzicht in hem wekte, had ik een poosje het gevoel mijn hart gereinigd te hebben.'
[19] Vers zowel van toepassing op de bamboe als op Bashō en zijn metgezellen.
[20] De godheid van het Shintō-heiligdom van Kashima.

mibae seshi yo ya
kami no aki

een ontkiemend zaailing was,
een herfst der goden[21].

Tōsei

Nuguwabaya
Ishi no omashi no
koke no tsuyu

'k Wil hem afvegen
van de goddelijke steen:
de dauw op het mos[22].

Sōha

Hiza oru ya
kashikomarinaku
shika no koe

Hij buigt de knieën,
en reutelt ingetogen,
het hert in gebed[23].

Sora

Karikakeshi
tazura no tsuru ya
sato no aki

Op 'n halfgemaaid veld
is een kraan neergestreken,
herfsttij in het dorp.

Tōsei

Yoda-kari ni
ware ya towaren
sato no tsuki

Maaien in de nacht,
zou ik mee mogen helpen,
maan over het dorp[24].

---

[21] Het heiligdom van Kashima is zeer oud en wordt reeds in de *Kojiki* (712) vermeld. De *Kojiki* is het oudste, half-mythologische, half-historische geschrift van Japan, dat de geschiedenis van Japan vanaf het tijdperk der goden tot de dood van keizerin Suiko (641) beschrijft.

Het heiligdom is zo oud en de pijnbomen zijn zo oud dat Bashō vóór het tabernakel van de godheid het gevoel heeft terug te keren tot het tijdperk der goden (vandaar: herfst der goden). Er hangt een boventijdruimtelijke sfeer.

[22] Achter het heiligdom bevindt zich een steen waarop volgens de overlevering de godheid van Kashima zou zijn neergedaald. Sōha wil de dauw van het mos afvegen opdat de godheid op het droge zou kunnen neerdalen, hij wil m.a.w. de godheid een waardige woonplaats bereiden.

[23] Het hert is de boodschapper van de godheid van Kashima.

[24] In het schijnsel van de maan zijn de boeren de rijst aan het maaien. Ik wou dat de boeren mij als dagloner inhuurden, zodat ik mee kon genieten van de maan.

118

## Sōha

| Shizu no ko ya | 't Arme boerejoch |
| ine-suri kakete | staakt even het rijstpellen |
| tsuki wo miru | en kijkt naar de maan. |

## Tōsei

| Imo no ha ya | Aardappelloof in |
| tsuki matsu sato no | 't dorp wacht op de maan over |
| yakebatake | geschroeide akkers[25]. |

## Tōsei

Velden:

| Momohiki | Op mijn broekspijpen |
| hitohana-zuri no | ligt een eerste bloemlaagje: |
| hagigoromo | lespedezakleed[26]. |

## Sora

---

[25] In de loden hitte van de nacht staat het aardappelloof lichtjes te trillen. Over het dorp hangt een doodse stilte, alsof de boeren gespannen wachten op de opkomst van de naan, die met haar frisse schijnsel de akkers wat zal afkoelen.

[26] In het oude Japan kleurde men, vooral in aristocratische kringen, geweven stoffen door ze meerdere malen in te wrijven met de bloemblaadjes van de lespedeza of de Tradescentia *(tsuyukusa)*.

Sora bedoelt: als ik mij een weg baan door het bedauwde lespedezaveld, is het precies alsof mijn broekspijpen gekleurd worden door de bloemblaadjes van de lespedeza. Het is net alsof ze hun eerste inwrijfbeurt gekregen hebben. Daardoor gaat zijn plebejische broek *(momohiki)* lijken op het elegante lespedezakleed van de aristocraten. Hierin ligt de haikai-wending.

Sora werd wellicht geïnspireerd door de volgende tanka:

| Hatsuhagi no | Ik heb mijn reiskleed |
| hitohanazuri no | ingewreven met de eerste |
| tabigoromo | lespedeza |
| tsuyu okisomuru | en geverfd met de dauw |
| Miyagino no hara | in de vlakte van Miyagi. |

(Fumokushō)

119

Hana no aki
kusa ni kuiaku
nouma kana

Herfst vol van bloemen
en de balg vol gras lopen
de paarden in 't veld.

Sora

Hagiwara ya
hitoyo wa yadose
yama no inu

Lespedezaveld,
leen je bedsprei voor één nacht
aan de berghond[27].

Tōsei

Op de terugweg overnachtten we bij Jijun[28].

Negura seyo
wara hosu yado no
tomo suzume

Nestel u hier in
't stro dat ik droog in dit huis,
oh, vrienden mussen[29].

de gastheer

Aki wo kometaru
kune no sashisugi

Boordevol van de herfst staat
de haag van cederstekken[30].

Gast

[27] Volgens de tanka-conventie is de lespedeza een elegante bloem die het everzwijn tot leger dient. De haikai-wending zit hem hierin dat Bashō het lespedezaveld vraagt zijn bedsprei ook voor één nacht voor de ordinaire berghond te spreiden.
[28] Motoma Yasaburō (1623-1690), haijin, ook bekend onder het pseudoniem Shōkō of Dōetsu. Oorspronkelijk een samoerai in dienst van de daimyō van Ōgaki, daarna arts te Edo. Later leidde hij een teruggetrokken leven te Itako.
[29] Groet aan Bashō en metgezellen.
[30] Wedergroet van Bashō aan de gastheer: De cederstekken die u in de lente geplant heeft, zijn nu in de herfst reeds uitgegroeid tot een dichte haag. De herfst kleurt haar rijke gebladerte en bereidt ons zo een feestelijk welkom.

Tsuki min to
shio hikinoboru
fune tomete

Om de maan te zien
riepen we de boottrekkers
toe aan te leggen[31].

Sora

1687, 8ste maand, 25ste dag.

---

[31] De boottrekkers van de Tone-rivier, die hun bootjes stroomopwaarts trekken, hebben we toegeroepen te willen aanleggen, zodat we aan boord konden gaan, om de maan te bezichtigen vanop de rivier.

## HOOFDSTUK VI

# HET KORTE VERHAAL VAN EEN REISTAS
Door *Bashō*, bijgenaamd 'Gaas-in-de-wind'.

In mijn sterfelijke lichaam van honderd beenderen en negen openinger huist een wezen dat ik voorlopig 'Gaas-in-de-wind' heb genoemd, omdat het inderdaad is als zijdegaas dat bij de minste windruk scheurt. Dat wezen had sinds lang zijn hart verpand aan de malle poëzie[1] en heeft er uiteindelijk zijn levensroeping van gemaakt. Soms echter was het zc moedeloos dat het ei zo na zijn roeping vaarwel wou zeggen, andere keren weer was het uitgelaten van vreugde om zijn meesterschap over anderen. Steeds in tweestrijd met zichzelf kende het rust noch duur. Eens heeft het carrière willen maken in de ambtenarij, een andere keer heeft het gepoogd door studie zijn onwetendheid te verlichten, maar zijn liefde voor de poëzie heeft dat alles tot mislukking gedoemd. Het is zonder kunde of kunst gebleven, met de poëzie als enige toeverlaat.

Saigyō[2] in de traditionele poëzie, Sōgi[3] in het kettingvers, Sesshū[4] in de schilderkunst, Rikyū[5] in de thee-ceremonie, alle ware kunstenaars hebben één principe gemeen: zij zijn in harmonie met de natuur, eensgestemd met de vier seizoenen[6].
Waar zij ook kijken zien zij een bloesem, waar hun verbeelding ook gaat is een maan. Wie de bloesem niet ziet is slechts een barbaar, wiens hart

[1] Denigrerende term voor haikai-poëzie.
[2] Zie blz. 99, n. 15.
[3] Zie blz. 21 e.v.
[4] Sesshū (1420-1506), Zen-monnik, algemeen beschouwd als Japans grootste schilder in de monochrome stijl. Hij studeerde drie jaar in China en bestudeerde Sung- en Yüan-schilderijen. Hij schilderde zowel Chinese landschappen als Japanse taferelen.
[5] Sen no Rikyū (1522-1591), Japans grootste theemeester. Hij gaf de Japanse theeceremonie haar volmaakte vorm, wars van uiterlijk vertoon, doordrongen van een door Zen geïnspireerde eenvoud en ingetogenheid.
[6] Alternatieve vertaling: Saigyō in de traditionele poëzie.... Rikyū in de thee-ceremonie, hebben één principe gemeen. Ook haikai is in harmonie met de natuur, eensgestemd met de vier seizoenen.

geen bloesem is, gelijkt op de dieren. Anders gezegd: bevrijd u van het barbaarse en overwin het dierlijke, volg de natuur en keer tot haar terug.

Het was in het begin van de 'goddeloze maand'[7] – het weer was onbestendig – en ik voelde mij als de bladeren doelloos dwarrelend in de wind:

| | |
|---|---|
| Tabibito to | Eerste winterbui: |
| waga na yobaren | reiziger zal mijn naam zijn, |
| hatsushigure | door regen en wind. |
| | |
| Mata sazanka wo | Nacht na nacht zal je slapen |
| yado yado ni shite | tussen de camelia's. |

Het tweede gedicht is van de hand van Chōtarō, een inwoner van Iwaki. Hij schreef het toen hij een afscheidsfeest ter mijner ere gaf in het huis van Kikaku[8].

| | |
|---|---|
| Toki wa fuyu | Nu is 't winter, maar |
| Yoshino wo komen | van Yoshino breng je vast |
| tabi no tsuto | lentebloesems mee[9]. |

Dit vers mocht ik in ontvangst nemen van de Heer Rosen[10]. Het was het eerste van de gedichten en brieven die vrienden en verwanten, kennissen en discipelen mij brachten ten teken van afscheid. Andere vrienden gaven mij zakgeld voor strosandalen als afscheidsgift, zodat ik de spreekwoordelijke mondvoorraad gedurende drie maanden niet hoefde te vergaren[11].

Papiermantel, gewatteerde jas, hoed, kousen en dergelijke meer werden mij van her en der geschonken, zodat ik mij geen zorgen hoefde te maken over de bijtende kou van vorst en sneeuw.

[7] De tiende maand van de maankalender.
[8] Enomoto (later: Takarai) Kikaku (1661-1707). Eén van de 10 grote discipelen van Bashō. Hij was de zoon van een arts te Edo, en ging reeds op 13-jarige leeftijd in de leer bij Bashō. Hij was de uitgever van vele anthologieën met verzen van de Bashō-school. In bepaalde opzichten evenaart zijn dichterschap dat van Bashō.
[9] Nu is het winter, maar als de lente komt, ga je de bloesems van Yoshino bezichtigen en als souvenir zul je vast een vers over die bloesems meebrengen.
[10] Naitō Yoshihide (1655-1733), zoon van Naitō Fūko (zie blz. 8), heer van Taira in de provincie Iwaki (Fukushima-prefectuur). Hij leerde haikai van Sōin (cfr. blz. 8) en behoorde bijgevolg tot de Danrin-school, maar later vormde hij zijn eigen kleine school.
[11] Zie blz. 94, n. 1.

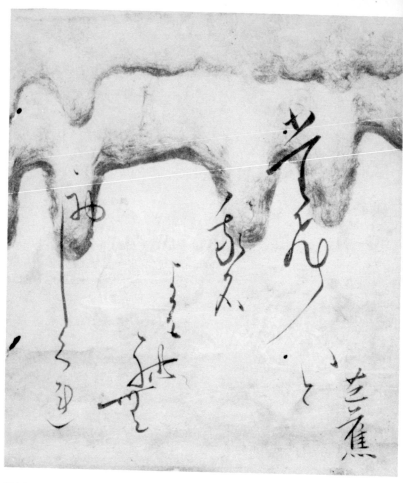

*Tabibito to*
Tabibito to
waga na yobaren
hatsushigure

Eerste winterbui:
Reiziger zal mijn naam zijn,
door regen en wind.
Bashō.

Calligrafie door Bashō.
Bezit: Bashō-ō kinenkan, Ueno-shi, Japan.

Bootfeesten, banketten in buitenverblijven, vrienden die rijstwijn en versnaperingen brachten naar mijn kluis, mij goede reis wensten en mijn vertrek betreurden – het was net alsof een personage van aanzien op reis vertrok. Ik was er zelf van onder de indruk.

Ki no Tsurayuki [12], Kamo no Chōmei [13] en de non Abutsu [14] hebben het reisverhaal tot zo'n literaire en lyrische hoogten gevoerd, dat alle latere reisverslagen slechts afschaduwingen of navolgingen zijn van deze meesterwerken; laat staan dat een onwetende en onbegaafde poëtaster als ikzelf ze ooit zou evenaren.

'Die dag regende het, maar vanaf de middag klaarde het op; daar stond een pijnboom, ginds vloeide een rivier, enz.', dat soort dingen kan iedereen zeggen, lijkt me, maar als je geen oorspronkelijke of nieuwe dingen te zeggen hebt, zwijg je beter.

Maar wat wil je, het landschap van die en die streek blijft je bekoren en de oncomfortabele nachten van herbergen in de bergen of op de heide worden achteraf stof voor verhalen.


In mijn reisverhaal heb ik de plaatsen die mij bijgebleven waren opgetekend zoals ze mij te binnen schoten, en hoewel ik hoop dat het van enig nut zou zijn voor allen die de natuur willen intrekken, doet de lezer er best aan dit geschrijf te beschouwen als het gezwets van een dronkaard en het gebazel van een dromend man. Hj gelieve er dus niet te veel aandacht aan te schenken.

Overnachting te Narumi:

| Hoshizaki no | Kijk! hoe pikdonker |
| yami wo miyo to ya | de Sterrekaap! is het dat |
| naku chidori | wat je schreeuwt, pluvier [15]? |

[12] Ki no Tsurayuki (859-945), was de samensteller van de *Kokinshū* en auteur van de *Tosa Nikki,* een reisdagboek, dat zijn terugreis uit Tosa (Shikoku) naar Kyōto beschrijft. Hij schreef het boek, dat ook 57 tanka bevat, onder een vrouwelijk pseudoniem, wellicht omdat hij het in het Japanse alfabet ('vrouwenhand') schreef.

[13] Kamo no Chōmei (1156-1216), Shintō-priester (later: boeddhistisch monnik), die het grootste deel van zijn leven doorbracht in een kluis. Hij is de auteur van de *Hōjōki,* wat helemaal geen reisverhaal is, maar de lof van het kluizenaarsleven zingt. In de tijd van Bashō dacht men echter dat hij ook de auteur was van *Tōkan kikō,* het verslag van een reis van Kyōto naar Kamakura in 1242 (auteur en datum onbekend), een reisverhaal waar Bashō trouwens nogal door beïnvloed is.

[14] Abutsu (1228?-1283) was de tweede vrouw van Fujiwara no Tameie (1198-1275). Na de dood van haar man trad ze in het klooster. Zij schreef de *Izayoi Nikki (Dagboek van de afnemende maan)* tijdens haar reis van Kyōto naar Kamakura.

[15] Narumi en Kaap Hoshizaki (lett.: Sterrekaap) waren beroemd om hun pluvieren. In de tanka-traditie werd de pluvier wel vaker als vogel van de nacht bezongen. Het woord 'ster' in 'Sterrekaap' heeft bij Bashō allicht de associatie met duisternis en dus met de pluvier opgeroepen.

De waard van de herberg vertelde mij dat de heer Asukai Masa'aki[16] hier overnacht had en er het gedicht:

| | |
|---|---|
| ... | ... |
| Miyako mo tōku | wat is de hoofdstad verre |
| Narumi-gata | van Narumi-baai, |
| harukeki umi wo | door de weidse zeevlakte |
| naka ni hedatete | ben ik ervan gescheiden[17]. |

in zijn eigen hand neergepend had.

Ikzelf schreef:

| | |
|---|---|
| Kyō made wa | Tot aan de hoofdstad |
| mada nakazora ya | nog een halve hemel weegs |
| yuki no kumo | onder sneeuwwolken. |

Ik wilde een bezoek brengen aan Tokoku[18], die leefde als een kluizenaar in het gehucht Hobi in de provincie Mikawa. Ik nodigde eerst Etsujin[19] uit en samen keerden we vijfentwintig mijl op onze stappen terug tot Yoshida, waar we die nacht logeerden:

| | |
|---|---|
| Samukeredo | Het was bijtend koud |
| futari neru yo zo | maar ik sliep naast mijn gezel – |
| tanomoshiki | een veilig gevoel. |

In Amatsu Nawate liep een smal pad tussen de rijstvelden door. De ijzige zeebries drong door merg en been:

---

[16] Asukai Masa'aki (1611-1679), hoveling en tanka-dichter uit Kyōto, leerling van Hosokawa Yūsai.

[17] De eerste versregel ontbreekt. Hij luidde :

| | |
|---|---|
| Kyō wa nao | Weer een andere dag, |
| miyako mo tōku | wat is de hoofdstad verre |
| | etc. |

[18] Tsuboi Shōhei ( ?-1690), rijke rijsthandelaar te Nagoya. In de winter van 1684 ontving hij nog samen met zijn vrienden Bashō, toen die als onderdeel van zijn reis van het verweerd skelet, door Nagoya trok. Hij nam deel aan de compositie van 5 *kasen* (kettingvers van 36 schakels) die gebundeld werden in de verzameling *Fuyu no hi*. In 1685 werd hij op beschuldiging van rijstzwendel verbannen naar de provincie Mikawa. Bashō was erg op hem gesteld.

[19] Ochi Jūzō (1656 – ?), werkzaam in Nagoya als verver van geweven stoffen.

| Fuyu no hi ya | In de winterzon |
|---|---|
| bashō ni kōru | op mijn paard vastgevroren |
| kagebōshi | zit mijn schaduwbeeld. |

Van het dorp Hobi tot aan de kaap van Irago was het ongeveer één mijl. Het is eigenaardig dat de *Manyōshū* Irago rekent tot de bezienswaardigheden van Ise, want het is een landtong van de provincie Mikawa en is van Ise gescheiden door de zee[20].

Op deze kaap zamelt men de schelpen voor de damspel-stenen die bekend zijn als de 'witte stenen van Irago'. Op de 'Bottenheuvel' vangt men valken.

Men zegt dat de trekkende valken hier het eerst aan land komen, omdat het de meest zuidelijke landtong is. De oude gedichten die de Irago-valk bezingen kwamen mij voor de geest, hetgeen mijn ontroering nog vergrootte, en juist toen:

| Taka hitotsu | Een eenzame valk, |
|---|---|
| mitsukete ureshi | hoe blij er een te vinden, |
| Irago-saki | op kaap Irago[21]. |

Het heiligdom van Atsuta werd gerestaureerd:

| Toginaosu | Opnieuw gepolijst: |
|---|---|
| kagami mo kiyoshi | de gewijde spiegel rein |
| yuki no hana | als de sneeuwvlokken[22]. |

Ik werd uitgenodigd door mensen van Nagoya om een korte rust te nemen:

| Hakone kosu | Over Hakone's |
|---|---|
| hito mo arurashi | pas trekken ook vanmorgen |
| kesa no yuki | mensen door de sneeuw[23]. |

---

[20] De verklaring hiervoor is misschien dat, gezien van het schiereiland Shima in de provincie Ise, de kaap Irago een eiland lijkt.

[21] Zie blz. 37.

[22] Drie jaar voordien had Bashō dit heiligdom bezocht, maar toen lag het er verlaten en vervallen bij (zie blz. 104). In 1686 werd het gerestaureerd. Toen Bashō het ditmaal bezocht (24ste dag van de 11de maand) was het spiksplinternieuw. Ook de bronzen spiegel, het 'teken' van de godheid, is opnieuw gepolijst en is als gloednieuw. Alles is dus brandschoon en nieuw geworden, en als om deze reinheid nog kracht bij te zetten, begint het te sneeuwen.

[23] Vanmorgen ligt de wereld onder een sneeuwtapijt, maar mij kan het niet deren, ik

127

Uitgenodigd op een haikai-sessie:

| Tametsukete | 'k Strijk de plooien glad |
| yukimi ni makaru | en ga op stap in de sneeuw |
| kamiko kana | in mijn papierjas[24]. |

| Iza yukamu | Vooruit! weg ben ik, |
| yukimi ni korobu | de sneeuw gaan bewonderen |
| tokoro made | tot ik d'rin tuimel. |

Uitgenodigd op een dichtersfeest bij een vriend:

| Ka wo saguru | Ik volgde de geur |
| ume ni kura miru | en vond 'n prunus bij uw schuur |
| nokiba kana | onder de luifel[25]. |

Tijdens mijn verblijf in Nagoya kreeg ik het bezoek van poëzie-amateurs uit Mino, Ōgaki en Gifu en we improviseerden menig kettinggedicht van achttien en zesendertig verzen.

Enkele dagen na de tiende dag van de twaalfde maand verliet ik Nagoya en reisde af naar mijn geboortedorp.

| Tabine shite | 'k Sliep in een herberg |
| mishi ya ukiyo no | en zag toe hoe de wereld |
| suzu-harai | zijn roet ging vegen[26]. |

ben veilig bij mijn vrienden. Mijn gedachten gaan echter uit naar de mensen die zich nu, op dit eigenste moment, een weg banen door de sneeuw over de pas van Hakone.

[24] De papiermantel was gemaakt van met het sap van de persimoen gedrenkt, dik papier dat door stampen en wrijven zacht gemaakt werd. Hij werd oorspronkelijk gedragen door monniken en kluizenaars, maar was in Bashō's tijd in algemeen gebruik.

Ik ben uitgenodigd op een elegant feest om de sneeuw te bewonderen, maar arme reiziger die ben, ik heb geen zondagse kleren. Dan zal ik tenminste de plooien in mijn oude papiermantel gladstrijken.

[25] Ik zocht een pruimeboom, omdat die het eerste van alle planten bloeit, en zo in de winter reeds een voorproefje van de lente brengt. Wat een verrassing voor me er één in bloei te vinden bij uw (rijk gevulde) schuur.

Dit vers is een groet aan de gastheer, Bōsen, die inderdaad welgesteld was.

[26] Tijdens de Edo-periode was het de gewoonte om op de 3de dag van de 12de maand grote schoonmaak te houden. Het plafond, de balken, het huisaltaar, de huisraad, alles werd grondig afgestoft, een werkzaamheid waar de hele familie aan meewerkte.

Bashō, die steeds op reis is, heeft geen deel aan de geplogenheden van het sedentair leven. Als toeschouwer en buitenstaander ziet hij hoe de mensen druk aan het stoffen en het vegen zijn, en dat roept herinneringen aan vroeger op.

In het gehucht Hinaga, bekend door het gedicht 'Toen ik zonder eten van Kuwana kwam'[27] huurde ik een paard. Bij de beklimming van de 'Wandelstok-helling' kantelde het pakzadel en tuimelde ik van het paard.

| Kachi naraba | Had ik gewandeld |
|---|---|
| tsue-tsuki-zaka wo | op de wandelstok-helling, |
| rakuba kana | viel 'k van mijn paard niet. |

Omdat ik het zo beroerd vond improviseerde ik dit vers, maar ik vergat het seizoen-woord.

| Furusato ya | Mijn geboortedorp, |
|---|---|
| heso-no-o ni naku | ik ween op mijn navelstreng, |
| toshi no kure | aan het jaareinde[28]. |

Op oudejaarsavond dronk ik rijstwijn tot diep in de nacht als afscheid van 't oude jaar. Op nieuwjaarsdag sliep ik een gat in de dag:

| Futsuka ni mo | Ook de tweede dag |
|---|---|
| nukari wa seji na | laat ik mij niet verschalken, |
| hana no haru | oh, lente in bloei[29]. |

Aanvang van de lente:

| Haru tachite | Een nieuwe lente, |
|---|---|
| mada kokonoka no | bergen en dalen van slechts |
| noyama kana | negen dagen oud. |

[27] Een gedicht van Sōgi. De volledige tekst luidt:

| Kuwana yori | Omdat ik uit Kuwana |
|---|---|
| kuwade konureba | kwam zonder te eten |
| Hoshigawa no | trok de nevel niet op |
| asake wa suginu | over de Hoshigawa |
| Hinaga narikeri | toen ik al in Hinaga was. |

[28] Het gebruik de navelstreng te bewaren bestaat in Japan tot op heden.
Na een lange afwezigheid ben ik terug in mijn geboortehuis. Als ik mijn navelstreng in mijn handen neem, bedenk ik hoeveel jaren het geleden is dat hij werd doorgesneden. Straks komt er weer een jaartje bij. Die navelstreng is ook een onzichtbare band met mijn overleden ouders.
[29] Zie blz. 37-38.

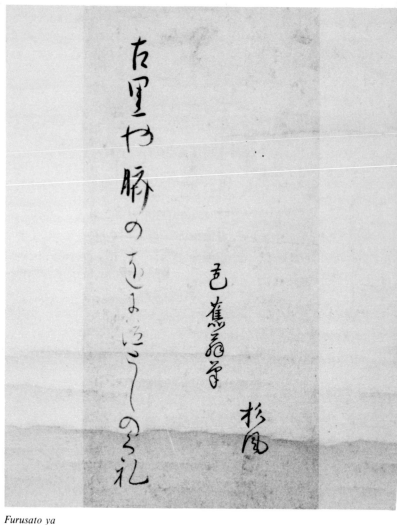

*Furusato ya*

Furusato ya
heso no o ni naku
toshi no kure

Mijn geboortedorp,
ik ween op mijn navelstreng,
aan het jaareinde.

Bashō.

Calligrafie door Bashō.
Signatuur toegevoegd door Sanpū.
Bezit: Bashō-ō kinenkan, Ueno-shi, Japan.

130

| Kareshiba ya | Over 't verdorde gras |
| yaya kagerō no | hangt reeds een waas hete lucht |
| ichi-ni-sun | één of twee duim hoog. |

In de provincie Iga, in het dorp Awa bezocht ik de ruïnes van de tempel van de heilige Shunjō[30]. Deze tempel stond bekend als Gohōzan Shindaibutsuji, maar alleen zijn naam heeft de eeuwen getrotseerd. De tempelgebouwen waren tot puin vergaan op de fundamenten na, en waar eens het slotpand van de monniken was, zijn nu akkers. De zestien voet hoge Boeddha lag bedolven onder het mosgroen, alleen zijn goddelijke hoofd was nog duidelijk zichtbaar. De beeltenis van de heilige daarentegen was nog ongerept, en ik moest wenen om die ene betrouwbare getuige uit die verre tijd, temidden van de stenen lotustronen en leeuwevoetstukken, die overwoekerd waren door de alsem en het kleefkruid: het was alsof ik vóór de verdorde bomen stond van het Sāla-bos waar Boeddha in het nirvāṇa trad[31].

| Jōroku ni | Wel zestien voet hoog |
| kagerō takashi | rijst een hittewaas boven |
| ishi no ue | het stenen voetstuk[32]. |

| Samazama no | De kersebloesems! |
| koto omoidasu | wat aan herinneringen |
| sakura kana | zij al oproepen[33]. |

Bezoek aan het heiligdom van Ise Yamada:

| Nan no ki no | Van welke bomen |
| hana to wa shirazu | het bloesems zijn weet ik niet, |
| nioi kana | alleen hun geuren...[34] |

[30] Shunjō-bō Chōgen (1121-1206), beroemd monnik o.m. verantwoordelijk voor de wederopbouw van de Tōdaiji-tempel te Nara.
[31] Toen de Boeddha het nirvāṇa binnentrad, verdorden alle bomen van het Sāla-bos.
[32] 16 voet is één van de standaardhoogten van boeddhabeelden.
Het eens zo indrukwekkende boeddhabeeld is van zijn voetstuk gevallen, maar nu rijst boven het voetstuk een even hoog hittewaas, vluchtig en onwerkelijk als een luchtspiegeling.
[33] Geschreven toen Bashō uitgenodigd werd in de villa van Tōdō Yoshinaga (dichtersnaam Tangan), de zoon van zijn oude meester Yoshitada (zie blz. 1-4), op een feest naar aanleiding van de kersebloei. Het hoeft niet gezegd dat deze plaats zwanger was van jeugdherinneringen.
[34] Echo van een aan Saigyō toegeschreven gedicht:

131

| Hadaka ni wa | Om naakt te lopen |
|---|---|
| mada kisaragi no | is het wat vroeg: voorjaarsstorm |
| arashi kana | voor wel twee mantels[35]. |

De tempelruïnes van Bodaizan:

| Kono yama no | Deze bergtempel – |
|---|---|
| kanashisa tsugeyo | doe mij zijn droevig verhaal, |
| tokorohori | aardappelrooier. |

Ontmoeting met Ryū Shōsha[36]:

| Mono no na wo | Eerst vraag ik de naam |
|---|---|
| mazu tou ashi no | die men hier geeft aan het riet |
| wakaba kana | dat jonge blaadjes schiet[37]. |

Ontmoeting met Setsudō, de zoon van Ajiro Minbu:

| Nanigoto no | Welk wezen het is |
|---|---|
| owashimasu ka wa | dat ginds aanwezig is |
| shiranedomo | weet ik niet, |
| katajikenasa ni | maar van deemoed vervuld |
| namida koboruru | laat ik mijn tranen vloeien. |

Saigyō schreef dit gedicht toen hij uit de verte een gebed prevelde in de richting van het heiligdom van Ise. Ook Bashō gaat niet tot vóór het schrijn zelf, maar brengt de godheid eer vanop een afstand. Bashō treedt graag in de voetsporen van Saigyō en zijn vers is een hommage aan zijn illustere voorganger.

[35] In de *Senshū-shō*, tijdens de Edo-periode nog toegeschreven aan Saigyō, staat het verhaal van de heilige Zōga, die ging bidden vóór het heiligdom van Ise om de godheid om genade te smeken. In een revelatie droeg deze hem op alle werelds gewin te verzaken. Zōga gaf zijn kleren weg aan de armen en verliet naakt het heiligdom.
Bashō geeft dit oude verhaal een haikai-wending, terzelfdertijd implicerend dat zijn geloof niet zo sterk is als dat van Zōga.

[36] Familiaire afkorting van Tatsuno Hirochika (1616-1693), wiens dichtersnaam Shōsha was. Hij was een priester van het Ise-heiligdom en groot geleerde.

[37] Echo van een kettingvers uit de *Tsukuba-shū* :

| Kusa no na wa | Plantennamen |
|---|---|
| tokoro ni yorite | variëren |
| kawaru naru | van streek tot streek |

| Naniwa no ashi wa | Wat in Osaka riet heet |
|---|---|
| Ise no hamaogi. | noemt men in Ise zeerus. |

Nu ik hier in Ise ben, wil ik wel eens nagaan of zulks inderdaad klopt, en aan wie kan ik dat beter vragen dan aan de geleerde Ryū Shōsha. Op die manier groet Bashō zijn geleerde vriend.

132

| Ume no ki ni | Aan de oude stronk |
| nao yadorigi ya | is 'n nieuwe scheut ontsproten, |
| ume no hana | vol pruimebloesems[38]. |

Op een bijeenkomst in een hermitage:

| Imo uete | Knollen zijn geplant |
| kado wa mugura no | vóór de hut en aan de poort |
| wakaba kana | het jonge kleefkruid. |

Binnen de heining van het heiligdom te Ise was niet één prunus te bespeuren. Ik vroeg een priester hoe dat kwam. Hij vertelde me dat daar geen bepaalde reden voor was, dat het van nature zo was, maar dat er een stond achter het paviljoentje van de gewijde maagden.

| Okorago no | Bij de maagden staat |
| hitomoto yukashi | één boompje, hoe bekoorlijk |
| ume no hana | zijn pruimebloesems[39]. |

| Kamigaki ya | In 'n Shintō-heiligdom |
| omoi mo kakezu | een geheel onverwacht beeld: |
| nehanzō | Boeddha's nirvāṇa[40]. |

[38] Ajiro Minbu (1640-1683) was een priester te Ise en een vooraanstaande figuur in de plaatselijke dichterswereld. Zijn zoon Hirokazu (dichtersnaam Setsudō, 1657-1717), volgde in zijn voetsporen.

Aan de oude stronk (Minbu) is een nieuwe scheut (Setsudō) ontsproten die nu in volle bloei staat. Dat Bashō de pruimebloesems kiest als metafoor, heeft ook te maken met het feit dat vader en zoon Ajiro behoorden tot de Danrin-school, gesticht door Nishiyama Sōin, wiens dichtersnaam 'Ouderling van de pruimebloesems' was (zie blz. 9). Het vers is uiteraard bedoeld als groet.

[39] Zie blz. 38.

[40] In het heiligdom van Ise werd en wordt in principe al wat naar boeddhisme ruikt, geweerd. Vandaar Bashō's verrassing. Op de 15de dag van de 2de maand wordt in alle boeddhistische tempels Boeddha's nirvāṇa herdacht. Bij die gelegenheid hangt men een schilderij dat het nirvāṇa voorstelt, op in de tempel. Eén en ander gaat gepaard met een liturgische plechtigheid.

In Bashō's vers klinkt een tanka van Minamoto no Akifusa (1037-1094) door:

| Kamigaki no | Een Shintō-heiligdom |
| atari to omou | dacht ik toen ik de ceintuur |
| yūdasuki | van bastvezel zag, |
| omoi mo kakenu | maar heel onverwacht weerklonk |
| kane no koe kana | de galm van een tempelklok. |

(Kinyōshū)

In de tweede helft van de derde maand werd het verlangen naar bloesems mij te sterk. Ik volgde de ingeving van mijn hart en vertrok op reis met als doel de kersebloesems van Yoshino[41]. Tokoku, met wie ik op kaap Irago een afspraak had gemaakt, wachtte mij op in Ise. Hij wou de ontroerende ervaringen van het reizen met mij delen en meteen mijn dienstknaap en begeleider zijn, en als pseudoniem koos hij Mangiku-maru, wat ik erg geestig vond, want dat is echt een naam voor een dienstknaap.

Om ons vertrek op te vrolijken met wat kortswijl, krabbelden we op de binnenkant van onze strohoed:

Twee zwervers
met huis noch kluis[42].

Yoshino nite                In Yoshino toon
sakura mishō zo            ik je de kersebloesems
hinokigasa                  oh, hoed van cypres.

Mangiku-maru beaamde:

Yoshino nite                En in Yoshino
ware mo mishō zo          zal ook ik ze je tonen,
hinokigasa                  oh, hoed van cypres.

Omdat veel bagage het reizen lastig maakt, had ik alle ballast achtergelaten. Ik had alleen een papiermantel voor de nacht, een regenmantel, een inktsteen, penseel, papier en medicijn meegenomen, die ik in mijn knapzak over mijn schouders had geslagen, maar mijn benen waren zo zwak en mijn lichaam zo krachteloos dat ik dreigde achterover te vallen, en helemaal niet vorderde. Ik voelde mij erg neerslachtig.

Kutabirete                  Toen ik uitgeput
yado karu koro ya          bij valavond onderdak vroeg:
fuji no hana                de blauweregen[43].

[41] Inmiddels was Bashō teruggekeerd naar zijn geboortedorp. Hij vertrok naar Yoshino de 19de dag van de 3de maand.
[42] Lapidaire formule die pelgrims en zwervende monniken op de binnenkant van hun hoed plachten te schrijven. Met de 'Twee Zwervers', is eigenlijk bedoeld de pelgrim en de Boeddha, die hem steeds vergezelt, maar hier bedoelt Bashō Tokoku en zichzelf.
[43] De blauweregen bij valavond is een oud poëtisch thema, dat men reeds bij de Chinese dichter Po Chü-i aantreft.

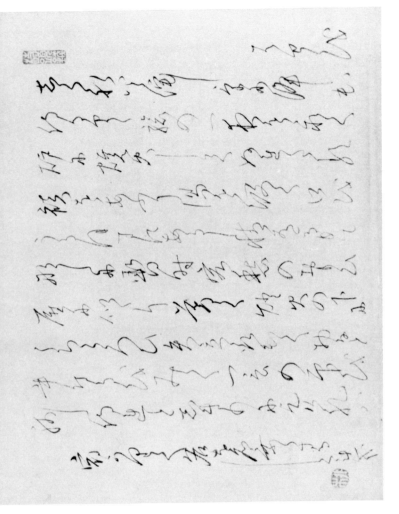

*Yado karite.*

*Haibun* geschreven in de tiende maand van 1691, toen Bashō, op weg naar Edo, overvallen werd door een vroege winterbui, en onderdak diende te vragen in Shimada.

De tekst beschrijft hoe hij zijn kleren droogt bij het vuur en in de gezelligheid van de huiskamer van zijn gastheer de ontbering van de reis even vergeet.

Bashō calligrafeerde de tekst ter plaatse.

Bezit: Idemitsu Art Museum, Tokio.

135

De tempel van Hatsuse:

Haru no yo ya  
komorido yukashi  
dō no sumi  

In de lentenacht  
ontroerd door de pelgrim  
in een hoek van de tempel[44].

Ashida haku  
sō mo mietari  
hana no ame  

'k Zag ook een monnik  
op klompen tussen bloesems  
in de regenvlaag.

Mangiku

Op de Kazuraki-berg:

Nao mitashi  
hana ni akeyuku  
kami no kao  

Toch wou ik eens zien  
hoe het daagt in de bloesems,  
't gezicht van die god[45].

Via de bergen Miwa en Tafu bereikten we de Hoso-pas, die leidt van de berg Tafu naar de 'Drakenpoort':

Hibari yori  
sora ni yasurau  
tōge kana  

Hoger in de lucht  
dan de leeuwerik rust ik  
boven op de pas.

---

[44]  De tempel van Hatsuse (Hase) was sinds de Heian-periode bekend als een bedevaarts-oord gewijd aan de bodhisattva Kannon. Men zocht er vooral bijstand in hartsaangelegenheden.

Het was ook de plaats waar Tamakazura haar voedstermoeder Ukon weerzag na meer dan 20 jaar scheiding *(Genji Monogatari)*, en waar Saigyō toevallig zijn gewezen vrouw ontmoette *(Senshū-shō)*. Het bezoek aan de tempel in de lentenacht transporteert Bashō naar de hoofse tijden van weleer, en in een hoek van de tempelhal meent hij plots de gestalte van een edele dame van toen te ontwaren op retraite in de tempel om er te bidden om verhoring van haar liefdeswensen.

[45]  Volgens de legende had de boeddhistische heilige Ennogyōja (eind 7de eeuw) aan de godheid van de Kazuraki-berg de opdracht gegeven een stenen brug te bouwen tussen de Kazuraki-berg en het Yoshino-gebergte. Onder het voorwendsel dat zijn gelaat te lelijk was om aan te zien, werkte de godheid alleen 's nachts en hield zich overdag schuil *(Konjaku monogatari XI)*.

In typische haikai-stijl trekt Bashō bij het zien van al die bloemenpracht op de berg de waarheid van die legende in twijfel: als de berg zo prachtig is, hoe zou de godheid die er meester van is, dan lelijk kunnen zijn; ik zou hem wel eens overdag met eigen ogen willen aanschouwen, liefst vanochtend nog bij het ochtendkrieken.

136

De waterval van de 'Drakenpoort':

| Ryūmon no | Drakenpoortbloesems |
| hana ya jōgo no | zullen mijn souvenir zijn |
| tsuto ni sen | voor de drinkebroers[46]. |

| Sakenomi ni | Aan de drinkebroers |
| kataran kakaru | verhaal ik van de bloesems |
| taki no hana | aan de waterval. |

De waterval van Nijikō:

| Horohoro to | Blaadje na blaadje |
| yamabuki chiru ka | valt de kerriabloesem |
| taki no oto | door 't watergeraas. |

De waterval van Seimei.

De waterval van Furu, op vijfentwintig *chō* van het heiligdom van Furu, ligt diep in de bergen.

De waterval van Nunobiki (op de bovenstroom van de Ikuta-rivier in de provincie Settsu).

De waterval van Mino'o (Yamato) gelegen op de weg naar de tempel Kachioji.

Kersebloesems:

| Sakura-gari | hoe vlijtig ik ben, |
| kidoku ya hibi ni | op zoek naar kersebloesems! |
| gori rokuri | per dag vijf, zes mijl. |

| Hi wa hana ni | De zon gaat onder |
| kurete sabishi ya | over de bloesems, triest staat |
| asunarō | de schijncypres[47]. |

[46] Ook in China bestaat een beroemde plek die de Drakenpoort wordt genoemd. De waterval van deze Chinese drakenpoort was een geliefkoosde plek van de dichter en drinkebroer Li Po.
Als souvenir voor de drinkebroers die zoals Li Po verzot zijn op watervallen, zal ik een verhaal over de bloesems meenemen.

[47] *De asunarō* (hier vertaald als schijncypres) is een evergreen van de familie der cypressen, die tot 30 m hoog kan worden. Zijn naam betekent letterlijk: 'morgen word ik wel (volwaardig cypres).' Dit soort naam heeft al vroeg tot de verbeelding van de Japanse

Ōgi nite
sake kumu kage ya
chiru sakura

Met mijn waaier schept
mijn schaduwbeeld bloesemwijn
van de kerseboom[48].

De bron uit de mossige rots[49]:

Harusame no
ko-shita ni tsutau
shimizu kana

De lentebui stroomt
onder de bomen en wordt
helder bronwater.

We bleven drie dagen in Yoshino voor de bloesems. Ik bewonderde ze van dageraad tot zonsondergang en werd betoverd door de bleke maan vóór zonsopgang. De gedichten van Sesshōkō en Saigyō over de bloesems van Yoshino[50] kwamen me voor de geest en het vers dat Teishitsu[51] geïmproviseerd had:

dichters en dichteressen gesproken. Reeds Sei Shōnagon verzuchtte : 'Met welke bedoeling heeft men hem 'morgen word ik cypres' genoemd? Wat een valse belofte.' Onvermijdelijk werd hij ook beschouwd als symbool van de futiele dromen van de mens, die toch nooit bewaarheid worden.

[48] Bashō imiteert de gebarentaal van het Nō- en Kyōgen-theater, waar men de handeling van wijndrinken uitbeeldt d.m.v. een specifieke beweging met de waaier.

[49] De bron bij de kluis van Saigyō. Zie blz. 99, n. 15.

[50] Met Sesshōkō wordt de dichter Fujiwara no Yoshitsune (1169-1206) bedoeld. Zijn tanka over de bloesems van Yoshino luidt :

Mukashi tare
kakaru sakura no
tane o uete
Yoshino o hana no
yama to nashikemu

Wie heeft destijds
van deze kersebomen
het zaad gezaaid
en zo Yoshino tot een
bloemenberg omgetoverd?

(Shinchokusen)

Saigyō's tanka luidt:

Yoshinoyama
kozo no shiori no
michi kaete
mada minu kata no
hana o tazunemu

Vorig jaar markeerde
ik een pad op Yoshino,
maar ik wijk ervan af
en ga op zoek naar bloesems
op onverkende plekken.

(Shin-kokinshū)

[51] Zie blz. 48.

138

| | |
|---|---|
| kore wa kore wa | Oh... oh... kan ik slechts |
| (to bakari hana no | (stamelen over de bloesems |
| Yoshino-yama) | op Yoshino-berg). |

Maar, hoe jammer ook, ik was met verstomming geslagen en kon geen woord op papier zetten. Zo kwam ik van een kale reis terug die ik nochtans aangevat had met grootse dichterlijke plannen.

Op de berg Kōya:

| | |
|---|---|
| Chichi haha no | Een fazant die slaat, |
| shikiri ni koishi | ze waren mij zo dierbaar, |
| kiji no koe | vader en moeder[52]. |

| | |
|---|---|
| Chiru hana ni | Bloesems vallen neer |
| tabusa hazukashi | op mijn ongeschoren hoofd, |
| Oku-no-in | vergeef me, Sanctum[53]. |

Mangiku

De baai van Waka:

| | |
|---|---|
| Yuku haru ni | Vliedende lente, |
| Waka-no-ura nite | nabij de baai van Waka |
| oitsukitari | haalde ik ze in. |

De tempel Kimiidera.

Met mijn hiel gekneusd was ik als Saigyō en ik moest denken aan diens overtocht van de Tenryū-rivier[54] en toen ik een paard huurde

[52] Geïnspireerd op een tanka van Gyōgi-bosatsu (668-749):

| | |
|---|---|
| Yamadori no | Toen ik de klanken |
| horohoro to naku | van het smachtend slaan |
| koe kikeba | der fazanten hoorde, |
| chichi ka to zo omou | dacht ik aan mijn vader |
| haha ka to zo omou | dacht ik aan mijn moeder. |

(Gyokuyōshū)

[53] Boeddhistische monniken scheren het hoofd kaal. Mangiku schaamt er zich over dat hij geen monnik is en het wereldse geen vaarwel weet te zeggen.

[54] Toen Saigyō op het veerbootje wou stappen om de Tenryū-rivier over te steken, werd

kwam het verhaal van de woedende heilige man[55] mij voor de geest. In de prachtige gezichten van berg en heide, zee en strand bewonderde ik de heerlijkheid van de schepping. Ik zocht de plaatsen op waar eens de hutten van boeddhistische kluizenaars hadden gestaan, en bezocht mensen die zich algeheel aan de kunst wijdden.

Daar ik huis noch kluis had, had ik geen behoefte aan uitrusting. Wie met lege handen reist hoeft niet te vrezen voor struikrovers. Een rustige tred is beter dan een palankijn en honger is de beste saus. Ik hoefde niet te overnachten in herbergen langs een vooraf bepaalde reisroute en evenmin was ik gebonden aan bepaalde vertrekuren. Op een hele dag had ik slechts twee wensen: een geschikt onderdak 's avonds,en strosandalen op mijn maat, meer verlangde ik niet. Ieder ogenblik bracht mij een nieuwe stemming, iedere dag een andere gemoedstoestand. Kwam ik iemand tegen die ook maar iets van kunst verstand had, dan wist ik met mijn vreugde geen blijf. Zelfs iemand die ik anders gemeden had als ouderwets en kwezelachtig werd nu langs de eenzame en verlaten weg een welkome reisgezel. Vond ik zo iemand in een hutje tussen het onkruid en struikgewas, dan had ik het gevoel een juweel te vinden tussen puin of goud in de modder. Ik schreef het steeds op om het later aan anderen te vertellen. Ook dat is één van de genoegens van het reizen.

Eerste dag van de vierde maand, dag waarop de zomerkleren worden aangetrokken:

| | |
|---|---|
| Hitotsu nuide | Zomerkleren aan... |
| ushiro ni oinu | ik trok een hemd uit, stopte |
| koromogae | het in mijn reistas. |

hij er door de veerman met de zweep afgejaagd omdat het bootje al vol was. Saigyō bloedde aan het hoofd maar was niet in het minst verbolgen, omdat, naar zijn zeggen, ook deze ervaring deel uitmaakte van de boeddhistische verzaking *(Saigyō monogatari)*.

[55] Op weg naar de hoofdstad werd de heilige man Shōkū van Kōya door de onhandigheid van een tegenligger van zijn paard geworpen. De heilige man ontstak in een onbedaarlijke woede, en schold de dader uit. Zijn woorden waren nog niet koud of hij kreeg er spijt van. Hij wendde zijn paard in de richting van waar hij gekomen was en ging er ijlings van door *(Tsurezuregusa)*.

| | |
|---|---|
| Yoshino idete | Vaarwel Yoshino, |
| nunoko uritashi | mijn jas wil ik verkopen, |
| koromogae | dan ben 'k omgekleed[56]. |

### Mangiku

Toen we op 't geboortefeest van Boeddha[57] Nara bezochten om er in enkele tempels te gaan bidden, zag ik een hinde haar kalf werpen. Omdat het zo'n bijzonder toeval was schreef ik:

| | |
|---|---|
| Kanbutsu no | Gezegend reekalf! |
| hi ni umareau | geboren op de dag van |
| kanoko kana | Boeddha's geboorte. |

Priester Ganjin van de tempel Tōshōdaiji werd blind op de overtocht naar Japan door het vele zoutwater dat in zijn ogen spatte, tijdens de meer dan zeventig averijen die hij moest trotseren[58].
Ik boog voor het beeld van de blinde Ganjin:

| | |
|---|---|
| Wakaba shite | Ik wou de tranen |
| onme no shizuku | in Uwe ogen drogen |
| nuguwabaya | met jonge blaadjes. |

In Nara nam ik afscheid van mijn oude vrienden:

| | |
|---|---|
| Shika no tsuno | Onze wegen gaan |
| mazu hitofushi no | hier uiteen als de takken |
| wakare kana | van het hertegewei. |

[56] In navolging van de gebruiken aan het keizerlijke hof placht men tijdens de Edo-periode de gewatteerde winterkleren af te leggen op de 1ste dag van de 4de maand, en men verwisselde ze voor eenvoudig gevoerde kleren, die op hun beurt op de 5de dag van de 5de maand verwisseld werden voor een ongevoerd kleed van hennep. Het veranderen van kleren had iets van een jaarlijks weerkerend ritueel. Beide verzen stellen ironisch vast dat de reizigers niet het nodige materiaal hebben om 'ritueel te doen'. Speciale zomerkleren hebben ze helemaal niet bij zich. Voor hen komt dat hele ritueel gewoon neer op hun overjas uittrekken en ze hetzij in de reistas stoppen, hetzij verkopen.

[57] De 8ste dag van de 4de maand van de maankalender.

[58] Ganjin (688-763) was een Chinese priester uit Yang-chou, die door Japanse monniken werd uitgenodigd om de Ritsu-secte in Japan te stichten. Meerdere pogingen om de overtocht te maken mislukten. Het duurde elf jaar vóór hij erin slaagde voet aan wal te zetten in Japan, maar inmiddels was hij blind geworden tijdens één van de vele averijen die hij had opgelopen. In 754 deed hij zijn plechtige intrede in de hoofdstad Nara. Men bouwde voor hem de Tōshōdaiji-tempel (759), die dienst deed als hoofdkwartier van de nieuwe secte. Het beroemde beeld van de blinde Ganjin is tot op heden bewaard in één van de hallen van deze tempel.

Bij iemand te Ōsaka:

Kakitsubata  
kataru mo tabi no  
hitotsu kana

Over de iris  
keuvelen is ook één van  
de reisgenoegens[59].

De baai van Suma:

Tsuki wa aredo  
rusu no yō nari  
Suma no natsu

De maan is er wel  
maar toch schijnt ze afwezig:  
zomer te Suma.

Tsuki mite mo  
monotarawazu ya  
Suma no natsu

Al zie ik de maan,  
er ontbreekt toch nog iets aan,  
zomer te Suma[60].

't Was in het midden van de vierde maand, waardoor de maan in de kortstondige nacht des te bekoorlijker was. De bergen waren donker van 't jonge gebladerte. Toen het tijd werd voor de nachtegaal om zijn lied te zingen, begon de dageraad de horizon boven de zee grijs te kleuren, dan de wiegende korenvelden op de hoogten van Ueno rood te tinten, en tenslotte enkele schaarse vissershutten tussen klaprozen te onthullen.

---

[59] Toen de dichter Ariwara no Narihira (825-880) een reis maakte naar de oostelijke provinciën, hield hij halt aan de brug Yatsuhashi in de provincie Mikawa. In het moeras in de buurt van de brug stonden irissen (Jap. *kakitsubata*) in bloei. Eén van zijn reisgezellen die de bloemen opmerkte, vroeg Narihira een tanka te dichten waarvan iedere regel aanving met één van de lettergrepen van het woord *kakitsuba( =ha)ta* en met als thema 'reisgevoelens'. Het resultaat luidde:

Karagoromo  
kitsutsu narenishi  
tsuma shi areba  
harubaru kinuru  
tabi o shi zo omou

Gehecht als ik ben  
aan mijn vrouw als een mooi kleed  
dat ik niet afleg  
ben ik van heimwee vervuld  
ver van huis en van haar.

(Ise monogatari)

Net zoals Narihira en metgezellen over de irissen gepraat en gedicht hebben, doe ik (Bashō) dat met mijn gastheer. Sinds Narihira schijnt het inderdaad te behoren tot één van de vaste gegevens van het reizen.

[60] In de klassieke literatuur geldt Suma als een plek beroemd om haar herfstmaan. Bashō en Tokoku komen er echter aan in het begin van de zomer, en ze hebben het gevoel dat er iets schort aan het gezicht: de maan is er niet op haar plaats, het seizoen klopt niet. Vandaar het gevoel van onvoldaanheid.

Ama no kao　　　　　Een vissersgezicht
mazu miraruru ya　　was het eerste wat ik zag
keshi no hana　　　　tussen klaprozen.

Er waren drie dorpen in Suma: Oost-Suma, West-Suma, en Kust-Suma.
Een typisch plaatselijke nering leek er niet te zijn.
In een oud gedicht horen we over het winnen van zeezout, maar daar
bleek niets van overgebleven te zijn. Wel zagen we er een soort vis
*Kisugo* met het net vangen en te drogen leggen op het zand. De
drogende vis werd bewaakt met boog en pijl tegen de raven die er
kwamen op azen. Dit leek mij geen bedrijf voor vissers. 'Zou de geest
van de slagvelden van weleer misschien voortleven in dit soort daden'[61]
vroeg ik mij af, en des te zondiger vond ik deze praktijken. Terwijl ik
nog mijmerde over die oude veldslagen, begonnen we aan de beklimming van de berg Tetsugai. Onze jeugdige gids zag er tegen op en verzon
allerlei uitvluchten. Ik beproefde hem te bepraten en toen ik beloofde 'ik
zal je dan tracteren in het theehuisje aan de voet van de berg', gaf hij
zich gewonnen. Men zei dat de dorpsjongen die Yoshitsune's[62] gids was,
zestien jaar oud was. Hoewel deze knaap hier zo'n vier jaar jonger moet
geweest zijn, leidde hij ons over meerdere duizenden voet kronkelende en
steile rotspaden. Vele malen gleden wij bijna in de afgrond, maar telkens
weer konden wij ons vastklampen aan azaleastruiken en bergbamboe.
We waren buiten adem en nat van het zweet, maar dat we uiteindelijk de
wolkengrens konden bereiken was toch te danken aan deze onzekere
gids.

Suma no ama no　　　Is 't om de pijlen
yasaki ni naku ka　　van de vissers van Suma
hototogisu　　　　　dat je slaat, koekoek?

[61] Ichi-no-tani, waar één van de beslissende veldslagen tussen de Minamoto en de Taira
werd geleverd, lag in de buurt van Suma.
[62] Minamoto no Yoshitsune (1159-1189), centrale heldenfiguur in de epische strijd
tussen de Minamoto en de Taira. In een reeks van schitterende veldslagen bezegelde hij de
ondergang van de Taira. Yoshitsune vatte het plan op het bolwerk van de Taira in Ichi-no-
tani in de rug aan te vallen. Daartoe moest hij echter via Tanba een weg vinden door het
steile gebergte dat de Taira in de rug beschermde. Dit exploot, dat, hoewel op veel kleinere
schaal, enigszins doet denken aan Hannibals overtocht over de Alpen, werd als zelfmoord
beschouwd doch, dankzij de jonge gids Kumaō, een jongen die in het gebergte thuis was,
vonden Yoshitsune en zijn mannen een pad om de steile helling af te dalen naar Ichi-no-
tani. (*Heike monogatari* IX, 9.)

| Hototogisu | De koekoek vliegt weg |
| kieyuku kata ya | en verkleint tot een stipje, |
| shima hitotsu | een ver eiland. |

| Sumadera ya | Tempel van Suma, |
| fukanu fue kiku | hoor ik een fluit spelen, |
| koshita-yami | onder de bomen[63]. |

We brachten een nacht door in Akashi:

| Takotsubo ya | Octopus in de val, |
| hakanaki yume wo | vluchtig is zijn droom in 't licht |
| natsu no tsuki | van de zomermaan[64]. |

De herfst is hier van een ongeëvenaarde pracht, schrijft het *Verhaal van Genji* en inderdaad deze baai toont vast zijn ware gedaante in de herfst. Ik was overweldigd door droefheid en melancholie, maar ik kon geen woord uitbrengen. Ware ik hier in de herfst gekomen, dacht ik, dan had ik toch iets van mijn ontroering kunnen verwoorden. Dit was een illusie die bewijst dat ik mijn eigen povere dichtersgaven niet ken.

Het eiland Awaji lag zo dicht dat ik het met mijn hand kon grijpen en het vormde een wig tussen de baai van Suma en de baai van Akashi: een

[63] Ik (Bashō) sta in de schaduw van de bomen binnen het domein van de Sumadera-tempel, waar de fluit van Atsumori bewaard wordt, en het is net alsof ergens uit een andere wereld de klanken van die fluit naar me toekomen.

Atsumori was één van de Taira-generaals. Hij werd door de ruwe Kumagai uitgedaagd tot een tweegevecht. Deze had weinig moeite om Atsumori te vloeren. Toen Kumagai de helm van zijn tegenstander aftrok om zijn hoofd af te hakken, bleek hij een jongeling van hooguit zestien of zeventien jaar oud te zijn. Kumagai wou de jongen sparen, maar de aanwezigheid van andere Minamoto-strijders liet hem geen keuze. Met een verscheurd hart bracht Kumagai Atsumori de genadeslag toe. Naderhand vond hij op het lijk van de jongen een fluit in een brokaten foedraal tussen zijn gordel gestoken. Hij realiseerde zich dat het diezelfde fluit was die hij die dag bij dageraad had horen spelen in het Taira-kamp. Het besef dat hij zo'n gecultiveerde en tedere jongeling had gedood brak Kumagai's hart. Hij vervloekte zijn lot en uit wroeging trad hij toe tot de boeddhistische orde, om te bidden voor het zieleheil van Atsumori. *(Heike monogatari* IX, 17)

[64] Overdag laten de vissers kruiken zakken tot op de bodem van de zee. De octopussen, in de waan dat de kruiken rotsholten zijn, gaan er in schuilen. 's Anderendaags vroeg in de ochtend halen de vissers de kruiken weer boven met hun niets vermoedende prooien erin.

De octopus is een specialiteit van de Zee van Harumi (waar o.m. de baai van Akashi deel van uitmaakt).

Bashō's vondst bestaat er o.m. in dat hij de kortstondigheid van de zomermaan (omwille van de korte nachten) heeft geassocieerd met de kortstondige droom van de gevangen octopus.

zicht te vergelijken met het landschap van 'Wu en Ch'u uit elkaar gereten', zoals de dichter zingt[65]. Iemand met meer geleerdheid zou het beslist met verscheidene andere landschappen kunnen vergelijken.

In het binnenland achter de bergen lag het dorp van Tai-no-hata, volgens de traditie de geboorteplaats van Matsukaze en Murasame[66]. Over de bergkam liep een pad dat uitgaf op de weg naar Tanba, en dat leidde langs afgronden met ijzingwekkende namen zoals 'Loergat op Hachibuse', 'Duikvlucht' enz... Van onder de pijnboom waar, volgens de overlevering, Yoshitsune de strijdgong ophing, konden we vlak onder ons het site van het kamp van Ichi-no-tani zien.
In mijn verbeelding beleefde ik die woelige tijden opnieuw: ik zag hoe de oude grootmoeder de jonge keizer in haar armen klemde, hoe zijn moeder struikelde in de boot over haar eigen kleren, hoe hofdames, kameniers, dienstmaagden en meiden de inboedel, waaronder luiten en citers, in matten en dekens gewikkeld, in de boot gooiden; het voedsel voor de jonge keizer viel overboord en werd aas voor de vissen, de kamdozen tuimelden op het zand en werden afval waar niet eens de vissers naar omzagen[67].
Zelfs na duizend jaar waart de droefenis van dat gebeuren nog steeds over deze baai en zucht de branding vol melancholie.

[65] Tu Fu's gedicht *De stadstoren van Yüeh-yang beklimmend:*

Sinds lang heb ik gehoord over het meer van Tung-t'ing,
maar nu beklim ik voor 't eerst de stadstoren van Yüeh-yang (aan het meer).
De streek van Wu en Ch'u worden in het zuidoosten uit elkaar gereten,
dag en nacht klotst het water tussen het hemeldak en de aardbodem.

[66] Zie blz. 72.
[67] Bashō evoceert hoe de Taira met de infant-keizer in hun midden, aan boord van hun boten de vlucht namen in zee, nadat hun bolwerk van Ichi-no-tani gevallen was.
Dit is één van de hoogtepunten in het epos van de strijd tussen Taira en Minamoto (*Heike monogatari* IX, 18).

Bashō op voetreis.
Geschilderd en gecalligrafeerd door Sekishi (Bunsoku).
De *hokku* is van Bashō :

Hitotsu nugite
ushiro ni oinu
koromogae

Ik trek een hemd uit,
gooi het over mijn schouder,
ziedaar mijn zomerpak.

Gedateerd: negende jaar van Genroku (1696).
Bezit: Tenri bibliotheek, Tenri-shi, Japan.

146

Het korte verhaal van een reistas

## HOOFDSTUK VII

## DAGBOEK VAN EEN REIS NAAR SARASHINA

Met aandrang blies de herfstwind mij in het hart naar het dorp Sarashina te gaan, om er de maan boven de berg Obasute te bewonderen. Met mij was er nog iemand die betoverd was door wind en wolken, Etsujin[1] genaamd.

De route naar Kiso loopt diep door het gebergte en de wegen zijn er steil. Vrezend dat we onvoldoende kracht zouden hebben voor zoveel dagreizen, stuurde meester Kakei[2] een knecht met ons mee. We deden allemaal ons best om elkaar te helpen, maar omdat we niet vertrouwd waren met haltes en afstanden, waren we allen even onzeker. We deden voortdurend de verkeerde dingen op de verkeerde ogenblikken, maar dit vergrootte onze pret slechts.

Op de een of andere plaats kwamen we een monnik tegen van rond de zestig, een norse kerel die noch interessant noch grappig was. Hij ging gebukt onder een zware last en hijgend kwam hij aangesukkeld. Mijn metgezel had deernis met hem.

Van de bagage die elk van ons droeg en die van de monnik maakte hij één bundel, bond hem op het paard en liet me daar dan bovenop plaatsnemen. Hoge bergen en steile pieken rezen boven onze hoofden. Links van de weg vloeide een grote rivier; zijn bedding lag wel duizend vademen diep. Nergens was het terrein vlak, zodat het zadel allesbehalve comfortabel was, en ik mij geen ogenblik veilig voelde.

We kwamen langs Kakehashi en Nezame, langs Saru-ga-baba, Tachi-tōge enz., de zgn. route van de achtenveertig bochten. We hadden het gevoel via de kronkelende weg in de wolken te belanden. Wij gingen te

---

[1] Zie blz. 126, n. 19.

[2] Familienaam Yamamoto (1648-1716), arts te Nagoya. Hij was aanvankelijk één van de voornaamste vertegenwoordigers van Bashō's stijl in de streek van Nagoya, maar kon de latere evolutie van Bashō en diens discipelen niet volgen. Hij keerde zich uiteindelijk af van haikai en koos renga als genre, doch zonder succes.

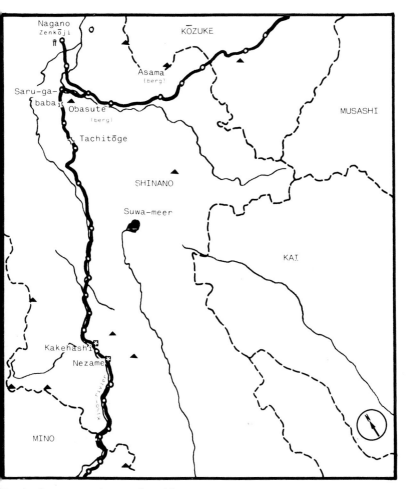

Dagboek van een reis naar Sarashina

voet en toch werden we nog duizelig; ons hart verstijfde van de schrik en onze tred was onzeker. Maar de knecht die ons vergezelde leek helemaal niet bang. Hij zat gewoon wat te doezelen op het paard en vanachter bekeken had het er voortdurend de schijn van dat hij eraf zou tuimelen, zo eindeloos groot was het gevaar. Als de Boeddha in zijn hart de vliedende wereld van de levende wezens beschouwt, moet hij een ge- lijkaardig gevoel ervaren. Ik bezon mij over de onbestendigheid en de

149

vluchtigheid der dingen: inderdaad 'in de kolken van Awa hoort men noch wind noch baren'[3].

Toen we een eenvoudige herberg voor de nacht gevonden hadden probeerde ik mij de landschappen die ik tijdens de dag stof voor een vers gevonden had en de hokku die ik niet afgewerkt had, te herinneren. Ik nam mijn penseel en inkt en toen ik met gesloten ogen lag te kreunen en in mijn haar te krabben in het licht van de lamp, meende die monnik dat ik, teneergedrukt door het reizen, in mijmeringen verzonken zat, en hij probeerde mij te troosten. Hij vertelde me over de bedevaartsoorden die hij in zijn jeugd bezocht had, over de genades van de Boeddha Amida en boomde zo door over alles en nog wat dat hij wonderlijk vond, dat mij alle lust verging om te dichten en ik geen woord op papier kreeg. Hij had mij afgeleid van het maanlicht dat nu tussen de bomen en de muurspleten naar binnen viel. Her en der hoorde ik het geluid van kleppers en de stemmen van mensen die herten verjoegen. Waarlijk de melancholie van de herfst kreeg hier haar volheid. 'Laten wij het glas heffen ter ere van de maan' zei ik en men bracht ons wijnkoppen. De koppen leken een slag groter dan normaal en waren versierd met grof verguldwerk. Mensen van de stad zouden zulke koppen onverfijnd hebben gevonden en zich zelfs niet verwaardigd hebben ze in hun handen te nemen, maar ik vond ze verrassend bekoorlijk, net als waren het koppen van jade, maar dat zal ook wel aan de rustieke omgeving gelegen hebben.

| Ano naka ni | In haar sikkel wou |
|---|---|
| makie kakitashi | ik verguldwerk schilderen, |
| yado no tsuki | maan boven de herberg. |

[3] Laatste 2 regels van een tanka toegeschreven aan Kenkō (ca. 1283-ca. 1352):

| Yo no naka wo | Denk ik na over |
|---|---|
| watarikurabete | de stormen van mijn leven |
| ima zo shiru | dan besef ik het: |
| Awa no naruto wa | in de kolken van Awa |
| nami kaze mo nashi | hoort men noch wind noch baren. |

[4] Eén van de jaarlijkse rituelen aan het keizerlijke hof was de keizerlijke keuring van de paarden die de provinciën als schatting aan het hof moesten afstaan. Als onderdeel van het ritueel reed een bode de paarden tegemoet tot aan de pas van Ōsaka in de provincie Ōmi. Vanaf de Kamakura-periode (1191-1333) werden alleen nog paarden uit de weidegronden van Mochizuki in de provincie Shinano opgevorderd. Deze paarden volgden dan de Kiso route en dat verklaart waarom Bashō hier de paardenschatting ter sprake brengt.

| Kakehashi ya | De klimopranken |
| inochi wo karamu | klampen zich verkrampt vast |
| tsutakazura | aan de hangbrug. |

| Kakehashi ya | Over de hangbrug: |
| mazu omoi-izu | mijn eerste gedachte is aan |
| koma-mukae | de paardenschatting. |

| Kiri harete | Eens de mist optrekt |
| kakehashi wa me mo | rond de hangbrug durf ik zelfs |
| fusagarezu | niet meer verpinken. |

Etsujin

De berg Obasute:

| Omokage ya | 'k Voel haar aanwezigheid: |
| oba hitori naku | eenzaam weent de oude vrouw |
| tsuki no tomo | in het maanlicht[5]. |

| Izayoi mo | Ook de zestiende |
| mada Sarashina no | nacht ben ik nog in 't district |
| Kōri kana | van Sarashina. |

---

[5] Een berg in de prefectuur Nagano (Shinano), district Sarashina, van oudsher beroemd om zijn prachtige herfstmaan. Zijn naam ('berg waarop men oude vrouwen achterlaat') wordt verklaard in een oude sage: Een man van Sarashina, die voor zijn oude pleegmoeder zorgde, werd door zijn vrouw aangespoord haar weg te brengen naar de bergen en daar achter te laten. Toen hij de berg terug afdaalde onder het licht van de volle herfstmaan werd hij door een ontroostbaar verdriet bevangen:

| Waga kokoro | Mijn hart is |
| nagusamekanetsu | ontroostbaar als ik opkijk |
| Sarashina ya | naar de volle maan |
| Obasuteyama ni | over de berg Obasute |
| teru tsuki wo mite | hier in Sarashina. |

(Kokinshū)

De volgende ochtend nam hij de oude vrouw terug mee naar huis.

In het Nō-stuk *Obasute*, een adaptatie van deze sage, is de oude vrouw op de berg achtergelaten geworden en er gestorven in eenzaamheid. Een reiziger uit de hoofdstad die de volle maan komt bewonderen, heeft een ontmoeting met haar geest. Bashō's vers is geschreven vanuit het standpunt van deze reiziger.

151

Sarashina ya
mi-yosa no tsukimi
kumo mo nashi

Te Sarashina
zag ik de maan drie nachten
zonder één wolkje.

Etsujin

Hyoro hyoro to
nao tsuyukeshi ya
ominaeshi

Wankel en teer en
des te meer van dauw doordrenkt,
't valeriaantje.

Mi ni shimite
daikon karashi
aki no kaze

Dringt door merg en been:
scherpe smaak van de radijs,
de kille herfstwind.

Kiso no tochi
ukiyo no hito no
miyage kana

Kiso-kastanjes
als souvenir voor onze
wereldse vrienden[6].

Okuraretsu
wakaretsu hate wa
Kiso no aki

Na menig afscheid
en vaarwel uiteindelijk
de herfst van Kiso.

De tempel Zenkōji:

Tsukikage ya
Shimon shishū mo
tada hitotsu

Onder het maanlicht:
Vier Tempels, Vier Leringen,
slechts één verlichting[7].

Fukitobasu
ishi wa Asama no
nowaki kana

Dat stenen spatten,
zo hevig is de herfststorm
op de Asama[8].

[6] In de poëtische traditie golden kastanjes (Aesculus chinensis) als het voedsel van kluizenaars en heilige mannen.

[7] De Zenkōji-tempel was (en is) een tempelcomplex in Nagano, dat tot de Tendai- en Jōdo-secten behoort. De 'Vier Tempels' duiden wellicht op de vier verschillende namen die het tempelcomplex heeft. De 'Vier Leringen' duiden op vier verschillende benaderingen of stromingen in het Boeddhisme: Tendai, Shingon, Zen en Ritsu.

[8] De Asama is een vulkaan op de grens van de prefecturen Nagano en Gunma. Herfststormen zwiepen planten en bomen, maar omdat deze er vrijwel niet zijn op de flanken van de vulkaan, heeft Bashō ze vervangen door stenen en kiezel.

152

Bashō terugdenkend aan de maan over Sarashina.
Geschilderd door Sugiyama Sanpū (1647-1732).
De *hokku* is van Bashō en luidt:

Ganjitsu wa
tagoto no hi koso
koishikere

Op nieuwjaarsdag denk ik
met weemoed aan de zon over
de rijstterrassen.
(nieuwjaar 1689).

Bezit: Tenri bibliotheek, Tenri-shi, Japan.

153

## HOOFDSTUK VIII

## HET SMALLE PAD NAAR HET VERRE NOORDEN

Maan en zon zijn de passanten van honderd generaties en de jaren die komen en gaan zijn eveneens reizigers. Zij die hun leven slijten op boten of die hun oude dag tegemoet gaan aan de breidel van paarden, brengen hun dagen door met reizen en hebben van reizen hun thuis gemaakt Vroeger zijn ook veel mensen op reis gestorven.

Ook ik ben – ik weet niet meer van welk jaar – door de wind die de wolken aan flarden jaagt, aangegrepen en kon het zwerven niet meer uit mijn hoofd zetten: na een zwerftocht langs de kusten, keerde ik in de herfst van verleden jaar terug en verwijderde de spinnewebben van mijn vervallen hut aan de Sumida-rivier, om er de rest van het jaar door te brengen, maar toen de lentenevels in de lucht hingen, kreeg ik het verlangen de grenspost van Shirakawa over te steken: de zwerfgeest nam bezit van de dingen en bracht mijn hart op hol, ik werd gewenkt door de God van de Weg en kon niets meer in mijn handen houden. Toen ik mijn broek gelapt had, een nieuw lint in mijn strohoed gestoken en moxa op mijn knieën gebrand had, drukte vóór alles de maan van Matsushima mij zwaar op het hart. Mijn woonplaats liet ik over aan iemand anders en ik verhuisde naar Sanpū's[1] buitenverblijf:

| | |
|---|---|
| Kusa no to mo | Zelfs mijn strohut krijgt |
| sumikawaru yo zo | nieuwe bewoners en wordt |
| hina no uchi | een huis met poppen[2]. |

Dit was het aanvangsvers van een reeks van acht die ik aan de deurstijl van mijn kluis ophing.

---

[1] Sugiyama Motomasa (1647-1732), discipel en beschermheer van Bashō.
[2] De poppen werden (en worden) in de huiskamer uitgestald naar aanleiding van het meisjesfeest (3de dag van de 3de maand).

154

*Oku no hosomichi.*
Manuscript gecalligrafeerd door Kawai Sora (1649-1710), Sora copieerde Bashō's klad en voegde er achteraf verbeteringen aan toe op basis van de definitieve versie gecalligrafeerd door Soryū.
Bezit: Tenri bibliotheek, Tenri-shi, Japan.
Foto: Uitgeverij Shōgakkan, Tokio.

155

De tweede maand was reeds zevenentwintig dagen oud, mist hing in de morgenlucht, de maan stond bleek aan de hemel en in haar schijnsel was de piek van de Fuji-berg vaag zichtbaar. Wanneer zou ik de bebloesemde twijgen van Ueno en Yanaka terugzien, vroeg ik mij zwaarmoedig af.

Alle vrienden en kennissen verzamelden zich 's avonds bij me en vergezelden me per boot. Toen we op de plaats genaamd Senjū, aan land gingen, woog het vooruitzicht van drieduizend mijl reizen me zwaar op het hart. Op deze tweesprong van de begoocheling weenden we bij het afscheid.

Yuku haru ya           De lente gaat heen,
tori naki uo no        vogels tjilpen, in het oog
me wa namida           van vissen een traan.

Dit was de eerste vrucht van mijn penseel op reis, nog vóór we enige afstand hadden afgelegd. De anderen stonden op de weg om ons na te wuiven zolang ze ons silhouet konden zien.

In dit tweede jaar van Genroku had ik luchthartig de voetreis naar het verre Mutsu en Dewa aangevat, hoewel ik besefte dat in afgelegen streken ontbering slechts de grijze haren doet toenemen, maar het was een streek waar ik wel over gehoord had maar die ik nog nooit gezien had, en in de ongewisse hoop levend terug te keren bereikten we eindelijk de pleisterplaats Sōka.
De dingen die op mijn uitgemergelde schouders wogen, zorgden reeds voor de eerste ontbering. Ik had de reis aangevat met de gedachte niets dan mijn lichaam mee te nemen, maar een papiermantel tegen de kou 's nachts, een badmantel, een regenjas, inkt en penseel en de afscheidsgeschenken die men toch niet kan weigeren, kon ik moeilijk afwerpen en ze moesten dus wel willens nillens reisballast worden.

We bezochten het heiligdom van Muro-no-Yashima. Mijn reisgezel Sora[3] vertelde: 'Deze godheid heet 'Prinses van de bloeiende bomen' en is dezelfde als deze van (het heiligdom Sengen) op de Fuji-berg. Haar

---

[3] Sora (1650-1711) was reeds Bashō's reisgezel in de bedetocht naar Kashima. Hij hield een eigen dagboek bij van deze reis.

eed gestand sloot ze zich op in de hut *(Muro)* zonder deur en stak hem in brand, en temidden van de vlammen werd de godheid Hohodemi geboren, hetgeen verklaart waarom men van *Muro*- no-Yashima spreekt. Deze legende verklaart ook waarom de dichters hier de rook plachten te bezingen'. Anderzijds bestaat er ook een overlevering over de oorsprong van het taboe op de vissoort *Konoshiro*[4].

De dertigste dag overnachtten we aan de voet van de berg Nikkō *(Zonnestralen)*. Onze gastheer zei: 'Men noemt mij Boeddha Gozaemon. Omdat ik in alles eerlijk ben noemen de mensen mij zo. Leg u dus onbezorgd te rusten voor een nacht, zij het dan op een peluw van (gedroogd) gras'[5].

Welke Boeddha zou in deze wereld van bezoedeling en stof neergedaald zijn om deze bedelende monniken op bedetocht ter hulp te komen? Ik bestudeerde aandachtig de handelingen van onze gastheer: hij was gewoon een door en door eerlijk man, zonder slimmigheid of berekening. Hen die 'door hun beslistheid en eenvoud de deugd der menslievendheid nabijkomen'[6] siert de reinheid van hun ongekunstelde inborst het meest.

De eerste dag van de vierde maand gingen we bidden op de heilige berg. Eertijds schreef men de naam van deze berg als *Futara-yama*, maar de Grootmeester Kūkai[7] wijzigde hem tot *Nikkō* *(Zonnestralen-berg)* ter gelegenheid van de inwijding van de tempel.

Zag hij in zijn wijsheid duizend jaar in de toekomst, hoe zijn stralen in onze tijd de hele hemel zouden verlichten, hoe zijn zegen zou stromen naar de acht hemelstreken, zodat de vier standen van het volk in peis en vrede leven[8]. Ik laat het hier verder bij, zo groot is het ontzag dat de berg inboezemt.

---

[4] Zogezegd omdat deze vis, wanneer hij gebraden werd, stonk naar verbrand mensenvlees, en dit werd dan weer in verband gebracht met de godin die zichzelf in brand had gestoken.

[5] Cliché voor: overnachten op reis.

[6] Zinsnede uit de Lun-yü van Confucius.

[7] Beter bekend als Kōbō Daishi (774-835), stichter van de Shingon (esoterische) secte, groot dichter, filosoof en calligraaf, tevens als heilige en wonderdoener heel populair onder het volk, zodat hij de held in talloze sagen en legenden is geworden.

[8] Obligaat compliment aan het toenmalige Tokugawa-regime gericht.

Ara tōto          Oh, hoe wijdingsvol,
aoba wakaba no    jonge, groene bladeren
hi no hikari      in Zonnestralen[9].

De Zwarte-haar-berg[10] was nog in nevel gehuld en zijn piek was nog
wit van de sneeuw:

Sorisutete        Ik schoor mijn zwarte haar,
Kurokamiyama ni   Zwarte-haar-berg, verkleedde mij
koromogae         in de zwarte pij[11].

Sora

Sora's familienaam is Kawai, zijn persoonlijke naam is Sōgorō. Hij had
zijn huisje gebouwd in de schaduw van de bananeboom en hielp mij met
zulke karweitjes als brandhout en water halen. Opgetogen samen met
mij de panorama's van Matsushima en Kisagata te kunnen zien, en ook
in de hoop mij tot troost te zijn in de ontberingen van de reis, had hij
zich op de ochtend van ons vertrek laten kaal scheren, de zwarte
monnikspij aangetrokken en zijn naam Sōgo gewijzigd in het religieuze
homoniem Sōgo ('door de leer verlicht'). Daarom schreef hij dat vers
over de Zwarte-haar-berg. De woorden 'verkleedde mij in de zwarte pij'
hebben een sterke zeggingskracht.

Een twintigtal chō hoger op de berg was een waterval: vanuit een
rotsholte donderde het water honderd voet diep in een azuurblauwe
kom van ontelbaar vele rotsen. Omdat men in een grot gaat staan om de
waterval van achter te bekijken, noemt men hem volgens de overlevering
'de waterval-van-achteren-gezien'.

---

[9] Bedoeld is de Tōshōgū, het mausoleum van Tokugawa Ieyasu (1542-1616), eerste van
de Tokugawa-shōguns, die als godheid vereerd wordt op de Nikkō-berg.

[10] De Kurokamiyama, voornaamste piek van het Nikkō-gebergte.

[11] Het Japanse woord koromogae heeft hier nl. een dubbele betekenis zodat Sora's vers
als volgt dient begrepen te worden: ik schoor mijn zwarte haar, en trok de zwarte
monnikspij aan en nu we op de Zwarte-haar-berg zijn, is het net de dag waarop men de
winterkleren aflegt en de zomerkleren aantrekt.

| | |
|---|---|
| Shibaraku | 'n Poos van afzondering |
| Taki ni komoru ya | achter de waterval: begin |
| ge no hajime | der zomerretraite[12]. |

In de plaats genoemd Nasu-no-Kurobane woonde een kennis van mij. We besloten de kortste weg te nemen en van Nikkō dwars door de vlakte van Nasu te trekken. We waren reeds gekomen op een punt waar we in de verte een dorp konden zien, toen het begon te regenen en de duisternis inviel.

We vroegen om onderdak in een hoeve, en bij het aanbreken van de dag zetten we onze weg verder door de vlakte. Daar stond een paard te grazen. We vroegen de man die gras stond te maaien of we het mochten lenen, en, al was hij maar een boer, hij was inderdaad iemand met een hart: 'Ik kan hier niet weg (om u de weg te wijzen). Anderzijds wordt de vlakte kriskras doorkruist door allerlei zijwegen, zodat vreemde reizigers als u veel kans maken zich van weg te vergissen. Het paard kent de weg, stuur het terug als het niet meer verder wil' zei hij en leende ons het dier. Twee kinderen renden achter het paard aan. Eén was een meisje dat Kasane *(dubbel)* heette. Dat was een ongewone maar lieflijke naam:

| | |
|---|---|
| Kasane to wa | 'Dubbel' is je naam, |
| yaenadeshiko no | hoe passend voor een meisje: |
| na narubeshi | dubbel-anjelier. |

Sora

Weldra kwamen we in een dorp aan. Ik bond wat geld op het zadel en stuurde het paard terug.

We bezochten een zekere Jōbōji, drossaard van Kurobane. Onze gastheer was opgetogen over ons onverwacht bezoek en we bleven de

---

[12] De boeddhistische zomerretraite begon op de 16de dag van de 4de maand. Gedurende negen weken trokken de monniken zich terug in hun cel om te vasten, sūtra's te lezen en te kopiëren.

Wanneer Bashō in de grot achter de waterval staat, op deze heilige berg, wordt hij ingetogen, en omdat de datum van de aanvang van de zomerretraite zo dichtbij is, maakt hij er een verwijzing naar. Zij wordt hier in de eerste plaats gebezigd als seizoenwoord.

hele dag en de hele nacht doorpraten. Zijn jongere broer Tōsui kwam zich van 's morgens tot 's avonds voor ons uitsloven, en nam ons ook mee naar zijn eigen huis, vanwaar we dan verder weer werden genodigd bij zijn familieleden en zo gingen de dagen voorbij.

Tijdens één van die dagen gingen we ver buiten de stad wandelen. We brachten een kort bezoek aan een plaats waar men ooit aan hondeschieten[13] had gedaan. Dan staken we 'de bamboevlakte van Nasu' over en brachten een bezoek aan de oude grafheuvel van Dame Tamamo[14]. Vandaar gingen we naar het heiligdom van Hachiman.

Toen Yoichi van Nasu op de waaier schoot, beval hij zich 'in het bijzonder de godheid van zijn provincie, zijn clan, Hachiman' aan[15]. Men vertelde ons dat hij de godheid was van dit heiligdom, waardoor ik bijzonder diep onder de indruk was. Bij valavond keerden we terug naar het huis van Tōsui.

In de buurt was een tempel van de woudbroeders Kōmyōji genaamd. We werden er uitgenodigd en bogen eerbiedig voor de kapel gewijd aan de Asceet[16]:

| Natsuyama ni | In zomerbergen |
|---|---|
| ashida wo ogamu | bid ik tot Zijn reisklompen |
| kadode kana | voor onze afreis. |

In deze provincie achterin het domein van de tempel Unganji waren de resten van de berghut van Eerwaarde Butchō[17]:

---

[13] Een soort sport populair tijdens de Kamakura-periode. Binnen een cirkel gevormd door ruiters liet men een hond los en de ruiters wedijverden met elkaar om hem het eerst te vellen met pijl en boog.

[14] Een vos met gouden vacht en negen staarten had zich vermomd als Tamamo en werd de favoriete bijzit van keizer Konoe (1139-1155). Haar ware aard kwam echter aan het licht en ze vluchtte naar de vlakte van Nasu. Ze werd door haar achtervolgers gedood en haar wraaklustige geest transformeerde zich in een dodelijke steen, waarvan verderop sprake.

[15] Verwijzing naar een episode tijdens de slag van Yashima tussen de Taira en de Minamoto. Op één van de Taira-boten had een jonge hofdame een rode waaier met gouden zonneschijf aan een paal boven de plecht opgehangen. Yoichi reed met zijn paard de golven in en schoot vanop grote afstand met een pijl de waaier af. Vóór hij zijn pijl loste, riep hij de bijstand in van Hachiman, god van de oorlog *(Heike Monogatari XI, 4)*.

[16] En-no Gyōja (7de-8ste eeuw), stichter van de secte der woudbroeders *(Shugendō)*. Hij wordt gewoonlijk afgebeeld met een pelgrimsstaf in de hand en hoge reisklompen *(ashida)* aan zijn voeten.

[17] Zie blz. 116, n. 13.

'Tateyoko no          In lengte en breedte
goshaku ni taranu     is hij amper vijf voet groot,
kusa no io            mijn grashut, en toch
musubu mo kuyashi     ware 't zonde hem te vlechten
ame nakariseba        als er maar geen regen viel.

schreef ik met houtskool van pijnboom op een rots' heeft hij me ooit verteld.

Op onze wandelstok leunend vertrokken we van de Unganji om de resten van de hut te zien, toen mensen kwamen aangewandeld en ons voorstelden samen verder te wandelen. Er waren vele jonge lieden tussen die onderweg zorgden voor leven in de brouwerij, zodat we aan de voet van de berg uitkwamen voor we er erg in hadden. Het gebergte was diep en het pad slingerde zich ver door het dal. Onder de donkere pijnbomen en ceders, droop het mos van het vocht, en de vroege zomerlucht was nog kil.

Aan het einde van de route der tien vergezichten gingen we de tempelpoort binnen via een brug. Waar waren die resten van de berghut te zien? We beklommen de achterliggende berg en daar stond het hutje op een rotsblok tegen een rotsholte aangeleund. Het leek wel de 'Doodsbarrière' van Zen-meester Miao[18] of de stenen kluis van meester Fayün[19].

Kitsutsuki mo          Zelfs de houtspechten
io wa yaburazu         pikten de grashut niet stuk
natsu-kodachi          in het zomerbos.

Dit vers liet ik alvast achter op de deurstijl.

Vandaar gingen we naar de dodelijke rots. De drossaard leende ons een paard voor de tocht. De paardeknecht vroeg me : 'Schrijf me een gedicht alstublieft.'
Wat een verfijnde smaak voor een paardeknecht, dacht ik en ik schreef:

[18] De Chinese Zen-meester uit de Zuidelijke Sung, Yüan-miao (1238-1295) sloot zichzelf gedurende vijftien jaar op in een grot, waar hij het opschrift 'doodsbarrière' had boven gehangen.
[19] Fa-yün (466-529) bouwde een hutje op een rotsblok en predikte er hele dagen de leer van de verlichting.

No wo yoko ni
uma hikimuke yo
hototogisu

Sla hier het veld in
en leid mijn paard naar de plek
waar de koekoek roept.

De dodelijke rots bevond zich op enige afstand van de warmwaterbronnen naar de bergen toe. De giftige werking van de rots was onverminderd, en insecten als bijen en vlinders lagen er in zo'n hopen dood dat de kleur van het zand niet meer te zien was.

'De wilg waaronder het heldere water vloeit'[20] bevond zich in het gehucht Ashino. Hij stond er nog, op een berm tussen de rijstvelden. De overste van dit district, een zekere Kohō, had mij zo vaak laten weten dat hij mij die wilg wou laten zien, en hier stond ik nu eindelijk in de schaduw van diezelfde wilg, die ik zolang had willen zien.

Ta ichimai
uete tachisaru
yanagi kana

De hele akker
was geplant en toen ging ik
weg van de wilg[21].

Terwijl de dagen van onbestemd voorgevoel elkaar opvolgden, bereikten we de grenspost van Shirakawa. Daar verdween eindelijk de onrust uit mijn zwerfziek hart. Ik begreep waarom de antieke dichter hier een 'bericht wou sturen naar de hoofdstad'[22]. Dit is één van de drie

---

[20] De wilg waarover Saigyō de volgende tanka geschreven had:

Michi no be ni
shimizu nagaruru
yanagi-kage
shibashi tote koso
tachidomaritsure

Aan de kant van de weg
stroomde in de schaduw
van een wilg
helder water zo fris,
even toch bleef ik stilstaan.

(Shin-kokinshū)

[21] In het spoor van Saigyō had Bashō de hele tijd staan mijmeren onder de wilg. Pas toen de akker volgeplant was, ontwaakte hij uit zijn droom en ging weg.

[22] Allusie op een tanka van Taira no Kanemori († 990):

Tayori araba
ikade miyako e
tsugeyaramu
kyō Shirakawa no
seki wa koenu to

Had ik een middel
'k zou een bericht sturen
naar de hoofdstad:
'vandaag stak ik de grenspost
van Shirakawa over.'

(Shūishū)

162

grote grensposten die dichterlijke geesten hebben ontroerd. De herfstwind (van Nōin) fluisterde mij in de oren en de rode esdoornbladeren
(van Yorimasa) verschenen me vóór de geest, waardoor de groene
bladeren aan de twijgen nog bekoorlijker werden[23]. De witte doorn-
rozen bloeiden tussen het wit van de bruidsbloemen, en het leek wel
alsof we de grenspost onder de sneeuw overtrokken. Eertijds zette
iemand hier zijn hoed recht en trok zijn beste kleren aan, heeft Kiyosuke
ergens geschreven[24].

| | |
|---|---|
| Unohana wo | De grenspost over |
| kazashi ni seki no | met een bruidsbloem op mijn hoed: |
| haregi kana. | knap op mijn paasbest! |

Sora

We trokken verder en staken de Abukuma-rivier over. Links rees de
piek van de Aizu, rechts lagen de domeinen van Iwaki, Sōma en Miharu
en verderop begrensde een reeks bergen de provincies Hitachi en Shimo-
tsuke. Toen we voorbij de plaats 'Spiegelveen' trokken, was de hemel die
dag juist bewolkt en was er geen weerspiegeling te zien.

---

[23] De herfstwind bezongen in de volgende tanka van Nōin Hōshi (998-1050):

| | |
|---|---|
| Miyako wo ba | Over de hoofdstad |
| kasumi to tomo ni | hingen nog lentenevels |
| tachishikado | toen ik afreisde, |
| akikaze zo fuku | hier waait reeds de herfstwind, |
| Shirakawa no seki | grenspost van Shirakawa. |

(Goshūishū)

De rode esdoornbladeren bezongen door Minamoto no Yorimasa (1104-1180):

| | |
|---|---|
| Miyako ni wa | De hoofdstad zag ik |
| mada aoba nite | getooid met groene bladeren, |
| mishikadomo | nu ligt de grenspost |
| momiji chirishiku | van Shirakawa reeds onder |
| Shirakawa no seki | rode esdoornbladeren. |

(Sensaishū)

[24] Fujiwara no Kiyosuke (1104-1177) schreef in zijn *Fukuro Sōshi* dat Taketa no
Kuniyuki zijn beste kleren aantrok om de grenspost over te trekken, ingetogen als hij was
door de band met Nōins beroemde vers.

163

In de pleisterplaats Sukagawa bezochten we mijn kennis Tōkyū, die ons vier of vijf dagen onderdak verleende. Het eerste wat hij vroeg was 'Welke was je indruk bij het oversteken van de grenspost van Shirakawa?'

'Ik was uitgeput naar geest en lichaam van de lange reis, het landschap bracht mij zo in vervoering en ik was zo in de ban van de dichters van weleer, dat mijn inspiratie niet behoorlijk op dreef kwam.

| Fūryū no | De eerste poëzie |
| hajime ya Oku no | in het Noorden was het lied |
| ta-ue-uta | van de rijstplanters. |

Ik kon het niet over mijn hart krijgen hier zonder enig vers voorbij te trekken' legde ik uit. Tōkyū voegde er een tweede en Sora een derde vers aan toe en we schreven drie rollen bijeen.

Naast de uitspanning stond een grote kastanjeboom. In zijn schaduw woonde een monnik die de wereld de rug had toegekeerd. Was de afgelegen berg, waar Saigyō kastanjes[25] raapte ook zo, vroeg ik me in stilte af en ik schreef op een blad het volgende neer:
'Het schriftteken *kastanje* schrijft men met het teken voor 'Westen' en dat voor 'boom'. Het is dus een boom die naar het Westelijk Paradijs (van Amida) voert. Daarom gebruikte Gyōki-bosatsu gedurende zijn gehele leven zowel voor pelgrimsstaf als voor balken steeds kastanjehout, wordt gezegd.

| Yo no hito no | Geen mens ontdekte |
| mitsukenu hana ya | de kastanjeboom in bloei |
| noki no kuri | boven de dakrand.' |

Even buiten de pleisterplaats Hiwada, zo'n vijf mijl van het huis van Tōkyū, lagen, niet ver van de weg af, de bergen van Asaka. In de buurt waren er vele vijvers. Omdat het tijdstip dat de *katsumi-* irissen geplukt

---

[25] Allusie op Saigyō's tanka:

| Yama fukami | Diep in de bergen |
| iwa ni shidaruru | sijpelt water op de rots, |
| mizu tamen | ik zal het stoppen |
| katsugatsu otsuru | om de schaarse kastanjes |
| tochi hirou hodo | die vallen, op te rapen. |

(Sankashū)

164

worden, niet ver af meer was[26], vroeg ik de mensen in de buurt, waar we
die bloemen konden vinden, doch er was niemand die het wist. Terwijl
we van de ene vijver naar de andere liepen, en bij de bewoners navraag
deden naar de irissen, was de zon gedaald aan de bergkim. In Nihonmatsu sloegen we rechts af, brachten een vluchtig bezoek aan de grot
van Kurotsuka[27] en overnachtten te Fukushima.

Bij het morgenkrieken gingen we naar het dorp van Shinobu om er de
steen, op wiens grillige oppervlak men destijds stoffen placht te verven,
te bezichtigen. In een afgelegen gehucht in de schaduw der bergen lag de
steen half in de grond verzakt. Een dorpsjongen kwam er aan en
vertelde ons: 'Vroeger bevond hij zich boven op deze berg, maar omdat
de mensen die stoffen wilden gaan verven op de steen, de gewassen
vertrappelden, hebben de verontwaardigde boeren hem in de vallei doen
rollen, waardoor de steen ondersteboven is komen te liggen.' Dat zou
best kunnen.

| Sanae toru | Handen verplanten |
| temoto ya mukashi | rijst, met heimwee naar de tijd toen |
| shinobuzuri. | ze stoffen verfden. |

We staken de rivier over bij het veer van de 'Maanschijf', en kwamen
aan in de pleisterplaats Senoue. Anderhalve mijl verderop, links, aan de
rand van de bergen lag de ruïne van het baljuwslot van Satō[28]. Ik had
gehoord dat de plaats Sabano heette, in het gehucht Iizuka, en daarop
afgaande belandden we bij een heuvel Maruyama genoemd. Hier was

---

[26] Sinds de *Kokinshū* waren de vijvers van Asaka bekend om hun *katsumi*- bloemen:

| Michinoku no | In de vijvers |
| Asaka no numa no | van Asaka in het noorden |
| hanagatsumi | bloeit de katsumi. |
| katsumiru hito ni | Soms zie ik mijn geliefde, |
| koi ya wataramu | ik zal steeds van haar houden. |

Bashō meende dat deze *katsumi* werden geplukt op de 5de dag van de 5de maand,
omdat Tō no Chūjō, Fujiwara no Sanekata (zie noot 29), tijdens zijn verbanning in de
noordelijke provinciën, *katsumi* op zijn dak had gelegd op deze dag van het jongensfeest
*(tango-no-sekku)* i.p.v. de gebruikelijke irissen.

[27] Hier lag een duivel begraven.

[28] Satō Motoharu, sneuvelde in deze streek in 1189 in dienst van Minamoto no
Yoshitsune.

het oude baljuwslot. Aan de voet van de heuvel lagen de ruïnes van d
hoofdpoort, vertelde ons iemand en ik weende terwijl ik naar hen
luisterde. Verderop in een oude tempel waren er ook nog grafstenen van
de familie. In het bijzonder de grafstenen van de twee jonge vrouwen
waren ontroerend. Hoewel slechts vrouwen, hebben ze toch in de werel
een naam van heldhaftigheid nagelaten, dacht ik en plengde een traan i
mijn mouw[29]. Het was bijna de Chinese 'Gedenksteen der Vallend
Tranen'[30]. We gingen de tempel binnen en vroegen thee, en daar blee
men het zwaard van Yoshitsune en de reistas van Benkei[31] als familie
schatten te bewaren.

Oi mo tachi mo          Tooi de meimaand ook
satsuki ni kazare       met de reistas en het zwaard,
kaminobori              niet alleen de bannieren[32].

Dat was de eerste dag van de vijfde maand.


Die nacht overnachtten we in Iizuka. Omdat er een warme bron was
namen we eerst een bad en zochten dan onderdak: het was een armtierig
huis, waar gewoon een stromat op de aarden vloer gespreid was. Er was
zelfs geen lamp, zodat we ons bed moesten spreiden en slapen in he

---

[29] Toen Satō Tsugunobu en Tadanobu, de zonen van Motoharu, gesneuveld waren
troostten hun vrouwen hun schoonmoeder door een wapenrusting aan te trekken en de
triomfantelijke terugkeer van hun echtgenoten uit te beelden.
  Bashō vergist zich eigenlijk van tempel. Weliswaar liggen de twee echtgenoten in de Iōji
tempel begraven, maar de vrouwen zijn bijgezet in de Katchūdō in Saigawa, waar ook de
houten beelden, die hen voorstellen in wapenrusting, te zien zijn.
[30] Toen de Chinees Yang Hu († 278 na Chr.) stierf, werd voor hem een gedenksteen
opgericht in herinnering aan zijn grote verdiensten voor het vaderland (de Chin-dynastie).
Omdat bij het zien van deze steen, iedereen weende, gaf de dichter Tu Yü hem de naam
'Gedenksteen der Vallende Tranen'.
[31] Benkei († 1189), stoere priester-krijger, die Minamoto no Yoshitsune's mees
verknochte dienaar werd en hem tot in de dood toegewijd bleef.
  De loopbaan en wederzijdse trouw van dit tweetal zijn geïdealiseerd geworden in de
literatuur, waar zij de allure van legendarische, tragische helden aannemen.
[32] De 5de dag van de 5de maand is het feest van de jongens. Rond deze tijd worden
kleurige banieren opgehangen aan hoge palen in de tuin, meestal in de vorm van karpers
die moed en andere samoerai-deugden illustreren. Het vers is een groet aan de bewoners
van de tempel: nu dat het de tijd van het jongensfeest is, zult u wellicht de banieren uit
hangen, maar vergeet ook niet de oude familieschat, nl. het zwaard van Yoshitsune en de
reistas van Benkei ten toon te stellen, want, meer nog dan de banieren, zullen zij de
jongens aansporen zich toe te leggen op de samoerai-deugden.

Bashō en Sora op weg naar de noordelijke provinciën.
Geschilderd door Morikawa Kyoriku (1656-1715).
Gedateerd: zesde jaar van Genroku (1693).
Bezit: Tenri bibliotheek, Tenri-shi, Japan.

schijnsel van het haardvuur. Tijdens de nacht donderde het en regende het pijpestelen. Het plafond boven ons lekte en we werden gebeten door vlooien en muggen, zodat we geen oog dichtdeden. Ik kreeg zelfs een aanval van mijn chronische kwaal en verloor bijna het bewustzijn. Zodra de korte zomernacht begon te dagen trokken we verder. Nog onder de invloed van de vorige nacht voelde ik mij niet lekker. We huurden een paard tot aan de pleisterplaats van Ko'ori. Met nog een lange weg voor de boeg maakt dergelijke ziekte de reis inderdaad hachelijk, maar wie zwerft in afgelegen streken is zich bewust van de vergankelijkheid van het vege lijf, ja als je moet sterven op reis, dan is dat de wil van de hemel. Deze gedachte gaf me weer wat moed en met lustige tred stak ik de grenspost Ōkido over naar de provincie Date.

We passeerden de vestingssteden Abumizuri en Shiroïshi en trokken het district van Kasajima binnen, waar we iemand de weg vroegen naar de grafheuvel van Commandant Sanekata van de Fujiwara-familie[33] 'Ginds ver aan onze rechterkant aan de rand van de heuvels zie je de gehuchten Minowa en Kasajima. Daar zijn nu nog het kapelletje van de God van de Weg[34] en 'het pampagras van de herinnering'[35] zo vertelde hij me. Door de zomerregens van de laatste dagen was de weg in erg slechte staat, en ik was zo vermoeid dat ik er vrede mee nam, die plaatsen van verre te bewonderen en verder te trekken. De namen van de twee gehuchten met hun echo van regenjas *(mino)* en regenhoed *(kasa)* waren zo toepasselijk op het regenseizoen dat ik schreef:

| Kasajima wa | Waar is de weg naar |
|---|---|
| izuko satsuki no | Regenhoedeiland? vol slijk |
| nukarimichi | van de zomerregens. |

[33] Sanekata († 998), provinciegouverneur en dichter. Stierf in ballingschap ver van de hoofdstad.

[34] Volgens de legende zou Sanekata dit kapelletje voorbij gereden zijn zonder van zijn paard af te stappen. Hij wekte de toorn op van de god, werd van zijn paard geworpen en was op slag dood.

[35] Saigyō schreef bij het graf van Sanekata de volgende tanka:

| Kuchi mo senu | Sanekata liet |
|---|---|
| sono na bakari wo | slechts een onsterfelijke naam na, |
| todomeokite | in de dorre vlakte |
| kareno no susuki | is pampagras het enige |
| katami ni zo miru | wat aan hem herinnert. |

(Shin-kokinshū)

168

We overnachtten in Iwanuma.

Toen ik de pijnboom van Takekuma zag was ik meteen klaar wakker.
Vlak boven de grond splitsten zijn wortels zich in een tweelingstam: ik
wist dat het dezelfde boom was als eertijds.
Ik werd meteen herinnerd aan priester Nōin. Destijds had iemand, die
daar gekomen was als gouverneur van de provincie Mutsu, deze boom
laten omhakken en gebruikt als pijler voor de brug over de Natori-rivier.
Daarom wellicht schreef Nōin in zijn gedicht: 'Van de pijnboom ditmaal
geen spoor meer te zien'[36]. Door de eeuwen heen heeft men deze boom
herhaalde malen omgehakt en steeds weer een nieuwe geplant, vertelde
men ons, maar toen ik hem zag, was hij weer uitgegroeid tot een
duizendjarige reus, voorwaar een gezegende pijnboom.

| | |
|---|---|
| Takekuma no | 'Toon hem de pijnboom |
| matsu misemōse | van Takekuma, late |
| osozakura | kersebloesems' |

had de dichter Kyohaku[37] geschreven ten afscheid. Dus schreef ik:

| | |
|---|---|
| Sakura yori | Na de kersebloesems |
| matsu wa futaki wo | lang verwacht: de dubbele pijn |
| mitsuki goshi | na drie maand reizen. |

We staken de Natori-rivier over en bereikten Sendai. Het was de dag
waarop men irissen over de dakrand van de huizen spreidt[38]. We

---

[36] Eén van de tanka van Nōin Hōshi wordt voorafgegaan door de volgende inleidende
tekst:
Toen ik voor de tweede maal naar de noordelijke provinciën reisde, was er geen
pijnboom meer te bespeuren. Daarom schreef ik:

| | |
|---|---|
| Takekuma no | Van de pijnboom |
| matsu wa kono tabi | van Takekuma ditmaal |
| ato mo nashi | geen spoor meer te zien, |
| chitose wo hete ya | net alsof inmiddels wel |
| ware wa kitsuramu | duizend jaren verstreken zijn. |

(Goshūishū)

[37] Familienaam Kusakabe († 1696). Een discipel van Bashō, woonachtig te Edo,
mogelijkerwijze afkomstig uit de noordelijke provinciën.
[38] Om de kwade geesten te weren. Dit gebruik was een onderdeel van de magisch-
religieuze handelingen die men uitvoerde n.a.v. het jongensfeest (5de dag van de 5de
maand). Bashō bereikte Sendai op de 4de dag.

169

vroegen om onderdak en bleven er een vijftal dagen. Daar woonde een schilder, Kaemon genoemd. Ik had gehoord dat hij een man was met cultuur en we maakten met hem kennis. 'Sedert jaren al doe ik onderzoek naar ongeïdentificeerde plekken bezongen in oude gedichten, zei hij, en hij leidde ons een hele dag rond. De lespedeza in de vlakte van Miyagi groeide weelderig, en ik kon me voorstellen hoe het in de herfst moest zijn. Te Tamada, Yokono en Tsutsuji-ga-oka stonden de witte rododendrons in bloei. We kwamen in een bos van pijnbomen waar de zonnestralen niet doorheen konden komen. Dit noemt men hier 'Onder de bomen' verklaarde hij. Eertijds reeds viel de morgendauw hier zo dik dat men het gedicht schreef:

Dienaars, (zeg hier):
'Uw regenhoed, mijnheer!'[39]

We baden nog even in de tempel Yakushidō en het heiligdom van Tenjin en zo eindigde de dag. Hij schonk ons enkele kaarten met verschillende gezichten van Matsushima en Shiogama en als afscheidsgeschenk nog eens twee paar strosandalen met donkerblauwe (iriskleurige) riempjes. Dit toonde nog het duidelijkst aan welk verfijnd man hij was.

| Ayamegusa | Ik zal irissen binden |
| ashi ni musuban | aan mijn voeten als riemen |
| waraji no o | voor mijn sandalen[40]. |

Vertrouwend op Kaemons landkaarten reisden wij verder tot we aan het smalle pad naar het verre noorden kwamen, waar aan de zoom van

---

[39] De volledige tekst luidt:

| Misaburai | Dienaars, zeg hier: |
| mikasa to mōse | 'uw regenhoed, mijnheer!' |
| Miyagino no | want in Miyagi |
| ko no shita tsuyu wa | onder de bomen is de dauw |
| ame ni masareri | dichter dan de regen. |

(Kokinshū)

[40] Het is net het jongensfeest. Overal spreidt men lisbloemen op de dakrand van de huizen, om het onheil af te weren. Ikzelf heb geen huis, maar laat ik tenminste lis aan mijn sandalen binden, om mijzelf een behouden reis toe te wensen.

170

de heuvels de zegge van de zeggemat met tien strengen[41] te vinden was. Naar verluidt vlecht men ook nu nog telkenjare een zeggemat van tien strengen die men aan de landheer schenkt.

De stèle van Tsubo: in het kasteel van Taga in het dorp Ichikawa. De stèle van Tsubo is meer dan zes voet hoog en zo'n drie voet breed. Door het mos heen zijn de schrifttekens nog vaag zichtbaar. De afstanden in mijlen tot aan de vier uithoeken van het land staan erop aangegeven. *'Deze vesting werd gebouwd in het eerste jaar van Jinki* (724) *door de edele Ōno-no-Azumahito, provincie-inspecteur en generaal-opperbevelhebber van het Pacificatie-garnizoen, en verbouwd door de edele Emi-no-Asakari, keizerlijk raadsman en militair commissaris van de circuits van Tōkaidō en Tōzandō, in het zesde jaar van Tenpyō-hōji* (762). *Twaalfde maand, eerste dag'* staat erop. Dat komt overeen met de regeringsperiode van keizer Shōmu.

De overleveringen omtrent de beroemde plekken die van oudsher in de poëzie bezongen zijn, zijn talrijk, maar dit belet niet dat sindsdien de bergen verzakt zijn, de stromen verdergestroomd zijn, de wegen verlegd zijn, de stenen bedekt geraakt onder de aarde, de bomen verouderd en vervangen door jonge boompjes, en dat, door het vlieden van de tijd en de opeenvolging der generaties, niets onveranderd is gebleven, maar hier had ik nu ontegensprekelijk een duizendjarig getuigenis voor me en kon ik met eigen ogen de ziel van iemand uit de oudheid peilen. De verdienste van de pelgrimstocht, de vreugde van te leven! Ik vergat de vermoeienis van de reis en kon mijn tranen niet bedwingen.

Vandaar gingen we een kijkje nemen naar de Tama-rivier in Noda en de Steen van Oki. Op de berg Sue-no-Matsuyama heeft men een tempel gebouwd, die men genoemd heeft naar de berg: Matsushōzan. Tussen de pijnbomen stond het vol met grafstenen: is dat het einde van alle eden van liefde en trouw? vroeg ik me af, en droefenis vulde mijn hart. Over het strand van Shiogama hoorden we de avondklok weergalmen. De zware hemel van het regenseizoen klaarde wat op en in de schemer van de avondmaan zag men het eiland Magaki vlak in de buurt. De kleine vissersbootjes meerden aan en toen ze de gevangen vis onder elkaar verdeelden, begreep ik waarom men over hun geschreeuw gedicht had:

---

[41] De hele term is een poëtische omschrijving voor zegge.

'hoe triest die handen op de jaaglijn'[42]

en ik was diep ontroerd.

Die avond reciteerde een blinde muzikant een ballade-drama van het Noorden onder begeleiding van de *biwa*-luit. Het was geen ballade uit de *Heike-monogatari* cyclus noch een *kōwakamai*-dans. Zijn stijl was onverfijnd en zijn getingel was lawaaierig zo dicht bij mijn hoofdkussen, maar het trof mij toch diep dat men hier in deze uithoek deze oude traditie nog niet vergeten was.

's Morgens vroeg gingen we bidden in het heiligdom van de godheid Myōjin van Shiogama. Het was gerestaureerd door de landheer: dikke pilaren, rijk geornamenteerde vlotters, stenen trappen negen vademen hoog en vermiljoenen balustrades fonkelend in de morgenzon. Dat tot in deze verre uithoek, tot aan de grenzen van dit land, de goden aanwezig zijn, is een verheven kenmerk van onze nationale tradities. Vóór het heiligdom stond een antieke lantaarn. Op de ijzeren klapdeur stond: '*schenking van Izumi no Saburō, anno 1187.*' Het was een bijzonder merkwaardig gevoel vóór mij een getuigenis te zien dat iemand vijfhonderd jaar geleden had nagelaten. Hij was een dapper en trouw krijgsman; de roep van zijn heldhaftige daden is tot op heden onverminderd. Inderdaad, de mens moet zich toeleggen op de Weg en de deugd van trouw naleven en 'zijn faam zal dan navenant zijn', zo staat er geschreven.

Het liep tegen de middag aan. We huurden een boot en staken over naar Matsushima. Na ongeveer twee mijl landden we op het strand van Ojima.
Hoe vaak het ook gezegd is, Matsushima is het mooiste landschap van ons land. Het hoeft zich niet te schamen voor het Tung-t'ing-meer of het Westelijke Meer in China. Vanuit het zuidoosten stroomt de zee landin-

---

[42] Laatste regel van de volgende tanka:

| Michinoku wa | In het noorden zie |
|---|---|
| izuko wa aredo | je allerlei gezichten, |
| Shiogama no | maar te Shiogama, |
| ura kogu fune no | waar de boten door de baai varen, |
| tsunade kanashi mo | hoe triest die handen op de jaaglijn. |

(Kokinshū)

172

waarts en vormt er een baai van drie mijl diep. De vloed is er even machtig als in Che-chiang. Een ontelbaar aantal eilanden zijn hier verzameld. Sommige zijn steil en wijzen naar de hemel, andere liggen neer en kruipen over de golven. Sommige liggen in dubbele of driedubbele lagen over elkaar. Links zijn er die zich splitsen, rechts zijn er die samensmelten. Sommige lijken op kinderen gedragen op de rug van hun ouders, andere zijn net als ouders die hun kroost omhelzen. De pijnbomen zijn er diep groen, hun takken en naalden worden onophoudend gezwiept door de zilte zeewind, zodat ze als het ware van nature gebogen en gesnoeid worden. Het landschap is van een intense schoonheid, als het gezicht van een mooie vrouw. Matsushima moet geschapen zijn door de berggod Ōyamatsumi in het tijdperk der goden. Welke sterveling zou dit meesterwerk van de schepping met zijn penseel kunnen beschrijven?! Het eiland Ojima is als een schiereiland dat in zee uitsteekt. De resten van Zenmeester Ungo's tempel en zijn meditatie-rots waren er nog te zien. Ook bleken er nog enkele mensen te wonen die de wereld ontvlucht waren en teruggetrokken woonden in strohutjes onder de pijnbomen, waaruit de rook van gevallen bladeren en pijnappels opsteeg. Ik vroeg mij af wie het was die hier woonde en, toen ik enigszins nieuwsgierig naderbij ging, weerkaatste de maan op de zeespiegel en toverde een nieuw landschap, verschillend van dat tijdens de dag. We keerden terug naar het strand en zochten onderdak. Onze kamer was op de tweede verdieping van de herberg en we gingen slapen met alle ramen open. Te logeren temidden van de wind en de wolken gaf mij een opwindend, bijna mysterieus gevoel.

| Matsushima ya | Oh, in Matsushima, |
| tsuru ni mi wo kare | tooi je met de kraan haar |
| hototogisu | veders, koekoek[43]. |

schreef Sora.

Ik zweeg en probeerde te slapen maar het lukte mij niet. Bij mijn afscheid aan mijn oude kluis (te Edo) had Sodō een Chinees gedicht over Matsushima en had Hara Anteki mij een *waka* over Matsu-ga-Urashima

---

[43] In oude gedichten is sprake van de pluvier die het gevederte van de kraanvogel leent. Nu is het echter niet het seizoen van de pluvier, maar van de koekoek. Bij pijnbomen hoort een kraanvogel; gecombineerd met jouw lied, koekoek, ware dat volmaakt. Daarom zeg ik je: leen het gevederte van de kraanvogel.

173

geschonken. Ik opende mijn knapzak en ze hielden mij die avond gezelschap. Ik had ook nog *hokku* van Sanpū en Jokushi[44].

Op de elfde brachten we een bezoek aan de Zuiganji-tempel. Lang geleden was de tweeëndertigste abt van deze tempel Makabe no Heishirō, die, na priester te zijn geworden, naar China trok en bij zijn terugkeer de tempel reformeerde. Later onder de deugdzame Zenmeester Ungo werden de zeven hallen herbouwd en schitterend versierd met goud en sieraden, een waar boeddharijk op aarde! Ik vroeg mij af waar de tempel van de fameuze wijze Kenbutsu gestaan kon hebben.

Op de twaalfde begaven wij ons op weg naar Hiraizumi. Ik had gehoord dat de pijnboom van Aneha en de brug van Odae in de buurt waren. We sloegen paden in waar niemand kwam behalve jagers en houtvesters. We wisten niet welke richting uit te gaan, vergisten ons van weg en belandden in de haven Ishi-no-maki. Van hieruit keken wij uit op de 'Goudbloemberg', waarover Ōtomo no Yakamochi destijds het gedicht 'Waar bloemen van goud zijn ontloken' had geschreven voor de keizer[45]. In de baai voeren honderden scheepjes, aan wal stonden de huisjes op elkaar gepakt en ontelbare rookpluimen stegen op uit hun fornuizen. Dat we in zo'n plaats zouden uitkomen was een totale verrassing. We zochten onderdak maar er was niemand die ons wilde opnemen. Uiteindelijk konden we de nacht doorbrengen in een armtierig huisje. De volgende ochtend zetten wij onze reis verder over onbekende wegen. We liepen over een uitgestrekte dijk, van waaruit we een panorama hadden over het veer van Sode-no-watari, de alm van Obuchi-no-maki en de rietvlakte van Mano. Over een eenzame weg, langs een dode arm van de rivier kwamen we aan in Toïma, waar we één nacht bleven.

---

[44] Yamaguchi Sodō (1642-1716), *haijin* van de Kigin-school, vriend van Bashō.
Hara Anteki (?), arts en tanka-dichter.
Nakagawa Jokushi (?), samoerai in dienst van de *daimyō* van Ōgaki, vriend van Bashō.
[45] Herinnert aan de tanka:

| Sumeroki no | Ten teken dat ons |
|---|---|
| miyo sakaemu to | keizershuis zal bloeien |
| Azuma naru | zijn in het oosten |
| Michinoku-yama ni | in de bergen van Michinoku |
| kugane-hana saku | bloemen van goud ontloken. |

(Manyōshū 4097)

De volgende dag, na een tocht van in totaal wel meer dan twintig mijl, meen ik, bereikten we eindelijk Hiraizumi.

Hier vervluchtigde de roem van drie generaties van Fujiwara's als de droom van één nacht[46]. De ruïnes van de Grote Poort lagen één mijl aan deze zijde van het kasteel. Waar eens het paleis van Heer Hidehira had gestaan, waren nu alleen nog velden. Het enige wat was overgebleven was de Berg van de Gouden Haan. We beklommen eerst de heuvel van Yoshitsune's fort. Beneden ons zagen we hoe de Koromo-rivier zich slingert om de plek van het kasteel van Izumi no Saburō[47] om aan de voet van de heuvel uit te monden in de Kitakami-rivier, de grote stroom die vanuit Nanbu komt. Yasuhira's fort was gesitueerd aan de overkant van de grenspost van Koromo, klaarblijkelijk ter verdediging van de invalswegen van Nanbu naar Hiraizumi tegen de Noordelijke Barbaren. Hier in dit fort op de heuvel was het inderdaad dat de trouwe vazallen van Yoshitsune zich verschansten. Het gras was de enige getuige van hun kortstondige roem.

Tu Fu's vers:

'Rijken vergaan maar bergen en rivieren blijven,
In de kasteelruïnes komt de lente en wordt het gras groen.'

kwam mij voor de geest. Ik ging op mijn hoed zitten en huilde over het vervliegen van de tijd.

| Natsugusa ya | Weelderig zomergras: |
| tsuwamonodomo ga | alles wat overblijft |
| yume no ato | van de krijgersdroom. |

[46] Hiraizumi was ooit het toneel van een schitterende hofhouding, toen Fujiwara no Kiyohira (1056-1128), veldheer en militair gouverneur, de plaats uitbouwde tot zijn hoofdkwartier. Hij begon met de bouw van een groot tempelcomplex, de Chūsonji, die werd verdergezet door zijn zoon Motohira († 1157) en kleinzoon Hidehira († 1187). Diens zoon Yasuhira († 1189) viel de voortvluchtige en door zijn oudere broer Yoritomo opgejaagde Minamoto no Yoshitsune aan in 1189, waardoor deze laatste zich genoodzaakt zag zelfmoord te plegen. De gehaaide Yoritomo beloonde hem echter niet voor deze dienst, maar annexeerde zijn territorium. Yasuhira, die met zijn aanval op Yoshitsune tegen de laatste wens van zijn stervende vader was ingegaan, werd verraden en vermoord door één van zijn eigen samoerai.
[47] Hidehira's derde zoon, die wel de zijde van Yoshitsune had gekozen, maar dus samen met deze laatste door zijn oudste broer Yasuhira werd vernietigd.

| U-no-hana ni | In de bruidsbloemen |
| Kanefusa miyuru | zie 'k even Kanefusa |
| shiraga kana | zijn witte haren[48]. |

Sora

De twee hallen (van de tempel Chūsonji), waarover ik wonderbare verhalen had gehoord, openden hun deuren voor me. In de Hal der Schriften werden de beelden van de drie generaals bewaard. In de Hal van het Stralende Licht waren hun doodskisten bijgezet en stond een boeddha-triade opgesteld. Ook deze hallen zouden door het gras zijn overwoekerd, hun schatten verspreid, hun met edelstenen bezette deuren door de wind verscheurd, hun goudkleurige pilaren door rijm en sneeuw gerot, maar men had er nieuwe muren omheen gebouwd en het dak met pannen bedekt, om ze te beschermen tegen regen en wind en dit duizendjarige monument alsnog te vrijwaren.

| Samidare no | Zelfs zomerregens |
| furinokoshite ya | lieten haar glans ongedeerd, |
| Hikaridō | Stralende Lichthal. |

Wij bogen af van de weg die noordwaarts naar Nanbu voert, en overnachtten in het gehucht Iwade. Via de plaatsen Ogurozaki, Mizu-no-Ojima en de warme bron van Narugo bereikten we de grenspost van Shitomae, van waaruit we de provincie Dewa wilden binnentrekken. Omdat slechts weinig reizigers hier voorbijkwamen wekten we het wantrouwen van de grenswachters, maar uiteindelijk werden we toch doorgelaten. Toen we een grote berg beklommen, viel de duisternis reeds in. We troffen er het huis van een grenswachter aan en vroegen om onderdak. Er brak een storm uit die ons willens nillens drie dagen in de bergen ophield.

| Nomi shirami | Vlooien, luizen en |
| uma no shito suru | een paard dat staat te plassen |
| makuramoto | naast mijn hoofdkussen[49]. |

---

[48] Kanefusa (1127-1189), was een trouwe dienaar van Yoshitsune. Ondanks zijn hoge leeftijd – vandaar zijn witte haren – streed hij heldhaftig in de fatale slag tegen Yasuhira.

[49] Boerderijen in deze streken hadden geen aparte stallen. Dieren en mensen leefden vaak onder hetzelfde dak.

Onze gastheer zei: 'De weg die van hieruit in de provincie Dewa voert, gaat over grote bergen en is onzeker. Je neemt best een gids om je erover heen te leiden.' We volgden zijn raad op en vroegen hem iemand voor ons te vinden. Het was een robuuste jonge kerel die aan zijn gordel een kromzwaard droeg. Met een eikehouten stok in de hand ging hij ons voor. Vandaag staan ons verschrikkelijke gevaren te wachten, dacht ik. We liepen achter hem aan met de vrees in het hart. Onze gastheer had gelijk gehad. De hoge bergen waren dicht bebost en niet één vogel liet er zijn gezang horen. Het bladerdak van de bomen was zo dik dat we wel door de nacht leken te lopen. Met het gevoel dat 'het fijn stof regende uit de zoom der wolken'[50] baanden we ons een weg doorheen de dwerg-bamboe, sprongen over beken en struikelden over rotsblokken tot we, nat van het koude zweet, in de streek van Mogami aankwamen.

Onze gids zei: 'Langs deze weg valt altijd wat voor. Vandaag heb ik u veilig en wel hierheen kunnen brengen. We mogen van geluk spreken' en opgewekt nam hij van ons afscheid. Achteraf een verhaal over die overtocht horen volstond al om mijn hart weer te doen bonzen.

In Obanazawa brachten we een bezoek aan een zekere Seifū. Hij was een welstellend man, maar niet onedel van inborst[51]. Af en toe reisde hij naar de hoofdstad en kende dus de gevoelens van het reizen. Hij hield ons meerdere dagen op en overlaadde ons met zijn gastvrijheid om ons de ontberingen van de lange reis te doen vergeten.

| Suzushisa wo | In deze koelte |
| wagayado ni shite | voel ik me lekker thuis en |
| nemaru naru | neem mijn gemak[52]. |

[50] Echo van een vers uit een gedicht van Tu Fu, getiteld: *Cheng fu-ma cha yen t'ung-chung*:

Komt men het rieten paviljoen voorbij, dan waant men zich
aan de voet van een berg bij de Yang-tzu,
en klimt men hoger op de stenen trap waar de wind waait,
dan regent het fijn stof uit de zoom der wolken.

[51] Suzuki Seifū, handelaar in saffloerbloemen (gebruikt voor make-up). Als *haijin* behoorde hij aanvankelijk tot de Danrin-school, maar schakelde later over naar de Bashō-stijl.
Handelaars werden door de militaire aristocratie beschouwd als cultuurloze parvenu's, een feodaal vooroordeel dat nog gevoed werd door de afgunst van de militairen op de grotere rijkdom van de handelaars. Velen onder hen namen de cultuur van de militaire aristocratie echter over en waren dus wel 'edel van inborst', m.a.w. gecultiveerd.

[52] Groet aan Seifū.

177

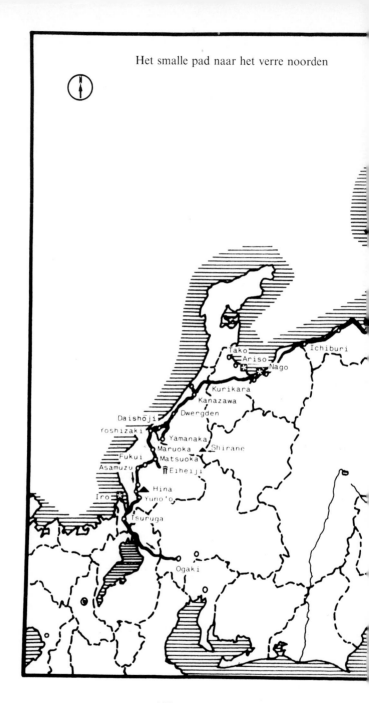

Het smalle pad naar het verre noorden

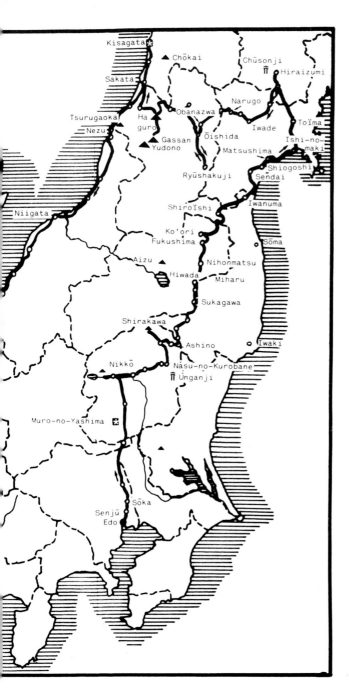

Kisagata
▲ Chōkai
Chūsonji
Hiraizumi
Sakata
Narugo
Tsurugaoka
Ha guro
Obanazawa
Iwade
Toīma
Nezu
Gassan
Ōishida
Ishi-no-maki
Yudono
Matsushima
Ryūshakuji
Shiogoshi
Sendai
Niigata
Shiroīshi
Iwanuma
Ko'ori
Fukushima
Sōma
Aizu ▲
Nihonmatsu
Hiwada
Miharu
Sukagawa
Shirakawa
Ashino
Iwaki
Nikkō
Nasu-no-Kurobane
Unganji
Muro-no-Yashima
▲
Sōka
Senjū
Edo

179

| Haiide yo | Kom daar vandaan! |
|---|---|
| kaiya ga shita no | kwakende pad onder de |
| hiki no koe | zijderupsenkas[53]. |

Mayuhaki wo — Een make-up kwastje,
omokage ni shite — daar doet ze mij aan denken
beni no hana — deze saffloerbloem.

Kogai-suru — De vrouwen voeden
hito wa inishie no — zijderupsen, in dezelfde
sugata kana. — plunje als eertijds.

Sora

In het gebied van Yamagata is een bergtempel, Ryūshakuji genaamd
en gesticht door Grootmeester Jikaku[54]. Het is een oord van grote rust
en sereniteit. Naar het zeggen van de mensen was hij een bezoek waard.
Daarom maakten we vanuit Obanazawa een omweg van zeven mijl (om
hem te bezichtigen). Toen we eraan kwamen was het nog klaar. Eerst
zochten we een kamer in het gastenverblijf van het klooster aan de voet
van de berg en klommen daarna naar de tempelhallen op de top. De

[53] Herinnert aan twee waka uit de *Manyōshū*:

Asagasumi — Hoorde ik maar je stem,
kahiya-ga-shita ni — als van de kikker die schuilt
naku kawazu — in de ochtendnevel
koe dani kikaba — in het hokje op de akkers,
are koime ya mo — zou ik dan nog triestig zijn?!

(Manyōshū, 2265)

Asagasumi — Als de kikker
kahiya-ga-shita — die zingt achter het hokje
naku kawazu — in de ochtendnevel,
shinobitsutsu ari to — is daar geen meisje zoetgevooisd
tsugenu ko mo ga mo — dat zegt: ik hou van je?

(Manyōshū, 3818)

[54] Beter bekend als Ennin (794-865), één van de patriarchen van het Tendai-boed-
dhisme. Hij zou de tempel Ryūshakuji gesticht hebben in 860, in opdracht van keizer Seiwa
(regeerde 858-876).

180

berg bestond uit een immense stapel rotsen begroeid met oude pijnbomen en cypressen. De stenige bodem leek oud en verweerd en was met fluwelig mos bedekt. Op de rotsen stonden de twaalf tempelhallen met hun deuren vergrendeld. Er heerste een algehele stilte. We ontweken afgronden, klauterden over rotsen en nadat we een gebed gepreveld hadden in de tempels, keken we uit over een prachtig landschap dat baadde in volkomen stilte en het was alsof ons hart gereinigd werd:

| | |
|---|---|
| Shizukesa ya | Volkomen stilte! |
| iwa ni shimiiru | het getsjirp van de cicades |
| semi no koe | dringt door rotsen heen. |

In het plaatsje Ōishida wachtten we op goed weer om de Mogami-rivier per boot af te varen. Iemand van de streek vertelde me: 'Lang geleden werd hier het zaad van haikai gezaaid en nu hebben we heimwee naar die bloeitijd van weleer, die levendig in de herinnering is gebleven. Al is onze poëzie slechts het geluid van een 'schamele fluit van riet of hoorn', we hebben enig dichterlijk gevoel ontwikkeld en met zoeken en tasten beoefenen we deze kunst. De laatste tijd weten we niet meer of we de oude stijl of de nieuwe moeten volgen en er is niemand om ons daarin leiding te geven.' Onder de aandrang van deze smeekbede stemde ik ermee in een rol kettingverzen na te laten. Zo vond door deze reis mijn poëzie zelfs ingang in zulke afgelegen gebieden.

De Mogami-rivier ontspringt in de provincie Michinoku en zijn bovenloop bevloeit Yamagata. Onderweg kent de stroom meerdere schrikwekkende versnellingen zoals Goten, Hayabusa e.d. De rivier stroomt dan ten noorden van de berg Itajiki en mondt tenslotte uit in de zee bij Sakata. Links en rechts hangen de bergflanken over de rivier en de boten varen tussen dicht gebladerte door. Zo'n boot met rijst geladen noemde men in de klassieke poëzie 'rijstboot'[55].

---

[55] Allusie op de tanka :

| | |
|---|---|
| Mogami-gawa | De rijstboten |
| noboreba kudaru | varen de Mogami-rivier |
| inabune no | gedurig op en af, |
| ina ni wa arazu | ik zeg niet nee, ongedurige, |
| kono tsuki bakari | alleen niet van de maand. |

(Kokinshū)

181

De waterval 'De Witte Draad' donderde tussen het groen gebladert naar beneden en de kapel 'De Hal der Onsterfelijken' rees op langs d oever. De rivier was gezwollen en maakte de boot moeilijk te besturen

| | |
|---|---|
| Samidare wo | Van zomerregens |
| atsumete hayashi | zwanger vliedt de Mogami |
| Mogamigawa | pijlsnel naar zee. |

De derde dag van de zesde maand beklommen we de berg Haguro We bezochten een zekere Zushi Sakichi, die ons voorstelde aan d eerwaarde prior Egaku[56]. Deze bracht ons onder in een alleenstaand kapel in het Zuiddal en toonde zich een hartelijk en attentievol gastheer De vierde dag was er een haikai-bijeenkomst in de residentie van d prior.

| | |
|---|---|
| Arigataya | Gezegend is dit |
| yuki wo kaorasu | Zuiddal met zijn sneeuw geurig |
| Minamidani | van de Zuidenwind[57]. |

De vijfde dag bezochten we het heiligdom van Haguro Gongen. D stichter van dit heiligdom was Grootmeester Nōjo, maar men weet nie wanneer hij geleefd heeft. In de *Riten en Ceremonies van de Engi periode*[58] is er sprake van een heiligdom van Satoyama in de provinci Dewa (Ushū Satoyama). Bij het copiëren heeft men wellicht *Kur* verward met *Sato*. De huidige naam van de berg *Haguroyama* is da wellicht een verkorting van *Ha*(shū) *Kuroyama*[59]. Het schijnt dat vol

---

[56] of: Ekaku († 1707), een vooraanstaand Tendai-monnik.

[57] Echo van een Chinees gedicht:

Alle mensen lijden onder de hitte,
maar ik hou van de lange zomerdagen,
wanneer een geurig briesje uit het zuiden
een beetje koelte brengt in de hal.

(Kobun Shinbō)

Dit vers is een groet aan Ekaku.

[58] *De Engishiki* (927) is een verzameling voorschriften, samengesteld als een aanvullin op de administratieve voorschriften die waren opgesteld in het begin van de 8ste eeuw Aangezien er een verregaande verstrengeling was van bestuur en religie, bevat het werk ve voorschriften i.v.m. Shintō-ritueel en de administratie der heiligdommen.
Bashō is echter abuis. In de *Engishiki* is geen sprake van het heiligdom van Ush Satoyama.

[59] U(shū) kon ook als Ha(shū) gelezen worden. Bij de contractie werd Kuro- guro

gens een oud heemkundig boek de provincie Dewa haar naam ontleent
aan het feit 'dat ze veren *(ha* of *wa)* van gevogelte stuurde als jaarlijks
tribuut aan de keizer'. Samen met de bergen Gassan en Yudono wordt
de berg Haguro tot de 'Drie Bergen'[60] van de provincie gerekend. De
tempel volgt de ritus van de tempel Kan'eiji, de Oostelijke Eizan te Edo
in Musashi[61]. Hier schijnt de heldere maan van de Tendai-meditatie,
hier brandt het licht van de leer der volmaakt kosmische éénwording. De
kwartieren der monniken staan er op een rij en men legt er zich toe op
de ascetische oefeningen der woudbroeders. De wonderbaarlijke werking
van deze heilige berg boezemt de mensen eerbied en ontzag in. Het is een
gezegende berg waarvan de glorie in de eeuwigheid zal voortduren.

De achtste beklommen we de berg Gassan. Met een sjaal van gevloch-
ten katoen om ons lichaam en een witte doek, 'kostbaar hoofddeksel'
genoemd, op ons hoofd, en geleid door één van die berggidsen die men
'krachtmensen' noemt, klommen we door wolken en nevel, over sneeuw
en ijs over een afstand van acht mijl, zo hoog dat ik me afvroeg of we
niet de wolkenpas naar de baan van zon en maan zouden oversteken.
Toen we buiten adem en verstijfd van de kou de top bereikten, was de
zon reeds ondergegaan en scheen de maan. We spreidden bamboeblade-
ren op de grond als matras en bamboestengels als hoofdkussen en
legden ons te rusten tot het ochtend werd. Toen de zon opkwam en de
wolken weggetrokken waren, daalden we af naar Yudono.

In een uithoek van het dal is er een plek die men de 'Smidse' noemt.
Deze plek had een smid uit deze provincie uitgekozen om haar wonderbare water. Nadat hij zichzelf erin gereinigd had, temperde hij er zijn
zwaarden in en graveerde er vervolgens de signatuur Gassan in, die een
beroemd waarmerk werd. Er staat trouwens geschreven dat men ook in
de fameuze Drakenbron[62] in China zwaarden temperde. Ik dacht aan
het oude verhaal van Kan Chiang en Mo Yeh[63] dat aantoont dat wie in
een kunst wil uitmunten, blijk moet geven van grote doorzetting.

[60] d.w.z. bergkloosters of -tempels.
[61] Kan'eiji is de hoofdtempel van de Tendai-secte in de Kantō-regio (Musashi) en is dus
de evenknie te Edo van Eizan te Kyōto.
[62] Het water van de Drakenbron (Lung-ch'üan) in China was bekend om zijn
temperende eigenschappen.
[63] Beroemd Chinees zwaardsmid (3de eeuw vóór Chr.). Hij en zijn vrouw Mo Yeh

Ik ging op een rots zitten om wat uit te blazen, toen ik een kerseboom
opmerkte van nauwelijks drie voet hoog. Zijn bloesemknoppen waren
reeds half open. Hoe liefelijk is de bloesem van de late kerseboom die de
lente niet heeft vergeten, ook al lag hij begraven onder pakken sneeuw.
Het was alsof ik hier de geur rook van 'de pruimebloesem in de
schroeiende zomerhitte'[64]. Toen ook het aangrijpende gedicht van bisschop Gyōson[65] mij voor de geest kwam, werd ik nog dieper ontroerd
door de bloesems. In principe is het mij volgens de regels van de pelgrim
verboden de geheimen van deze berg mee te delen. Bijgevolg schrijf ik er
verder niets meer over. Toen we naar ons logies terugkeerden, schreven
we op verzoek van de eerwaarde de verzen van onze bedetocht naar de
Drie Bergen neer op papierstrookjes.

| | |
|---|---|
| Suzushisa ya | Hoe fris het bleek licht |
| hono mikazuki no | van de wassende maan boven |
| Haguroyama | de Haguro-berg. |

| | |
|---|---|
| Kumo no mine | Hoeveel wolken zijn |
| ikutsu kuzurete | opgelost vóór de maan scheen |
| tsuki no yama | boven de Maanberg[66]. |

| | |
|---|---|
| Katararenu | Spreken mag ik niet[67] |
| Yudono ni nurasu | maar in Yudono weende |
| tamoto kana | ik mijn mouwen nat. |

---

knipten hun haar en nagels af en gooiden ze in het vuur van de smeltoven om het metaal te
doen smelten. Ze smeedden er vervolgens twee zwaarden uit die hun naam droegen.

[64] Allusie op een Chinees gedicht.

[65] Gyōson (157-1135) was een bisschop van de Tendai-secte. Het gedicht dat Bashō
bedoelt, luidt:

| | |
|---|---|
| Morotomo ni | Laten we elkaar |
| aware to omoe | als oude vrienden beschouwen, |
| yamazakura | kersebloesems, |
| hana yori hoka ni | in de bergen zijn jullie |
| shiru hito mo nashi | de enige die ik ken. |

(Kinyōshū)

[66] Woordspeling op de plaatsnaam Gassan, een samenstelling van de woorden maan
(tsuki) en berg (yama).

[67] Allusie op het verbod voor pelgrims om de zgn. geheimen van de berg mee te delen.

Yudono-yama                          Oh Yudono-berg,
zeni fumu michi no                    ik trap op het offergeld
namida kana                          op het pad en ween[68].


                    Sora


We verlieten Haguro en in de versterkte stad Tsurugaoka werden we
ontvangen in het huis van een samoerai, Nagayama Shigeyuki[69]
genaamd. We schreven er een rol kettinggedichten. Zushi Sakichi was tot
daar meegekomen om ons uit te wuiven. Per boot voeren we de rivier af
tot aan de haven van Sakata. Daar overnachtten we in het huis van een
arts En'an Fugyoku[70] genaamd.

Atsumiyama ya                        Van de Atsumi-berg
Fuku-ura kakete                      tot aan Fukuura-strand
yūsuzumi                             één avondkoelte.

Atsuki hi wo                         De schroeiende zon
umi ni iretari                       heeft de Mogami-rivier
Mogami-gawa                          naar zee meegespoeld.

Ik zag talrijke stromen en bergen, wateren en land, en nu kon ik niet
weerstaan aan het verlangen de baai van Kisagata te bezichtigen. Vanuit
de haven van Sakata trokken we in noordoostelijke richting over bergen,
langs kustrotsen en over zanderige stranden. We hadden tien mijl
afgelegd, toen rond het tijdstip dat de zon begon te zakken, een zeebries
opstak die het zand opjoeg en een druilregen de berg Chōkai omsluierde.
We gingen verder als op de tast en troostten ons met de gedachte dat
een landschap in de regen ook zijn charme heeft en dat na regen
zonneschijn komt[71]. We gingen schuilen in een vissershut en wachtten
tot de regen ophield.

De volgende ochtend was de hemel opgeklaard en straalde de
ochtendzon in al haar glorie. We voeren de baai op. Eerst legden we aan

---

[68] In zijn dagboek *(Sora Nikki)* vermeldt Sora dat het offergeld overal op het pad
rondgestrooid lag.
[69] Een dichter van de Bashō-school.
[70] Familienaam Itō (?-1697), haikai-dichter.
[71] Parafrasering van een passage in *Zoku-tsurezuregusa,* geschreven door Shūryō
Sakugen.

185

op het eiland dat naar de priester Nōin genaamd was, en brachten een bezoek aan de plek waar hij drie jaar als kluizenaar geleefd had[72]. Toen voeren we naar de overkant van de baai, waar de oude kerseboom herinnerde aan de priester Saigyō, die hem bezongen had in zijn gedicht 'roeiend over de bloesems'[73]. Aan het strand ligt een tombe. Men beweert dat het die is van Keizerin Jingū[74]. De tempel heet Kanmanjuji. Ik had nooit gehoord dat de Keizerin hier geweest was. Wat is er van aan? Toen we in de kamer van de abt zaten en de rolgordijnen opgingen, ontvouwde zich het hele panorama vóór onze ogen: in het zuiden reikt de Chōkaiberg tot aan de hemel en wordt weerspiegeld in de wateren van de baai, in het westen ziet men de baan tot aan de grenspost van Muyamuya; in het oosten ligt een opgeworpen dijk en verderop vaag zichtbaar de weg naar Akita; in het noorden ligt de plaats Shiogoshi waar de golven van de oceaan stukbreken. De baai is ongeveer één mijl breed, doet denken aan Matsushima en is toch anders. Matsushima is als een lach, Kisagata als een gefronste wenkbrauw. Het is er niet gewoon eenzaam maar zelfs triest en de natuurlijke gesteldheid heeft iets van een schoonheid met gebroken hart.

| Kisagata ya | Te Kisagata, |
| ame ni Seishi ga | mooi als Hsi Shih in de regen: |
| nebu no hana | zijdeboombloesems[75]. |

[72] Het gaat hier om een legende geïnspireerd door een gedicht van Nōin:

| Yo no naka wa | Zo is het leven |
| kakute mo hekeri | dan vervlogen aan de baai |
| Kisagata ya | van Kisagata, |
| ama no tomaya wo | rieten hutten van vissers |
| wagayado ni shite | verschaften mij onderdak. |

(Goshūishū)

[73] Het gedicht, dat in Bashō's tijd verkeerdelijk aan Saigyō werd toegeschreven, luidt

| Kisagata no | De kersebloesems, |
| sakura wa nami ni | begraven in de golven |
| uzumorete | van Kisagata... |
| hana no ue kogu | in hun bootjes roeien |
| ama no tsuribune | de vissers over bloesems. |

[74] De eega van keizer Chūai. Zij was regentes van 201 tot 269. Bashō's scepticisme over de historiciteit van haar bezoek aan deze streek is terecht.

[75] Hsi Shih (5de eeuw vóór Chr.) was een beroemde Chinese schoonheid. Haar ouders waren arm en zij moest de kost verdienen met het verkopen van brandhout. Wanneer zij

| Shiogoshi ya | Te Shiogoshi |
| tsuru hagi nurete | baden kraanvogels pootje |
| umi suzushi | in de koele zee. |

Feestdag:

| Kisagata ya | Oh, Kisagata |
| ryōri nani kuu | wat biedt de kermistafel |
| kamimatsuri | op deze feestdag[76]. |

Sora

| Ama no ya ya | De vissers zitten |
| toita wo shikite | op de luiken vóór hun hut |
| yūsuzumi | in de avondkoelte. |

Teiji
(Handelaar uit de provincie Mino)

We zagen een nest van visarenden op een rots:

| Nami koenu | Is het de trouw van |
| chigiri arite ya | de arenden die hun nest |
| misago no su | voor de baren hoedt[77]. |

Sora

triest was, placht ze haar wenkbrauwen te fronsen, maar dit deed niets af aan haar schoonheid, integendeel.

De Chinese dichter Su Tung-p'o (1036-1101) vergeleek in een beroemd gedicht het Westelijke Meer met de schoonheid Hsi Shih:

Over het weidse watervlak flikkeren de zonnestralen,
prachtig is het meer bij helder weer,
maar als de bergen vaag te zien zijn doorheen het
waas van motregen, is het landschap ook bekoorlijk.
We kunnen het Westelijke Meer vergelijken met Hsi Shih:
bekoorlijk met lichte make-up net zo goed als met zware make-up.
(Yamamoto Kazuyoshi, *So Shi, Chūgoku shibun-sen* XIX., Tōkyō, 1973, p. 59-62).

De bloesems van de zijdeboom in de regen te Kisagata zijn mooi als het met Hsi Shih vergeleken Westelijke Meer in de regen.

[76] Op deze feestdag gewijd aan de godheid Kumano Gongen at men geen vlees of vis.

[77] In de klassieke poëzie gelden bergen die niet door de golven overspoeld worden, als

187

We bleven verscheidene dagen in Sakata rondhangen vooraleer afscheid te nemen van vrienden en kennissen. Toen namen we de Route van Hokuriku onder een bewolkte hemel. De gedachte aan de verre weg vóór ons bezwaarde mijn hart. Ik hoorde dat honderddertig mijlen ons scheidden van de hoofdstad van de provincie Kaga. We staken de grenspost van Nezu over en trokken door het grondgebied van de provincie Echigo, tot we de grenspost Ichiburi in de provincie Etchū bereikt hadden. Tijdens deze tocht, die negen dagen duurde, leed ik van de hitte en de vochtigheid en werd ik ziek, zodat ik niets in mijn dagboek optekende.

| | |
|---|---|
| Fumizuki ya | Tanabata-maand, |
| muika mo tsune no | ook de nacht van de zesde |
| yo ni wa nizu | is anders alhier[78]. |

| | |
|---|---|
| Araumi ya | De woelige zee! |
| Sado ni yokotau | over het eiland Sado |
| amanogawa | strekt zich de melkweg. |

Die dag hadden we de gevaarlijkste plaatsen van het Noordland overgestoken, met namen zoals 'Achtergelaten ouders-verstoten kinderen', 'Teruggekeerde hond', 'Teruggestuurd Paard'. Ik was uitgeput en had mijn kussen reeds onder mijn hoofd geschoven om te slapen, toen ik in de belendende kamer aan de voorkant de stemmen van twee jonge vrouwen hoorde. De stem van een oudere man viel in en uit het gesprek bleek dat het prostituées waren uit Niigata in de provincie Echigo. Zij

symbolen van trouw in de liefde. Sora zinspeelt op de volgende tanka:

| | |
|---|---|
| Kimi wo okite | Jou achterlaten |
| atashi kokoro wo | en van een ander houden, |
| waga motaba | zal ik niet eerder, |
| Sue no matsuyama | dan de golven de berg |
| nami mo koenamu | Sue-no-Matsu overspoelen. |

(Kokinshū)

[78] Het feest van Tanabata greep telkenjare plaats op de 7de dag van de 7de maand van de maankalender. Het is de enige dag waarop, volgens de Chinese legende, het weefstertje en de koeherder (2 sterrebeelden), die innig van elkaar houden maar door de melkweg van elkaar gescheiden zijn, bij elkaar mogen komen.
Dit vers is geschreven in Naoezu, waar op de vooravond van Tanabata een feest gehouden werd.

gingen op bedevaart naar het heiligdom van Ise en de man was met hen meegekomen tot aan de grenspost. Zij waren een vluchtige boodschap aan het schrijven die hij 's anderendaags terug mee zou nemen naar hun familie: 'Zoals de vissersmeisjes hun leven slijten op de stranden waar de witte golven stukbreken, zwerven we en leiden een ellendig bestaan, onze liefde zwerend aan minnaars van één nacht. Welke zonden hebben wij bedreven in een vorig leven dat wij tot dit ellendig bestaan gedoemd zijn?!'[79] Luisterend naar hun gefluister sliep ik in. 's Anderendaags 's morgens bij het vertrek kwamen ze naar ons toe en smeekten met tranen in de ogen: 'De reisweg is ons onbekend, en vervult ons met angstige voorgevoelens en droefheid. We zouden in uw spoor willen volgen, al is het zonder ons aan u te laten zien. Uw pij is het teken van uw mededogen, laat ons delen in de zegen van Boeddha's groot medelijden en leid ons naar het pad van de genade'. Het was aandoenlijk, maar ik zei: 'Het spijt ons maar wij stoppen onderweg op vele plaatsen. U moet gewoon iemand volgen die dezelfde richting uitgaat als uzelf. De bescherming der goden zal ervoor zorgen dat u veilig aankomt'. Zo maakte ik me van hen af en we vertrokken, maar mijn gevoel van deernis bleef nog enige tijd nawerken.

| Hitotsuya ni | Onder 't zelfde dak |
| yujo mo netari | sliepen ook prostituées, |
| hagi to tsuki | lespedeza en maan[80]. |

Ik zei het vers op tegen Sora, die het meteen optekende.

We staken de Kurobe-rivier met haar achtenveertig spreekwoordelijke versnellingen en ontelbare andere rivieren over en kwamen aan in de baai van Nago. Hoewel de bloeitijd van de blauweregen van Tako uiteraard in de lente valt, dacht ik dat zijn vroege herfstkleuren toch ook

---

[79] Geïnspireerd door de tanka:

| Shiranami no | Wij, vissersmeisjes, |
| yosuru nagisa ni | slijten ons leven aan stranden, |
| yo wo sugusu | waar witte golven |
| ama no ko nareba | aanrollen en stukbreken, |
| yado mo sadamezu | en wij dakloos blijven. |

(Shin-kokinshū)

[80] De lespedeza's symboliseren de prostituées, de maan de dichter.

189

hun charme moesten hebben. We vroegen iemand de weg: 'het is vijf mijl hiervandaan; je volgt de kust en hij staat in de schaduw van gindse berg; maar, er zijn slechts enkele vissershutten en ik geloof niet dat je bij iemand onderdak zult vinden'. Door deze woorden afgeschrikt reisden we door tot in de provincie Kaga.

| Wase no ka ya | Baanden ons een weg |
|---|---|
| Wakeiru migi wa | door geurige rijst met rechts |
| Ariso-umi | de Ariso-zee. |

We trokken over de Unohana-berg en via de pas van Kurikara en de vallei kwamen we te Kanazawa aan op de vijftiende dag van de zevende maand. Hier troffen we Kasho aan, een handelaar uit Ōsaka. We logeerden in dezelfde herberg. In de stad woonde een zekere Isshō [81], die naar ik vernomen had, bekend was als een groot amateur van de haikai-kunst en een zekere faam had, maar nu vernam ik dat hij vorig jaar in de winter gestorven was op nog jonge leeftijd. Zijn oudere broer hield een bijeenkomst ter zijner nagedachtenis, waar ik de volgende verzen schreef:

| Tsuka mo ugoke | Graf, wees ook ontroerd |
|---|---|
| waga naku koe wa | door mijn stem die om je huilt |
| aki no kaze | met de herfstwind. |

Uitgenodigd in een kluizenaarshut:

| Aki suzushi | Herfstkoelte: met zijn |
|---|---|
| tegoto ni muke ya | allen meloenen pellen |
| uri nasubi | en aubergines [82]. |

Gedicht van onderweg:

| Aka aka to | Rood gloeit de zon nog |
|---|---|
| hi wa tsurenaku mo | meedogenloos heet en toch |
| aki no kaze | waait al een herfstwind. |

---

[81] Kosugi Isshō (1653-1688) was een erg verdienstelijk dichter, één van de eersten die met succes schreef in de Bashō-stijl.

[82] Het vers beschrijft de groenten die geserveerd worden in de kluizenaarshut. Het is bedoeld als groet aan de bewoner.

*Aka aka to*

Aka aka to
hi wa tsurenaku mo
aki no kaze

Rood gloeit de zon nog
meedogenloos heet en toch
waait al een herfstwind.

Bashō.

De *hokku* werd geschreven in 1689
tijdens de voetreis naar het verre
noorden. Schildering en calligrafie
door Bashō (ca. 1691).
Bezit: Tenri bibliotheek, Tenri-shi,
Japan.
Foto: Uitgeverij Shōgakkan, Tokio.

In het stadje 'Dwergden' genoemd:

Shiorashiki  
na ya komatsu fuku  
hagi susuki  

Hoe lieflijk je naam  
Dwergden! de wind streelt het riet  
en de lespedeza.  

Hier brachten we een bezoek aan het heiligdom van Tada Hachiman. Men bewaart er de helm en een stuk brokaat van de wapenrok van Sanemori[83]. Destijds toen hij nog in dienst was van de Minamoto, kreeg hij de helm van heer Yoshitomo[84], vertelde men mij. Het was inderdaad geen gewoon samoeraistuk. Van het vizier tot aan de oorbeschermers liep een patroon van chrysanten ingelegd met goud en op de top van de helm stonden een draak en een helmteken in de vorm van twee opstaande horens. Nadat Sanemori gesneuveld was, liet Yoshinaka van Kiso[85] de helm en het stuk brokaat, vergezeld van een geschreven gebed, opdragen in het heiligdom. Higuchi no Jirō[86] werd met de zending belast enz. Dat alles was levendig in de kroniek van het heiligdom beschreven.

Muzan ya na,  
kabuto no shita no  
kirigirisu  

'Hoe hartverscheurend[87]'  
onder de helm zit nu  
een krekel die tsjirpt.  

We gingen naar de warme bronnen van Yamanaka met in de rug een gezicht op de berg Shirane. Aan onze linkerkant aan de voet van een berg lag een tempel aan Kannon gewijd. Nadat de priester-keizer Kazan de bedetocht van de drieëndertig Kannontempels voltooid had, wijdde hij hier een beeld van Kannon, de bodhisattva van Grote Barmhar-

---

[83] Saitō Sanemori (1111-1183) sneuvelde op 73-jarige leeftijd aan de zijde van de Taira in de veldslag bij Shinohara, in de streek waar Bashō thans op doorreis was. Oorspronkelijk was hij in dienst van de Minamoto, maar naderhand liep hij over naar de Taira. Uit vrees dat zijn grijze haren het voorwerp van spot zouden worden op het slagveld, placht hij zijn haren zwart te verven. De rode wapenrok (hitatare) van brokaat droeg hij over zijn wapenrusting in de fatale veldslag, omdat deze gestreden werd in zijn geboortestreek en een oud spreekwoord luidde: 'Draag een kleed van brokaat als je naar je geboortestreek terugkeert'.

[84] Minamoto no Yoshitomo (1123-1160) was de vader van Yoritomo, grondlegger van de heerschappij van de Minamoto, en van de tragische held Yoshitsune.

[85] Minamoto no Yoshinaka (1154-1184), opgevoed in Kiso, was een groot generaal van de Minamoto. Toen hij in opstand kwam werd hij gedood door Yoritomo's troepen.

[86] Een luitenant van Yoshinaka en oude strijdmakker van Sanemori.

[87] Uitdrukking ontleend aan het Nō-stuk *Sanemori*.

192

tigheid, in en noemde de tempel Nata(dera), zo vertelt men. Men zegt dat de naam een samenstelling is van de beginlettergrepen van Nachi en Tanigumi[88]. Tussen de rotsen met allerlei grillige vormen stonden oude pijnbomen geplant en het tempeltje met zijn rieten dak stond boven een rots gebouwd. Het was een wonderlijke plek.

| Ishiyama no | Rotsen witter dan |
|---|---|
| ishi yori shiroshi | die van Ishiyama en nog |
| aki no kaze | witter: de herfstwind[89]. |

We baadden in de warme bron. Men zegt dat ze de grootste helende kracht heeft op die van Arima na.

| Yamanaka ya | Te Yamanaka |
|---|---|
| kiku wa taoranu | plukt men geen chrysanten: |
| Yu no nioi. | het water geurt er[90]. |

De waard van de herberg heette Kumenosuke, nog een knaap. Zijn vader was een liefhebber van haikai. Toen de jonge Teishitsu[91] uit de hoofdstad naar hier kwam, kreeg hij van hem een lesje in dichtkunst en keerde met beschaamde kaken naar Kyōto terug, waar hij in de leer ging bij Teitoku en naderhand beroemd werd. Ook nadat hij beroemd was geworden, weigerde hij elk ereloon voor kwotering van gedichten uit dit dorp, zegt men. Dat is nu echter een oud verhaal.

Sora had last van buikpijn en omdat hij familie had in Nagashima, in de provincie Ise, besloot hij alleen voorop te gaan. Bij zijn vertrek liet hij het volgende vers achter:

[88] Keizer Kazan (regeerde van 984-986) deed op 18-jarige leeftijd troonsafstand en trad in in het klooster. Nachi is de plaats van de eerste en Tanigumi die van de laatste van de 33 Kannontempels.

[89] Er wordt gezegd van deze rotsen hier te Nata dat ze witter zijn dan de beroemde witte rotsen van de Ishiyamadera-tempel in de provincie Ōmi, maar nog witter lijkt mij de herfstwind.

[90] Allusie op de oude Chinese legende verwerkt in het Nō-stuk *Kikujidō (de chrysanten-jongen):* in de bergen woont een knaap die levenselixir vervaardigt door een magische formule te schrijven op de bladeren van chrysanten en ze vervolgens op de stroom te laten meevoeren. Dit elixir schenkt de knaap eeuwige jeugd.

Bashō's vers bedoelt: hier heb ik geen behoefte aan het elixir van de chrysanten, want de wateren van deze bron zijn zo geneeskrachtig dat ze als elixir werken.

[91] Yasuhara Masahira (1610-1673), haikai-dichter van de Teitoku-school.

Yuki yukite            Ik ga en ik ga
taorefusu tomo         en bezwijk ik, mijn graf zal
hagi no hara           een lespedezaveld zijn.

Sora

De droefheid van degene die weggaat, de spijt van degene die achter-
blijft, het is als duiven die van elkaar gescheiden worden en dwalen in de
wolken. Op mijn beurt schreef ik:

Kyō yori ya            Vanaf vandaag dan
kakitsuke kesan        zal de dauw het opschrift op
kasa no tsuyu          mijn hoed uitvegen[92].

Ik overnachtte in de tempel Zenshōji buiten de muren van de versterkte stad Daishōji. Dit is nog grondgebied Kaga. Ook Sora had hier
daags tevoren overnacht en het volgende vers achtergelaten:

Yomosugara             De hele nacht lang
akikaze kiku ya        hoorde ik de herfstwind
ura no yama            huilen rond de berg.

Het is eender of je slechts één nacht dan wel duizend mijl van elkaar
gescheiden bent. Ook ik luisterde naar de herfstwind toen ik te bed lag
in de slaapzaal. Kort vóór het morgenkrieken werd ik gewekt door het
heldere gezang van de monniken. Toen de gong werd geslagen, begaf ik
mij naar de eetzaal. Die dag wou ik tot in de provincie Echizen reizen.
Toen ik gehaast de eetzaal buitenging, kwamen enkele jonge monniken
met papier en inktsteen me achterna gerend tot beneden aan de trap. De
wilgen in de tuin verloren juist hun bladeren:

Niwa haite             Als ik de tuin veeg
idebaya tera ni        mag ik dan de tempel verlaten?
chiru yanagi           kalende wilgen[93].

Zonder na te denken, met mijn sandalen aan mijn voeten, krabbelde ik
dit vers neer.

[92] Zie blz. 134, n. 42.
[93] Het was de gewoonte dat wie in een Zen-tempel onderdak had gekregen, vóór zijn
vertrek één of ander klusje opknapte.

Te Yoshizaki, aan de grens van Echizen, stak ik per boot de baai over om de pijnbomen van Shiogoshi te bezichtigen.

Yomosugara          De hele nacht lang
arashi ni nami wo    zwiept de storm de baren op
hakobasete          tegen de takken
tsuki wo taretaru    te Shiogoshi druipen
Shiogoshi no matsu   de pijnen van het maanlicht.

Saigyō

In dit ene gedicht worden de vele gezichten hier samengevat. Iedere verdere commentaar hierop is als een zesde vinger aan de hand. Omdat de abt van de tempel Tenryūji te Maruoka een oude vriend was, bracht ik hem een bezoek. Er was nog een zekere Hokushi[94] van Kanazawa, die me een eindje uitgeleide had willen doen, maar uiteindelijk tot hier was meegekomen. Bij geen enkel van de vergezichten die we tegenkwamen liet hij na een vers te bedenken, en van tijd tot tijd liet hij mij ontroerende gedichten horen. Toen we van elkaar afscheid namen schreef ik:

Mono kaite          Vol zomerkrabbels
ōgi hikisaku         en toch valt het zwaar mijn waaier
nagori kana         stuk te scheuren[95].

Ik ging bidden in de tempel Eiheiji, die op vijftig *chō* van de weg aan de bergkant lag. Dit is de tempel gesticht door Zen-meester Dōgen[96]. Dat hij ver weg van het wereldse leven van de hoofdstad in de schaduw van deze bergen een tempel heeft gebouwd, bewijst hoe verheven zijn ideaal was, zeggen sommigen.

Omdat Fukui op slechts drie mijl lag, vertrok ik na het avondeten, maar ik kwam niet vooruit over de schemerige weg. Hier leidde Tōsai

[94] Tachibana Hokushi († 1718), een dichter in de Bashō-stijl.
[95] In de herfst heeft men geen waaier meer nodig, maar als ik kijk naar de krabbels en aantekeningen die ik erop gemaakt heb tijdens de zomer, dan is het toch met pijn in het hart dat ik hem scheur.
Metafoor voor het verdriet bij het afscheid van Hokushi.
[96] Dōgen (1200-1253), stichter van de Sōtō-sekte van het Zen-boeddhisme, één van Japans grote denkers en heilige mannen.

sinds lang een teruggetrokken leven. Ooit was hij naar Edo gekomen, mij een bezoek brengen. Dat was al meer dan tien jaar geleden. Hij moet nu stokoud zijn of reeds gestorven, dacht ik, maar toen ik iemand naar hem vroeg, bleek hij nog in leven te zijn en men wees mij de plaats waar hij woonde. Verborgen in een stil deel van de stad stond een armtierig huisje: het was overwoekerd door morgenglories en kalebassen en het hek zat verborgen onder de hanekam en de ganzevoet. Hier was het! En toen ik op de deur klopte, kwam een schamel uitziende vrouw naar buiten. Ze zei: 'Waar bent u vandaan, eerwaarde monnik? De baas is naar Mr. Dinges gegaan hier in de buurt. Als u hem wilt spreken, kunt u hem daar vinden.' Ik begreep dat ze zijn vrouw was. In de oude verhalen is er sprake van dergelijke situatie, dacht ik[97]. Ik ging hem opzoeken en logeerde twee nachten bij hem. Dan zei ik hem dat ik wou vertrekken om de volle herfstmaan boven de haven van Tsuruga te kunnen zien. Tōsai zou met me meegaan. Hij stak de slippen van zijn kimono netjes tussen zijn gordel en als mijn gids ging hij uitgelaten op stap.

Geleidelijk verdween de berg Shirane uit het zicht en verscheen het silhouet van de berg Hina. We staken de brug van Asamuzu over. In Tamae stond het fameuze riet in bloei. Over de 'Grenspost van de Nachtegaal' en de pas van Yuno'o kwamen wij bij het 'Kasteel van Vuursteen'. Over de 'Heuvel van de Thuiskomst' hoorden we de eerste wilde ganzen en op de avond van de veertiende dag zochten wij logies in de haven van Tsuruga.

De maan was bijzonder helder die nacht. 'Zal het morgenavond ook zo zijn' vroeg ik. 'Met het weer in deze contreien weet je nooit of het morgen bewolkt of klaar zal zijn' antwoordde de herbergier, terwijl hij een glas rijstwijn aanbood. Daarna gingen we naar het heiligdom van Kei Myōjin. Hier bevindt zich het mausoleum van keizer Chūai[98]. Het heiligdom was in een mysterieuze atmosfeer gehuld en het maanlicht scheen door de donkere naalden van de pijnbomen en toverde het zand

---

[97] Bashō denkt aan het hoofdstuk 'Avondgezichten' in *Genji Monogatari (het Verhaal van Genji)*, waar trouwens ook de zin : 'In de oude verhalen is er sprake van dergelijke situatie' voorkomt. De hele episode van Bashō's bezoek aan de buur herinnert hem aan het gebeuren beschreven in 'Avondgezichten' (zie blz. 76).

[98] De 14de keizer van Japan. Hij regeerde van 192 tot 200 na Chr.

vóór het heiligdom om in een tapijt van rijm. 'Eertijds deed de Tweede Patriarch[99] een gelofte en maaide eigenhandig het gras, droeg aarde en stenen aan en legde de modderpoelen droog, zodat de pelgrims zonder moeite konden komen en gaan. Dit oude gebruik is overgeleverd tot op heden en nu nog dragen zijn opvolgers zand aan tot vóór het tabernakel van de godheid. Dit noemt men het *Zanddragen van de Patriarch*' zo vertelde mij de herbergier.

| | |
|---|---|
| Tsuki kiyoshi | Helder schijnt de maan |
| Yugyō no moteru | op het zand dat de Patriarch |
| suna no ue | naar de tempel bracht. |

De vijftiende regende het, zoals de waard van de herberg had voorspeld.

| | |
|---|---|
| Meigetsu ya | Oh volle herfstmaan! |
| Hokkoku biyori | in het Noordland is mooi weer |
| sadame naki | zo wisselvallig. |

De zestiende klaarde de hemel op. We staken per boot over naar het strand van Iro om er de kleine roze schelpjes op te rapen. Over zee was de afstand zeven mijl. Een zekere mijnheer Ten'ya had lunchdozen en sake-flacons in overvloed laten klaarmaken en bracht een massa bedienden mee op de boot. Een gunstige wind dreef de boot in korte tijd naar onze bestemming. Op het strand stonden enkele vissershutten en een schamele tempel van de Lotussecte. Terwijl we hier thee en warme rijstwijn dronken, viel de avond in en ik werd overweldigd door melancholie.

| | |
|---|---|
| Sabishisa ya | Nog eenzamer |
| Suma ni kachitaru | dan het strand van Suma is |
| hama no aki | dit strand in de herfst. |

| | |
|---|---|
| Nami no ma ya | Tussen de golven |
| kogai ni majiru | met rode schelpjes vermengd |
| hagi no chiri | lespedezablaadjes. |

[99] Shinkyō Ta'amidabutsu (1237-1319), was de voornaamste discipel van Ippen (1239-1289), de rondtrekkende bedelmonnik die de Jishū-secte, een vorm van Amida-piëtisme, stichtte. Ippen reisde door het land om talismans met de naam Amida erop, uit te delen aan de mensen en hen aldus te redden.

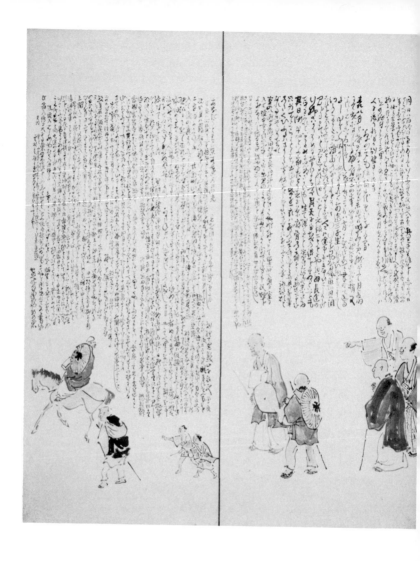

Het smalle pad naar het verre noorden.
6-delig kamerscherm (één van een paar).
Schildering en calligrafie door Yosa Buson (1716-1783).
In de periode 1777-1779 schilderde en calligrafeerde Buson ongeveer tienmaal «Het smalle pad naar het verre noorden», op rollen en kamerschermen. In deze periode was de haikai-wereld in de greep van een «Terug naar Bashō»-beweging.
Gedateerd: 1779.
Bezit: Yamagata Art Museum, Yamagata-shi, Japan.
Foto: Uitgeverij Shōgakkan, Tokio.

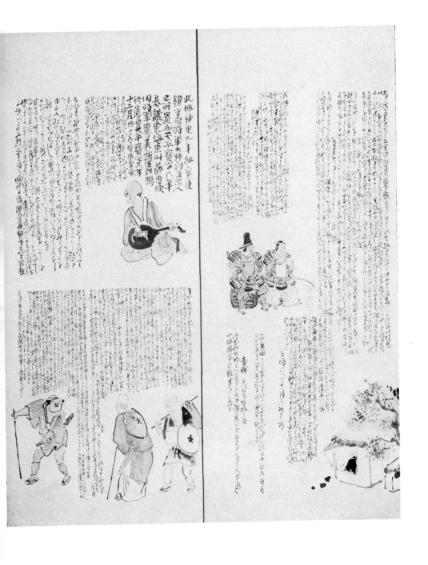

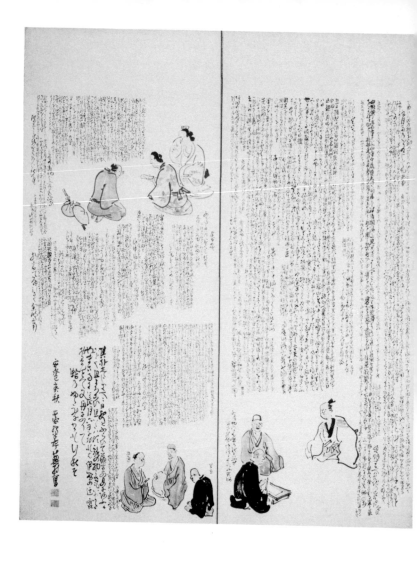

Ik vroeg Tōsai de gebeurtenissen van die dag op te schrijven en het verslag aan de tempel te schenken.

Ook Rotsū[100] was mij tegemoet gekomen tot aan de haven. Hij vergezelde mij tot aan de provincie Mino. Toen we te paard de stad Ōgaki binnenreden, botsten we op Sora, die terug was gekeerd uit Ise en op Etsujin, die hierheen was gegaloppeerd. We troffen elkaar in het huis van Jōkō.

Dag en nacht kreeg ik bezoek, van Zensen, Keikō en zijn zonen en andere vrienden. Ze feliciteerden mij en troostten mij alsof ze iemand ontmoetten die uit de doden herrezen was. Hoewel de vermoeienis van de reis nog niet verdwenen was, vertrok ik de zesde van de Lange Maand opnieuw per boot om de inwijding van het nieuwe heiligdom te Ise[101] bij te wonen:

| Hamaguri no | Open strandgaper: |
| futami ni wakare | schelp neemt afscheid van weekdier, |
| yuku aki zo | de herfst die heengaat[102]. |

---

[100] Yasomura of Inbe Rotsū (1648-1738), dichter in de Bashō-stijl. De andere namen die volgen zijn ook allemaal dichters in de Bashō-stijl.

[101] Om de twintig jaar wordt het heiligdom van Ise herbouwd, en grijpen inwijdingsceremonieën van de nieuwe gebouwen plaats. Die keer dat Bashō erbij was, gebeurde dat op de 10de en 13de dag van de 9de maand van het jaar 1689.

[102] Het vers bevat een woordspeling. In zijn volle toedracht komt het hierop neer: de herfst vliedt heen, en ik vertrek naar Ise, aan de baai van Futami, bekend om zijn strandgapers. Het afscheid van mijn vrienden doet me pijn, want ik ben als het weekdier dat van zijn schelp gescheiden wordt.

*Oku no hosomichi*.
Manuscript gecalligrafeerd
door Soryū (?) op verzoek van
Bashō in het begin van 1694.
Bezit: Mr. Nishimura
Hiroaki, Tsuruga-shi, Japan.
Foto: Uitgeverij Shōgakkan,
Tokio.

## HOOFDSTUK IX

## DAGBOEK VAN EEN VERBLIJF TE SAGA

Het was de achttiende van de vierde maand van het vierde jaar Genroku (1692), dat ik een uitstap maakte naar de *Rakushisha* ('Het verblijf van de vallende persimoenen'), het buitenverblijf van Kyorai[1] in Saga[2]. Bonchō[3] kwam met me mee, maar keerde tegen de avond naar Kyōto terug. Kyorai wou dat ik nog wat langer bleef. Nadat hij de papieren schuifdeuren hersteld had en het onkruid in de tuin gewied, installeerde hij mij in een slaapkamer in een afgelegen vleugel van de villa.

In de kamer plaatste ik een lessenaar en op de lessenaar: een inktsteen, een boekendoos, de *Verzamelde Gedichten van Po Chü-i, Een Chinees gedicht per Japans dichter*[4], het *Verhaal van Successie*[5], het *Verhaal van Genji*, het *Dagboek van Tosa* en de *Verzameling van Pijnbladeren*[6]. Daarnaast plaatste ik een vijfledige picknickdoos van goudlak in Chinese stijl, gevuld met allerlei versnaperingen, en een fles uitgelezen rijstwijn met een drinkbeker. Van beddegoed en toespijs had ik voldoen-

---

[1] Mukai Kyorai (1651-1704), studeerde aanvankelijk krijgskunsten, maar koos later voor de poëzie. Hij ontmoette Bashō voor het eerst in 1684. Hij kocht het buitenverblijf te Saga in 1686 en doopte het in 1689 het 'verblijf der vallende persimoenen.' Geassisteerd door Bonchō, en geadviseerd door Bashō, stelde hij in 1691 *Sarumino (De Aap zijn Regenmantel)*, de Kokinshū van haikai, samen. Bashō belastte hem met het toezicht op de Bashō-school in de 33 westelijke provinciën, terwijl Sanpū instond voor de 33 oostelijke. Zijn *Kyoraishō* is één van de voornaamste bronnen voor de kennis van Bashō's poetica.

[2] Natuurgebied ten noordwesten van Kyōto, waar vele edelen en rijken hun buitenverblijf hadden.

[3] Nozawa Bonchō (?-1714), arts te Kyōto, was één van Bashō's meest talentrijke discipelen. *De Aap zijn Regenmantel* bevat 41 hokku van hem, het grootste aantal van alle geselecteerde dichters.

[4] Een anthologie van Chinese gedichten door Japanse dichters, gaande van keizer Tenji (regeerde 661-672) tot Tokugawa Yoshinao (eind 16de eeuw), samengesteld door Rinjo, gepubliceerd in 1665.

[5] Bedoeld zijn de *Eiga Monogatari* of de *Ōkagami*.

[6] De *Shōyō meisho waka-shū*, een verzameling tanka over beroemde gezichten in Japan, samengesteld door Sōkei en uitgegeven in 1667.

*Brief aan Ka'un.*
Geschreven door Bashō toen hij, tijdens zijn reis naar het verre noorden, verbleef in het huis van Tōkyū, aan Ka'un in Shirakawa.
Bezit: Idemitsu Art Museum, Tokio.

de voorraad meegebracht uit Kyōto. Ik kon mijn armoede vergeten en genieten van de rust.

De negentiende dag:

Na de middag brachten we een bezoek aan de tempel Rinsenji. Vóór de tempel stroomt de Ōi-rivier en rechts ervan ziet men de heuvels van Arashiyama, die doorlopen tot in het dorp Matsuno'o, oprijzen.

Talrijk zijn de pelgrims naar de tempel van Kokuzō-bosatsu[7]. Het is ergens in de bamboebossen van Matsuno'o dat de ruïnes van de villa van hofdame Kogō[8] gelegen zijn. In Boven- en Beneden-Saga bleken echter drie plaatsen te zijn met die naam. Welke was nu de ware? Omdat de brug van Komadome, waar volgens de overlevering, Nakakuni zijn paard stilhield, daar in de buurt was, besloot ik die omgeving voorlopig als het juiste site te beschouwen. Haar graf lag naast het theehuis Sangen, midden in een bamboebos. Men had een kerseboom geplant om de plek te markeren. Eens leefde ze gracieus in gewaden van brokaat en geborduurde zijde, maar ze is geëindigd als stof in een bamboebos. De wilgen in het dorp van Dame Wang Chao en de bloemen in het heiligdom van Wu-shan[9] kwamen mij voor de geest.

---

[7] De bodhisattva van de ruimte (Ākāśa-garbha-bodhisattva), zo genoemd omdat zijn wijsheid even weids is als de ruimte zelf. De tempel die hier bedoeld wordt, is de Hōrinji.

[8] Kogō was de favoriete van keizer Takakura (regeerde 1168-1180). Ze werd door Taira no Kiyomori (1118-81), die de feitelijke macht in handen had, van het keizerlijke hof verdreven, en ging een kluizenaarsleven leiden in Saga. Op bevel van de keizer, die haar maar niet kon vergeten, ging Minamoto no Nakakuni haar opzoeken. Hij kende haar adres niet, maar dankzij haar meesterlijke spel op de citer, dat hij herkende uit de duizend, kon hij haar verblijfplaats, verborgen in een bamboebos, achterhalen. Na lang aandringen stemde zij erin toe naar het hof terug te keren. Toen Kiyomori hierachter kwam, ontstak hij in grote woede en dwong haar in het klooster in te treden *(Heike Monogatari VI, 4)*.

[9] Allusie op een distichon uit een gedicht van Po Chü-i, *T'i hsia-chung shih-shang*:

De bloemen vóór het heiligdom van de godin van Wu-shan
lijken op haar rouge,
De wilgen in het dorp van Dame Wang Chao zijn donkerder dan
haar wenkbrauwen.

Dame Wang Chao was een concubine aan het hof van keizer Yüan (48-33) van de Westelijke Han-dynastie (206 v.Chr.-7 na Chr.). Toen de Hsiung-nu het paleis binnenvielen en mooie vrouwen opeisten, werd zij uitgekozen en als bruid geschonken aan de chef van deze barbaren.

| | |
|---|---|
| Uki fushi ya | Hoe droevig het lot |
| takenoko to naru | van de mens te eindigen |
| hito no hate | als bamboescheuten. |

| | |
|---|---|
| Arashiyama, | Arashiyama, |
| yabu no shigeri ya | door het dichte bamboebos |
| kaze no suji | trekt de wind een spoor. |

De zon ging reeds onder toen we terugkeerden naar de *Rakushisha*. Bonchō arriveerde uit Kyōto en Kyorai keerde er terug. Zodra het donker werd ging ik slapen.

De twintigste dag:

Ukō-ni[10] arriveerde om het festival van Noord-Saga bij te wonen. Kyorai kwam terug van Kyōto. Hij zei dat hij een vers bedacht had onderweg en droeg het voor:

| | |
|---|---|
| Tsukamiau | Velden met koren |
| kodomo no take ya | zo hoog als de kinderen |
| mugi-batake | die erin stoeien. |

De *Rakushisha* stond zoals ze gebouwd was door haar oorspronkelijke eigenaar. Op bepaalde plaatsen begon ze sporen van verval te vertonen, maar haar huidige staat van verval beviel mij meer dan de splinternieuwe van weleer. De balken met snijwerk en de met schilderijen versierde muren waren verweerd en vochtig van de regen. De grillige stenen en knoestige pijnen in de tuin waren overwoekerd door kleefkruid. Vóór de bamboeveranda stond een citroenboom in bloei:

| | |
|---|---|
| Yu no hana ya | Oh, citroenbloesems, |
| mukashi shinoban | ik proef de oude tijd in |
| ryōri no ma | de aanrechtkamer[11]. |

De godin van Wu-shan verscheen in een droom aan koning Hsiang van Ch'u en gaf hem haar liefde. De latere koning Huai liet daarom een aan haar gewijd heiligdom oprichten.

[10] De non Ukō († tussen 1716-'35), lekennaam Tome. Zij was gehuwd met Bonchō, maar trad toe tot de boeddhistische orde om gezondheidsredenen en misschien ook om grotere vrijheid als dichteres te genieten.

[11] De *Rakushisha* is nu wel vervallen, maar de grote aanrechtkamer bijvoorbeeld

| Hototogisu | Een koekoek zingt, |
|---|---|
| ōtake-yabu wo | tussen de hoge bamboe |
| moru tsukiyo | sijpelt het maanlicht. |

Ukō-ni dichtte:

| Mata ya kon | Ik zal nog komen, |
|---|---|
| ichigo akarame | aardbeien, wordt dan rood op |
| Sagano-yama | Sagano's heuvels. |

De vrouw van de oudere broer van Kyorai stuurde ons gebakjes en versnaperingen.

's Avonds bleef Bonchō met zijn vrouw Ukō-ni overnachten, zodat we met zijn vijven onder 't zelfde muskietennet moesten slapen. We konden moeilijk de slaap vinden en na middernacht begonnen we één voor één op te staan. We haalden de gebakjes en wijnbekers van daags tevoren boven en bleven praten tot in de vroege morgenuren.

Toen we in de zomer van het jaar voordien in het huis van Bonchō overnachtten, sliepen we met vier man uit even zovele provinciën onder één muskietennet van twee matten groot. Ik vertelde hoe ik toen had neergeschreven 'met vieren onder één net, elk zijn gedachten, ieder zijn dromen[12]' en iedereen moest lachen.

's Anderendaags keerden Ukō-ni en Bonchō naar Kyōto terug, maar Kyorai bleef.

De éénentwintigste dag:

Omdat ik de vorige nacht niet geslapen had, voelde ik mij niet lekker. Het mooie weer van daags voordien was omgeslagen. Van 's ochtends af was het bewolkt en af en toe viel er een bui. Ik lag de hele dag te dommelen. Tegen de avond keerde Kyorai terug naar Kyōto. 's Avonds

herinnert nog aan de copieuze maaltijden die er destijds werden klaargemaakt en geserveerd. In de geur van de citroenbloesems proeven wij nog de fijne gerechten van weleer.

[12] Het waren Kyorai uit Bizen, Jōsō uit Owari, Bonchō uit Kaga en Bashō uit Iga.
In boeddhistische teksten is er sprake van vier soorten dromen:
    1) dromen waarin de vier elementen (aarde, water, vuur en lucht) niet met elkaar in harmonie zijn.
    2) vooruitziende dromen.
    3) dromen over hemelingen.
    4) gedachtendromen. (*Shokyō yōshū* 20).

was ik dus alleen. Omdat ik tijdens de dag geslapen had, was ik 's nachts niet moe. Ik nam het klad van de gedichten die ik geschreven had in de *Genjū-an*[13] en schreef ze over in het net.

De tweeëntwintigste dag:

's Morgens regende het. Omdat ik vandaag alleen was, verdreef ik de eenzaamheid met wat te schrijven. Ik schreef:

'Verdriet is de meester van wie rouwt, vreugde is de meester van wie drinkt'[14].

Ware er geen eenzaamheid
het ware er triest wonen,

heeft Sint-Saigyō gedicht: zijn meester was blijkbaar de eenzaamheid[15].
Ook schreef hij:

| | |
|---|---|
| Yamazato ni | Rond mijn berghutje |
| ko wa mata tare wo | hoor ik een koekoek roepen. |
| Yobukodori | Roept hij dan iemand? |
| hitori sumamu to | En ik die hier gekomen |
| omoishi mono wo | was om alleen te wonen. |

Niets is heerlijker dan alleen te wonen. De kluizenaar Chōshō[16] heeft

---

[13] Een hermitage aan het Biwa-meer, waar Bashō de zomer van 1690 doorbracht. Zie blz. 41.

[14] Citaat uit Chuang-tzu (Yü-fu pien).

[15] Het volledige gedicht luidt:

| | |
|---|---|
| Tou hito mo | Zelfs bezoekers hoeft |
| omoitaetaru | men hier niet te verwachten, |
| yamazato no | in dit berghutje, |
| sabishisa nakuba | ware er geen eenzaamheid |
| sumi ukaramashi | het ware er triest wonen. |

[16] Kinoshita Katsutoshi (1569-1649), dichtersnaam Chōshō(shi). Als familielid van de grote heerser Toyotomi Hideyoshi (1537-1598), werd hij heer van het leen Obama in Wakasa. Na de slag bij Sekigahara (1600) werd hij onteigend, waarna hij een teruggetrokken leven leidde, gewijd aan poëzie en de kunsten. Hij was tanka-dichter, theemeester, calligraaf en bibliofiel.
In de *Tung-p'o Fo-yin yü-lu (De Gesprekken van Su Tung-p'o met Fo-yin)* komt een conversatie voor tussen Su Tung-p'o en Fo-yin, waarin de eerstgenoemde 2 verzen uit een

208

gezegd: 'Als de gast een halve dag rust wint, verliest zijn gastheer een halve dag rust'. Sodō[17] haalt die woorden steeds met bewondering aan. Ik van mijn kant:

| | |
|---|---|
| Uki ware wo | Somber als ik ben |
| Sabishigarase yo | maak mij nog wat eenzamer, |
| kankodori | vogel der stilte[18]! |

Dit vers schreef ik toen ik alleen verbleef in één of andere tempel.

Tegen valavond kreeg ik een bundel brieven van Kyorai. Het bleek dat Otokuni[19] uit Edo was teruggekeerd en hij had talrijke brieven meegebracht van oude vrienden en discipelen, onder meer een brief van Kyokusui[20]. Hij had de ruïnes van de Bashō-hut waar ik ooit nog gewoond had, bezocht en er Sōha ontmoet.

| | |
|---|---|
| Mukashi tare | Wie stond hier destijds |
| ko-nabe araishi | zijn schoteltjes te wassen, |
| sumiregusa | bosje viooltjes[21]. |

gedicht citeert van Li She, getiteld *T'i Ho-lin-ssu (Gedicht op de tempel 'Bos der kraanvogels')*:

Ik bezocht u, monnik, in uw met bamboe omringde studeerkamer en praatte met u,
Zo vond ik nog eens een halve dag rust in dit vluchtige leven.

Daarop repliceerde Fo-yin:

U, geleerde, hebt een halve dag gerust,
ik, oude monnik, ben een halve dag in de weer geweest.

[17] Yamaguchi Sodō (1642-1716), confuciaans geleerde en wiskundige. Na een korte carrière als ambtenaar trok hij zich op 38-jarige leeftijd terug uit het openbare leven, om zich te wijden aan kunsten en studie. Hij wordt tot de Kigin-school gerekend, maar hij heeft ook in de Danrin- en Bashō-stijl geschreven. Bashō had een enorme achting voor hem.

[18] Saigyō schreef een gedicht waarin hij zich afvraagt waarom de koekoek roept, maar ik, van mijn kant, ik wil dat de koekoek mij toeroept, want dan pas word ik echt eenzaam. Het geroep van de koekoek doet de stilte en de eenzaamheid sterker uitkomen, omdat het het enige geluid is dat men hoort.

[19] Kawai Otokuni (?), een rijk handelaar, maakte kennis met Bashō te Kanazawa tijdens diens reis naar het verre noorden. Hoewel hij voordien in een andere stijl had geschreven, adopteerde hij voortaan die van Bashō. Hij steunde de meester ook financieel, en propageerde zijn poëtische principes.

[20] Suganuma Kyokusui († 1717), stamde uit een samoerai-familie van hoge rang. Hij was de eigenaar van de *Genjū-an* (cfr. supra n. 13). Hij voerde een intense correspondentie met Bashō.

[21] Kyokusui's vers.

Verder schreef hij: ik woon in een huis van amper twee toises groot, met als enige groen het lover van een ahorn.

Wakakaede
chairo ni naru mo
hitosakari

Bruine bladeren:
kortstondige bloesem van
de jonge esdoorn.

Ransetsu[22] van zijn kant schreef:

Zenmai no
chiri ni eraruru
warabi kana

Tussen het stof van
de koningsvarens vind je
adelaarsvarens[23].

Dekawari ya
osanagokoro ni
monoaware

Einde van de dienst:
droeve kinderharten als
de knechten weggaan[24].

Ook de andere brieven stonden vol fijnzinnige en weemoedige dingen.

Drieëntwintigste dag:

Te wo uteba
kodama ni akuru
natsu no tsuki

Geklap van handen
echoot in de dageraad,
bleke zomermaan[25].

Takenoko ya
osanaki toki no
e no susabi

Oh, bamboescheuten,
hoe vaak tekende ik ze
in mijn kindertijd.

[22] Hattori Ransetsu (1654-1707), van samoerai-afkomst, was één van Bashō's eerste en grootste discipelen. Zijn jeugd was uitbundig en libertijns. Hij huwde naderhand een prostituée, met wie hij samen Zen beoefende en bestudeerde. Hij was een uiterst productief dichter, wiens verzen een schalkse excentriciteit hebben.

[23] Vanouds werd de adelaarsvaren ook 'purper stof' genoemd. De speelse implicatie is dat tussen het stof van de adelaarsvaren, de koningsvaren nog eens stof is, in het kwadraat a.h.w.

[24] De 5de dag van de 3de maand en de 10de dag van de 9de maand waren de data waarop dienstovereenkomsten afliepen.

[25] De 23ste dag was één van de dagen van het 'maanwachten'. Men bleef de hele nacht op en even vóór dageraad bad men tot de maan door in de handen te klappen.

| | |
|---|---|
| Mugi no ho ya | De leeuwerik fluit |
| namida ni somete | en kleurt met zijn tranen |
| naku hibari | de korenaren[26]. |

| | |
|---|---|
| Hitohi hitohi | Dag na dag na dag |
| mugi akaramite | wordt het koren bruiner en |
| naku hibari | fluit de leeuwerik. |

| | |
|---|---|
| Nō nashi no | Ik ken geen muziek |
| nemutashi ware wo | en ben moe, laat mij slapen, |
| gyōgyōshi | karrekarrekiet. |

Gedicht over de *Rakushisha* (Bonchō):

| | |
|---|---|
| Mame uuru | Haar bonenvelden |
| hata mo kibeya mo | en haar houtmijten hebben |
| meisho kana | ook hun historie. |

Tegen de avond kwam Kyorai uit Kyōto.
Brief van Shōbō uit Zeze.
Brief van Shōhaku[27] uit Ōtsu.
Bonchō kwam uit Kyōto. Senna, bons van de tempel Honpukuji
in Katada kwam op bezoek en bleef overnachten.
Bonchō keerde terug naar Kyōto.

Vijfentwintigste dag:

Senna keerde terug naar Ōtsu.
Fumikuni[28] en Jōsō[29] kwamen op bezoek.

---

[26] In het Japans zijn fluiten en wenen homoniem. Het bruin worden van de korenaren
suggereert het vlieden van het seizoen. Daarom weent de leeuwerik, maar het vers draait
het causale verband om.
[27] Esa Shōhaku (1650-1722), arts te Ōtsu, waar hij ook met Bashō kennismaakte, toen
deze in de streek verbleef. Hij introduceerde heel wat dichters uit de streek bij Bashō, o.m.
Senna en Otokuni.
[28] Nakamura Fumikuni of Shihō (?), arts en dichter.
[29] Naitō Jōsō (1662-1704), geboren in een samoerai-familie. Hij was zwak van gezondheid en stond zijn rang af aan zijn broer om zich te wijden aan de studie van Chinees en het
beoefenen van Zen-meditatie. Hij werd monnik en trok naar Kyōto, waar hij in Bashō's
kring opgenomen werd.

Gedicht over de *Rakushisha* (Jōsō):

Zij ligt diep in de heuvels van Saga, vogels en vissen zijn
haar gezellen,
Zij is in verval, maar tot mijn vreugde: ze is als de woning
van de landman.
Ook al ontbreken aan de takken de rode persimoenen, groot als
slangeëieren,
Wij hebben zijn groene bladeren om onze poëzie op te
schrijven[30].

Bezoek aan het graf van Kogō (Zelfde auteur):

Gedwongen en verscheurd door wrok verliet ze de geborgenheid
van het paleis,
De volle herfstmaan en de wind waren haar gezellen in het
verlaten dorp.
Eertijds wist Nakakuni haar te vinden slechts geleid door de
tonen van haar luit,
Maar waar is haar eenzame graf nu tussen de bamboestammen?

| | |
|---|---|
| Medashi yori | Persimoenpitten |
| futaba ni shigeru | nauwelijks opgeschoten |
| kaki no sane | en reeds twee blaadjes. |

Fumikuni

Vers van onderweg door Jōsō:

| | |
|---|---|
| Hototogisu | Prunus, kerseboom... |
| naku ya enoki mo | maar voor de koekoek die slaat |
| ume-zakura | is zijn boom de olm[31]. |

Mijn lievelingsvers van Huang Shan-yü[32]:

[30] Gedichten schrijven op de bladeren van de persimoen was een vorm van elegant
vermaak.
[31] Wat de prunus en de kerseboom zijn voor de vogels van de lente, is de olm voor de
koekoek, een zomervogel.
[32] Andere naam voor Huang T'ing-chien (1045-1105), Chinees dichter uit de Sung-
periode. Hij was de grondlegger van de zgn. Chianghsi-school, een invloedrijke literaire
beweging. Hij stond bekend als een onvermoeibaar herwerker van zijn eigen verzen.

Ch'en Wu-chi zocht inspiratie achter gesloten deuren,
Ch'in Shao-yu hanteerde het penseel in het bijzijn van zijn gasten.


Otokuni kwam op bezoek en vertelde over zijn reis naar Edo. Hij had
ook een rol kettingverzen, geïmproviseerd tegen de klok, bij zich.
Daaronder bevonden zich volgende verzen:

Hanzoku no
kōyaku-ire wa
futokoro ni

halfleek halfbons stopt
de reiziger zijn medicijnen
in zijn binnenzak[33].

Usui no tōge
Uma zo kashikoki

de Usui-pas steekt hij
over te paard: verstandig

Kikaku

Koshi no ajika ni
kuruwasuru tsuki

Zijn fuik nog aan de gordel
in vervoering door de maan[34].

Nowaki yori
runin ni watasu
koya hitotsu

Sedert de herfststorm
woedde wordt het hutje door
een balling bewoond.

Kikaku

Utsu no yama
onna ni yogi wo
karite neru

Hij slaapt op de berg
van Utsu in een nachthemd
geleend van een vrouw.

Itsuwari semete
yurusu shōjin

Hij schold haar uit om haar foefjes
maar vergaf haar: vastendag.

Kikaku

Rond het uur van de aap stak de wind op, begon het te regenen en
hevig te donderen en te hagelen. De hagelstenen waren drie *monme*[35]

---

[33] D.w.z. i.p.v. ze in een medicijndoos (inrō) aan zijn gordel te hangen.
[34] Beschrijft een visser in vervoering gebracht door de volle maan.
[35] 1 monme = 3,75 gram.

groot. De grootste waren als abrikozen, de kleinste als kastanjes. Als d
draak overvliegt, hagelt het.

De zesentwintigste dag:

| | |
|---|---|
| Medashi yori | Persimoenpitten |
| futaba ni shigeru | nauwelijks opgeschoten |
| kaki no sane | en reeds twee blaadjes. |

Fumikuni

| | |
|---|---|
| Hatake no chiri ni | Deutziabloesems spreiden |
| kakaru unohana | wit stof over de velden. |

Bashō

| | |
|---|---|
| Katatsumuri | Een huisjesslak laat |
| tanomoshige naki | schuchter en onzeker haar |
| tsuno furite | voelhorens trillen. |

Kyorai

| | |
|---|---|
| Hito no kumu ma wo | Hij wacht op de emmer wijl |
| tsurube matsu nari | een ander aan 't putten is. |

Jōsō

| | |
|---|---|
| Ariake ni | Bleke ochtendmaan, |
| sandobikyaku no | is dat de ijlbode die |
| yuku yaran | holt over de weg[36]?! |

Otokuni

---

[36] De ijlboden (*hikyaku*) deden dienst als koeriers. Een officiële postdienst in dienst va
de Shōgun verzekerde de verbinding tussen Edo en Kyōto. In Bashō's tijd deden ze 82 uu
over de afstand van meer dan 500 km. In 1615 werd een niet-officiële koerier-dienst in he
leven geroepen, die het traject driemaal per maand aflegde.

Zevenentwintigste dag:

Vandaag geen bezoekers. Ik was de hele dag ongestoord.

Achtentwintigste dag:

Ik droomde luidop van (mijn overleden vriend) Tokoku, barstte in tranen uit en werd wakker. Men droomt als de geesten elkaar beroeren. Als het Yin-element uitgeput is, droomt men van vuur, is het Yang-element verzwakt, dan droomt men van water. Als een vogel overvliegt met een haar in de bek, droomt men dat men vliegt, spreidt men een gordel als slaapmat, dan droomt men van een slang, heeft (Lieh-tzu)[37] gezegd. De droom in de *Suichinki*, de dromen van het land Huai-an en van Chuang-tzu[38] zijn dromen met een bepaalde wijsheid en zijn niet echt mysterieus. Mijn dromen zijn echter noch de dromen van een wijze noch die van een groot man. De hele dag ben ik verstrooid en in de war en mijn dromen 's nachts zijn ook zo. Wanneer ik van Tokoku droom is dat inderdaad de 'mijmerdroom'. Hij was mij buitengewoon toegewijd en kwam mij opzoeken in mijn geboortedorp in Iga. We gingen samen

[37] Lieh-tzu is de naam van de auteur van het gelijknamige werk, één van de klassieke boeken van het Chinees Taoïsme. Naast de fundamentele beginselen van het Taoïsme bevat het ook vele parabels en anecdotes.

[38] Met de *Suichinki* bedoelt Bashō wellicht het Chinese *Chen-chung chi* (Jap. *Chinchūki, het Verhaal in het oorkussen*) uit de 8ste eeuw, waarin een jongeman van een taoist een oorkussen krijgt. Als hij zich op dat oorkussen te rusten legt, droomt hij een lange droom, waarin hij een dochter uit een machtige familie huwt, en een meteorische carrière maakt tot de hoogste rangen van de keizerlijke hiërarchie. Hij wordt er echter door jaloerse collega's valselijk van beschuldigd een samenzwering op het getouw te zetten, belandt in de gevangenis, en ontsnapt ternauwernood aan de doodstraf. Later wordt hij in ere hersteld en bekleed met de hoogste adellijke titels. Hij sterft op gezegde leeftijd. Dan geeuwt hij en wordt wakker op het oorkussen. De jongeman vraagt zich af of dit een droom kon geweest zijn en de Taoïst zegt dat het leven zo is. De jongeman ziet in hoe alle succes tijdelijk is, en alle bestaan onbestendig.

Het land Huai-an verwijst naar de droom van Ch'un Yü-fen van de T'ang die lag te slapen onder een naar het zuiden wijzende tak van de Huai-boom (Sophora Japonica). Hij droomde dat hij naar het land Huai-an trok, er huwde met de dochter van de koning en gouverneur werd van Nan-k'o. Toen hij wakker werd en om zich heen keek, zag hij enkel een grote mier. Dit verhaal staat te lezen in het *Nan-k'o chi (Verhaal van Nan-k'o)* van de hand van Li Kung-tso (T'ang).

Chuang-tzu droomde dat hij een vlinder was. Toen hij wakker werd, vroeg hij zich af of hij net gedroomd had een vlinder te zijn, dan wel nu droomde een mens te zijn.

215

slapen en stonden samen op. Hij deelde met mij de ontberingen van d
voetreis en volgde mij honderd dagen lang als mijn schaduw. We kende
tijden van pret en tijden van verdriet. Omdat zijn toewijding mij die
heeft getroffen en voor mij onvergetelijk is, droomde ik van hem. Toe
ik wakker werd, weende ik weer.

Negenentwintigste dag:

Ik las het gedicht over 'Het hoge kasteel in de Noordprovincie' in *Ee*
*Chinees gedicht per Japans Dichter*.

Dertigste dag:

Het hoge kasteel rijst ten hemel, het uitspansel is als een helm,
de Koromo-rivier mondt uit in de zee, de maan is als een boog.

luidt het gedicht, maar de topografie van bedoeld landschap is w
enigszins anders. Zo blijkt maar dat wie de streek niet bezocht heef
geen juiste beschrijving van het landschap kan geven, ook al is hij da
nog een klassiek dichter.

Eerste dag (van de vijfde maand):

Bezoek van Riyū, priester van de tempel Meishōji te Hirata in d
provincie Ōmi. Brieven van Shōhaku en Senna.

| Takenoko ya | De bamboescheuten |
| kui-nokosareshi | die we niet verorberden |
| ato no tsuyu | staan onder de dauw. |

Riyū

| Konogoro no | Het is nu de tijd |
| hadagi mi ni tsuku | dat men dunne hemden draagt, |
| uzuki kana | maand der deutzia's. |

Shōhaku

Bij het afscheid:

Mataretsuru             Lang verbeide mei

216

| satsuki mo chikashi | is nabij voor de 'knoedel |
| muko-chimaki | van de bruidegom'[39]. |

Shōhaku

**Tweede dag:**

Sora kwam op bezoek en vertelde me van zijn reis naar de kersebloesems van Yoshino en het heiligdom van Kumano. We babbelden over
oude vrienden en discipelen van Edo.

| Kumanoji ya | Ik sloeg de weg in |
| waketsutsu ireba | naar Kumano en zag toen |
| natsu no umi | de zomerse zee. |

Sora

| Ōmine ya | Op de Ōmine-berg |
| Yoshino no oku wo | diep in Yoshino vond ik |
| hana no hate | de laatste bloesems. |

Toen de zon begon te zakken, lieten we een bootje te water op de Ōi-
rivier en voeren stroomopwaarts langs de heuvels van Arashiyama tot
aan de stroomversnelling van Tonase. Het begon te regenen en toen de
avond viel, keerden we terug naar huis.

**Derde dag:**

De regen van gisteravond hield de hele dag en hele nacht aan. We
vervolgden onze conversatie over de vrienden van Edo tot in de vroege
ochtenduren.

---

[39] Het was de gewoonte dat een man, op het eerste jongensfeest (5de dag van de 5de
maand) van zijn gehuwd leven, een rijstknoedel ging aanbieden aan zijn schoonouders.
Het vers beschrijft de gemoedstoestand van de vrouw, die vol verlangen uitziet naar de
dag dat ze haar ouders een bezoekje zal brengen.

Vierde dag:

Moe van de vorige nacht zonder slaap sliep ik de hele dag. De volgende dag zou ik de *Rakushisha* verlaten. Bij wijze van afscheid doorliep ik alle kamers van het huis en dichtte:

Samidare ya            Oh, zomerregen!
shikishi hegitaru      aan de muren flarden
kabe no ato            behangselpapier.

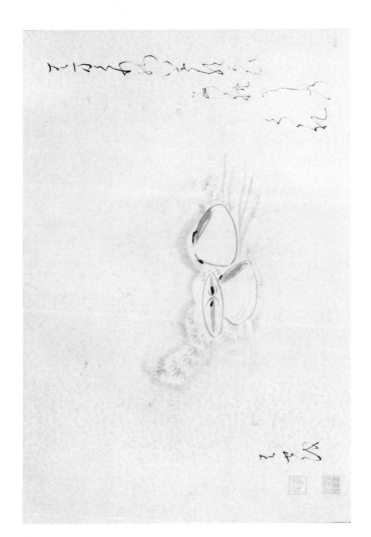

*Hamaguri no*

Hamaguri no
ikeru kai are
toshi no kure

De strandgapers
hebben niet voor niets geleefd,
einde van het jaar.

Bashō.

Schildering en calligrafie door
Bashō (ca. 1692).
Bezit: Idemitsu Art Museum,
Tokio.
(Soep van strandgapers is een
lekkernij van nieuwjaar)

Bashō te paard in de vlakte van Nasu.
Geschilderd door Sanpū.
De gecalligrafeerde *hokku* van Bashō is ontleend aan een *haibun* uit 1683:

Die bonze daar, met zijn strohoed op, te paard, waar komt hij vandaan, wat voert hij in het schild? (vroeg ik).
De schilder antwoordde dat het mezelf als reiziger voorstelde.
Inderdaad, een klungelige ruiter die door de wereld zwerft. Als hij maar niet van zijn paard tuimelt en zich bezeert.

Uma bokuboku
ware wo e ni miru
natsuno kana.

Op mijn sjokkend paard
zie ik mezelf op een prent
in de zomervlakte.

# LITERATUUROPGAVE

De oorspronkelijke Japanse teksten die in dit boek vertaald werden zijn te vinden in de bekende series :

Koten Haibungaku Taikei, Shūeisha, Tōkyō

Nihon Koten Bungaku Taikei, Iwanami Shoten, Tōkyō (afgekort : NKBT)

Nihon Koten Bungaku Zenshū, Shōgakkan, Tōkyō (afgekort : NKBZ)

De reisverhalen vindt men in : NKBT vol. 45 & 46 en NKBZ vol. 41.

De hairon zijn vervat in : NKBT vol. 66 en NKBZ vol. 51.

Verder waren erg nuttig :

ANDŌ, T., *Bashō Shichibu-shū Hyōshaku*, Tokyo, 1973.

KŌDA, R., *Rohan Hyōshaku Shichibu-shū*, Tokyo, 1975.

MINAMI, S., *Kyoriku no hairon*, Tokyo, 1979.

NAKAMURA, S. ed., *Bashō Jiten*, Tokyo, 1978.

Voorts verdienen vermelding de werken van Hirota Jirō en Nieda Tadashi om van de talloze andere werken van Japanse geleerden te zwijgen. Zij volstaan om een bibliotheek te vullen.

Van de Westerse werken vermelden we enkele representatieve die uitsluitend of toch in belangrijke mate met de onderwerpen van onderhavig boek hebben te maken :

CORMAN, C. & KAMAIKE, S., *Back Roads to Far Towns : Bashō's Oku-no-hosomichi*, New York, 1968.

IZUTSU, T. & Izutsu, T., *The Theory of Beauty in the Classical Aethetics of Japan*, Den Haag, Boston, London, 1981.

KEENE, D., *Appreciations of Japanese Culture* (previously published as Landscapes and Portraits), Tokyo, New York & San Francisco, 1981.

ID., *World within Walls : Japanese Literature of the Pre-modern Era 1600-1867*, Rutland, Vermont & Tokyo, 1976.

MAEDA, C., *Monkey's Raincoat*, New York, 1973.

MINER, E., *Japanese Linked Poetry : An account with Translations of Renga and Haikai Sequences*, Princeton N.J., 1979.

ID., *Japanese Poetic Diaries*, Berkeley, Los Angeles, London, 1969.

MINER, E., *Japanese Linked Poetry : An Account with Translations of Renga and Haikai Bashō school*, Princeton N.J., 1981.

SIEFFERT, R., *Bashō, journaux de voyage*, Paris, 1978.

ID., *Le Haïkaï selon Bashō*, Paris, 1983.

UEDA, M., *Matsuo Bashō*, Tokyo, New York & San Francisco, 1982[2].

VROOMEN, N. de & RIDDER, L. de, *De zomermaan en andere Japanse kettingverzen*, Amsterdam, 1984.

YUASA, N., *Bashō : The Narrow Road to the Deep North and Other Travel Sketches*, Harmondsworth, 1966.

Nederlandse vertaling : HARTZEMA, R., *Reisverslag van een verweerd skelet*, Amsterdam, 1979.